高等学校经济管理类专业规划教材

# 市场营销

## ——原理、方法与实务

第2版

主 编 束军意
副主编 汤宇军、闫洪伟
参 编 刘 婷

机 械 工 业 出 版 社

本书针对高职高专及成人学习的特点，突出探究性、自主性学习，强调基本理论、方法、实训与最新动态、深度探究相结合，形式新颖、信息丰富、视角独特。

本书主要内容包括：营销概述、市场营销环境、顾客需求与购买行为分析、竞争者分析、营销调研、目标市场营销、产品策略、定价策略、渠道策略和促销策略。

本书适用于普通高等院校（高职高专、应用性本科）、成人高校、民办高校及本科院校举办的二级职业技术学院工商管理、经济管理、市场营销专业等经管类专业以及其他市场营销培训课程的教学，同时也可以作为企业市场营销培训教材。

为方便教学，本书配备电子课件等教学资源。凡选用本书作为教材的教师均可登录机械工业出版社教育服务网 www.cmpedu.com 注册后免费下载。如有问题请致信 cmpgaozhi@sina.com，或致电 010-88379375 联系营销人员。

**图书在版编目（CIP）数据**

市场营销：原理、方法与实务/束军意主编．—2版．—北京：机械工业出版社，2015.6（2017.7重印）

高等学校经济管理类专业规划教材

ISBN 978-7-111-50987-5

Ⅰ.①市… Ⅱ.①束… Ⅲ.①市场营销学-高等学校-教材 Ⅳ.①F713.50

中国版本图书馆 CIP 数据核字（2015）第 170939 号

机械工业出版社（北京市百万庄大街 22 号 邮政编码 100037）

策划编辑：赵志鹏 责任编辑：赵志鹏

封面设计：马精明 责任校对：程俊巧

责任印制：常天培

北京京丰印刷厂印刷

2017 年 7 月第 2 版 · 第 2 次印刷

184mm×260mm · 15 印张 · 371 千字

3 001—4 900 册

标准书号：ISBN 978-7-111-50987-5

定价：37.00 元

凡购本书，如有缺页、倒页、脱页，由本社发行部调换

| 电话服务 | 网络服务 |
| --- | --- |
| 服务咨询热线：010-88379833 | 机 工 官 网：www.cmpbook.com |
| 读者购书热线：010-88379649 | 机 工 官 博：weibo.com/cmp1952 |
| | 教育服务网：www.cmpedu.com |
| **封面无防伪标均为盗版** | 金 书 网：www.golden-book.com |

# 第2版 前言

市场营销在市场经济中的重要性，可以说怎么强调都不过分。在市场竞争中，产品即使有着精心的设计、优越的性能、上乘的质量，也不一定能带来销售上的大获全胜。相反，许多具备上述各项条件的“优秀”产品，在上市不久就默默无闻、黯然失色，甚至其中部分产品尚未来得及面世便早早铩羽而归。显然，在当今市场竞争日趋激烈的环境下，“酒香不怕巷子深”的时代已经一去不复返了。产品能否在市场上获得成功，实现“惊险的一跳”这一创新的最终目标，市场营销发挥着举足轻重的作用，这也对市场营销教学提出了崭新的课题。由于市场营销兼具科学性、技术性和艺术性，同时变化非常迅速，其策略讲究出奇制胜和差异化，因此照搬相关原理和理论在现实中必然碰壁。面对当今经济全球化趋势和时代的知识化、信息化要求，面临国际化市场对市场营销人才的全球资源配置要求，为了达到市场营销教学目的，市场营销教学必须摆脱传统的教学思想、教学方法的束缚，创新教学理论，重组教学各要素。

为此我们认为，高职、高专、成人教育市场营销专业教材应该注重培养学生的营销技能，这就是说，在“理论够用、注重实用”的基础上，还应当重点培养深度探究能力，扩展课堂教学，做到学以致用。因此我们在本书中做了初步探索。与国内同类型教材相比，本书强调理论重点突出、体系完整，案例新颖独特、实用性强，并提供了有关市场营销研究的最新发展动态和经典或畅销书目、专业网站等相关信息，以利于读者探究学习。

本书的特色包括：

【学习目标】针对每章具体内容，分别列出应重点掌握、理解、了解的内容，使读者一目了然，便于主动学习。

【任务驱动】针对每章具体内容，选择有代表性的短小案例，提出问题引导并驱动学生对答案的思考。通过任务训练，加深对理论知识点的理解和应用能力。

【营销实战】针对每章具体内容，补充了近年来较新、且具有典型意义的企业营销实战案例，为学生提供发挥所学、解决实际营销问题的机会。

【相关链接】针对具体内容，补充了近年来较新的相关专业知识、新闻和资料，便于学习者加深理解，拓展学习。

【营销方法】针对每章内容，提供对应相关理论的营销实际操作方法，包括常用表格，具体操作流程等，便于读者在实际工作中应用。

【案例分析】选取反映教材每章整体内容的综合案例作为读者讨论的蓝本，通过这种方式增强读者的理论联系实际的能力。

【营销实训】针对每章内容设置难易适中的实训题。通过这一环节，提高读者的营销实际运作能力。

【延伸阅读】针对每章内容提供经典或相关畅销书目2本，包括原著封面照片、作者简介和内容提要，为读者阅读营销经典提供引导。

【网站推荐】针对本章内容推荐相关网站2~3个，以追踪最新营销动态，便于自我学习。

与第1版相比，本书第2版保留了第1版的总体框架。但由于市场营销的实战需求变化多端，本书第2版中的“任务驱动”“营销实战”“相关链接”“案例分析”“延伸阅读”等板块，都全面更新为2013年之后的数据和案例，以便使读者能在最新的实战氛围中，更加深入地体会市场营销的特点和真谛。我们针对每章的内容，提供了相应的学习指导视频，可以通过扫描二维码进行观看。

本书由束军意构思、统稿，参加编写的人员有北京科技大学的束军意、汤宇军、闫洪伟，首都经贸大学的刘婷，另外内蒙古工业大学的冯银虎，南京信息职业技术学院的卢勇，昆明冶金高等专科学校的李亚斌，云南农业职业技术学院的董琳，也参加了本书部分内容的编写工作。

在本书的编写过程中，得到了机械工业出版社赵志鹏编辑的大力支持和帮助，在此表示衷心的感谢。

编　者

# 目　录

# 第1章 营销概述

学习目标

1. 正确理解市场及市场营销的含义
2. 掌握新旧营销观念的基本思想和区别
3. 了解当代营销观念的新发展

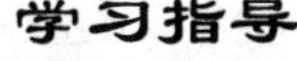

学习指导

任务驱动

**达美乐比萨**

作为美国最受认可的品牌之一的达美乐比萨，曾在2006～2008年间遭遇危机。现任达美乐市场总监罗素·维纳在2008年10月来到位于密歇根州安娜堡市的达美乐总部时，他接手的这个产品正销量暴跌，品牌形象严重受损。就在维纳上任一个月后的11月，达美乐的股价创下历史最低纪录——每股仅为2.83美元。可如今，每股已经升至72美元左右。

危机之后的几年里，维纳和CP＋B广告公司所做的，几乎等于对达美乐进行了重新洗牌。面对比萨产品声名狼藉的窘境，公司进行了一场关于改良比萨制作的大讨论。另一个同等重要的话题，是如何把新的产品卖出去。借助数字化的比萨跟进系统和比萨制作器，"在线定制"最终成为达美乐公司业务的新奠基。

而且，这是个可持续发展的进程。达美乐最近发布了其最新的iPad应用，它拥有一个三维的比萨制作器，包含了比萨跟进、比萨英雄等应用功能和顾客的比萨偏好情况记录。这是该公司将数字技术和客户体验作为营销努力方向的新近例子。

达美乐比萨此番转型的落脚点在于透明度。在树立产品透明度整体目标的同时，营销团队还认识到，数字化技术是对外传播透明度的最佳手段。所以，相比只是通过几段电视广告来告知消费者本产品是如何如何地透明，达美乐更是利用网络技术来促进透明度的宣传。CP＋B除了打造"智慧烤箱""直播达美乐"等，还将Twitter上有关品牌的各种讨论放置在达美乐的官方首页。"我们在旧有的产品上实现过透明，但亟须改变。"维纳说道，"而这时，持续发展的数字传媒代表着实现透明度的最终途径。想要让顾客了解品牌、深化顾客的品牌体验，网络是最佳选择。”

对于达美乐来说，对数字技术的关注胜过营销传播。达美乐的整体业务在于比萨的订购，在维纳看来，投入数字技术不但反映和推广了公司对透明度的承诺，而且为顾客提供了更好的订购体验。“我们深知，顾客们偏爱的购买方式是网络订购，”维纳说，“网购可重复性更强，消费额更高，而且顾客满意度更好。新产品网购的比率为2:1，这样也有了我们用以研究参考的数据。”

正是大数据提醒着达美乐，应该改善它的比萨产品并提高其对外的透明度。维纳说：“数据的确支持我们转型的方向，网络媒体也提供我们告知产品来历的场地。我们希望，人们在聆听故事的同时，还能享受最佳的订购体验。”

达美乐想要打造的数字化体验有两种。一种是私人性的，如比萨跟进器、顾客偏好记录；另一种是“智慧烤箱”——比萨制作器，则是旨在提升比萨的制作标准。“我们以别人没有的方式看问题，而且关注着如何打造一流的产品体验，”维纳说道，“比如说，利用APP来不断争取比竞争对手更高的顾客评价。”

CP + B的首席数字官Perez认为，达美乐数字化营销的成功还在于不把目光仅限于比萨产业。“顾客不会经常变换口味，”Perez说，“在全民上网时代，引领革新的品牌才能赢得发展，因为它们跟得上顾客的消费行为。”

那些数字化工具不仅把比萨销售出去，还体现着达美乐的品牌理念。“比萨跟进器让客户跟进自己订制的比萨，同时也是责任感与透明度的极致体现。”维纳说道，“顾客记录最终实现了轻松订购——你只要点几下，半分钟就能订到比萨。‘智慧烤箱’让你知道，我们聆听顾客的声音，期待顾客的回馈。”这些数字化工具正是基于这种更为深层的品牌理念：无论顾客用不用得上比萨跟进器，他们都希望看到企业的诚实和开放。

达美乐比萨完成华丽转型后的第一季度，同店销售额猛增14.3%，成为快餐连锁行业有史以来同店销售额季度增长率之最。2013年一年内，它创下了20亿美元的全球数字销售额，其中35%的消费量是通过移动电话实现的。

你认为达美乐公司是如何摆脱自己的困境的，你认为它属于营销的那个阶段？为什么？

资料来源：http：//www.siilu.com/20140621/102282.shtml（有删改）。

## 1.1 市场营销及相关概念

### 1.1.1 市场概貌

在现代社会，任何组织、个人都不能离开市场而存在。作为营销活动主体的企业，在其经营活动中可能会涉及以下一些类型的市场，如消费者市场、中间商市场、资源市场、政府市场等。

在市场营销中，一般将个人购买者称为消费者。生活中我们每个人都是消费者，我们需要购买和使用各种各样的生活消费品，图1-1所示的简单的市场结构图反映了这种最基本的买卖关系。当然，现实经济社会中的市场结构是十分复杂的，如图1-2所示。

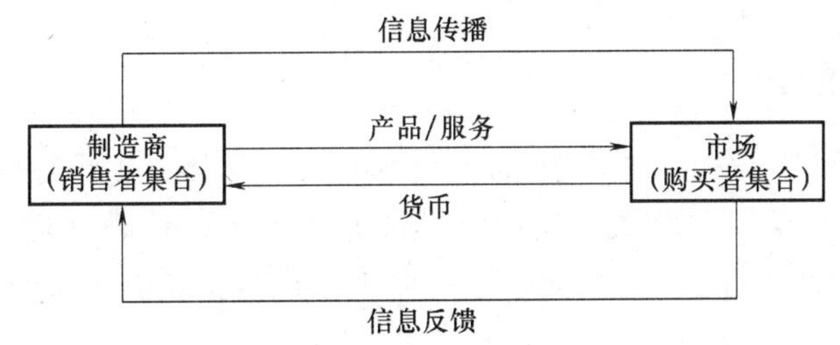


图1-1 简单的市场结构图

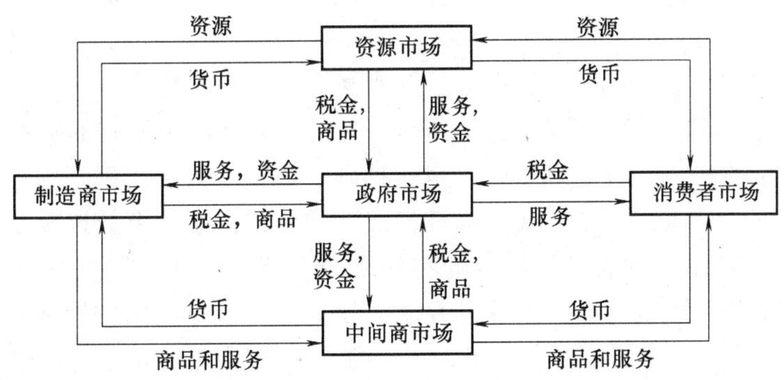


图1-2 复杂的市场结构图

### 1.1.2 市场的含义

市场的概念由来已久，其最基本的含义是指商品交易的场所、商品行销的区域。如我们都熟悉的菜市场、小商品市场，国内市场、国外市场等。

从企业营销的角度来讲，我们还需要进一步了解掌握市场的以下两种含义。

1）市场是对某种商品或服务的具有支付能力的需求。比如随着我国经济的发展，消费者收入水平的提高，我国的旅游市场“异军突起”，反映的是旅游消费需求的快速增长。

2）市场是对某项商品或服务具有需求的所有现实和潜在的购买者。也就是说，市场是由人组成的，是对某种产品具有现实或潜在需求的消费者群。

从需求和购买者的角度来认识市场，将更有利于企业判断和把握市场机会，而对市场机会的把握是企业生存发展的命脉。通常我们可以用以下简单的公式对市场进行分析：

市场 = 人口 + 购买力 + 购买欲望

其中，人口是构成市场的最基本要素，人口的多少是决定市场大小的基本前提；购买力是指消费者用货币购买商品或服务的能力，一般情况下是由消费者的收入决定的；购买欲望是指消费者购买商品的动机、愿望和需求。

当以上三个要素同时具备时，该市场就是现实的市场；而当后两个要素不能同时具备时，就只能称其为潜在市场。因而一旦这个条件具备，则潜在市场就可转化为现实市场。

运用此公式，营销人员就可以简便有效地分析本企业产品现实的和潜在的需求状况，对正确地制订营销决策具有重要意义。

### 1.1.3 市场营销的含义

**1. 市场营销的定义** 关于市场营销的定义不同的人会有自己不同的诠释。

现代营销学之父、美国西北大学营销学教授菲利普·科特勒（Philip Kotler）指出，市场营销是个人和群体通过创造产品和价值，并同他人进行交换以获得所需所欲的一种社会及管理过程。

通过这一概念，我们应该了解：市场营销以交换为核心，而以满足需求和欲望为最终目标。交换过程能否顺利进行，则取决于企业创造的产品和价值可以满足顾客所需的程度及对交换过程管理的水平。

为了更好地理解市场营销，科特勒分析了市场营销的核心概念。

（1）需要、欲望和需求 所谓需要（Need），是指人类与生俱有的基本要求。这些要求包括对吃、喝、穿、住、行等生理性的，也包括爱、尊重、自我实现等社会性的。显然，任何的营销都不可能创造人的基本需要。而任何成功的营销都必须有效地满足人的需要。

欲望（Want）则是人类需要的具体的物化表现，即是人在不同文化、生活及个性背景下，由于不同需要而产生的对特定物品的要求。比如，一个口渴的中国人为了满足“解渴”的生理性需要，可能会选择茶来解渴，而一个口渴的法国人则有可能选择咖啡来满足同样的需要。

需求（Demands）就是有购买能力的欲望。实际上，需求是对特定产品的市场需求。一个优秀的营销型企业必须清楚其市场需求的状况及可能的变化，因为需求是企业营销的起点及终点，它指导企业营销的方向，并检验与衡量企业营销的成效。

（2）产品、服务和体验 从营销的角度，产品（Product）是企业提供给市场并用来满足人们需要与欲望的“一切”。显然，产品可以是我们熟悉的实物形态的有形产品，也可以是那些看不见摸不着的“无形”的活动或利益，即所谓的无形产品——服务（Service），如银行的金融服务、保险公司的保险服务、家电维修服务、美容服务，等等。

从更广义的角度，产品还可以包括体验、人员、地点、组织、信息和观念。企业可以通过精心安排不同的服务和商品，创造、推进和实施营销品牌体验。例如，迪士尼乐园就是一种体验。现如今，体验已经可以成为企业在激烈的市场竞争中有特色并能够触动顾客心灵的营销产品形式。

（3）价值、满意与质量 营销理论认为，面对市场众多可供选择的产品，顾客凭借他们对产品可以提供的价值来选择、购买产品，并力求使自己满意。

根据美国质量学会的定义，质量（Quality）是产品的特色和品质的总和，这些品质特色将影响产品满足各种明显的或隐含的需要的能力。企业产品质量的好坏，直接地影响顾客让渡价值与顾客满意。营销学赞同根据顾客满意的程度来定义产品的质量。全面质量管理（Total Quality Management，TQM）提倡企业全体人员致力于全面地、全过程地改进产品及工作过程的质量。全面质量是创造价值及顾客满意的关键。在一个强调全面质量的企业，营销人员有两项责任：参与制订旨在帮助企业通过全面质量管理赢得竞争的战略和政策；在提高产品质量之外，提高市场营销质量——以较高的标准来实施营销工作的每个环节，包括营销调研、市场推广、销售培训、广告、顾客服务及其他。

（4）交换、交易和关系 前面，我们已经非常清楚地指出，市场营销以交换为基本前提，没有交换就不存在市场营销。

交换（Exchange）是营销学中的核心概念，是指通过提供某种东西为回报，从别人处获得自己所需东西的过程。交换的发生，必须具备 5 个条件：①至少有两方。②每一方均具有对方想要的东西。③每一方均可以沟通信息和传送货物。④每一方均可以自由接受或拒绝对方的东西。⑤每一方均满意于与对方的交换。具备这 5 个条件，交换即有可能发生。但交换能否成为现实，还必须看交换各方能否找到合适的交换条件，即交换各方在交换之后都能够满意。

交易是一个通过谈判达成协议的过程。如果交换各方达成协议，也就是说他们之间发生了交易行为。所以，交易（Transaction）是交换活动的基本单位，是由交换各方之间的价值交换所构成的行为。具体例子见表 1-1。

**表 1-1　一些交易的例子**

| | |
|---|---|
| 实物 | 计算机、CD、汽车零部件、发电站 |
| 服务 | 培训、贷款、干洗、金融建议、咨询、设计 |
| 观点 | 政党的主张 |

传统的市场营销致力于研究交易的有效实现，即是所谓的交易营销。但是在今天，交易营销已被认为是关系营销大概念的一个部分。

关系营销趋向于强调长期性，目标是为顾客提供长期价值，而同时以顾客长期的满意及有效的顾客生涯价值作为收获。

（5）市场营销者与营销对象　理论上，我们将交换过程中更积极、主动寻求交换的一方称为市场营销者，反之，则为营销对象。也就是说，市场营销者是希望从别人处取得东西并愿意以某种有价值的东西作为交换的一方。所以，市场营销者可以是卖方也可以是买方。但由于是站在企业的角度来研究市场营销，所以我们通常视企业（卖方）为市场营销者，而将顾客（买方）视作营销对象。

**2. 市场营销的作用**　科特勒教授曾经说过：营销是企业成功的关键因素。

被誉为现代管理学之父的彼得·德鲁克（Peter F. Drucker）曾指出：“市场营销是如此基本，以致不能把它看成是一个单独的功能……从它的最终结果来看，也就是从顾客的观点来看，市场营销是整个企业活动”。

市场营销作为管理中的后起之秀，起初被众多的消费品公司、工业设备公司所运用，他们从中受益匪浅。20 世纪 80 年代开始，市场营销逐渐被服务行业尤其是航空业和银行业所采用，之后，市场营销又渗透到一些非盈利部门，如学校、医院、警察部门、博物馆、交响乐团、社会组织等。

## 1.2　市场营销理念

现今的企业无论是作为卖方面对买方，还是作为买方面对其供应商或合作伙伴，无不处于各种交换关系之下。以交换为基本的前提和出发点，企业实现及更好地实现利润目标的解决之道有过不同的历史变化过程。

### 1.2.1 传统的营销理念

传统的营销理念是以企业为中心的，企业擅长生产什么就生产什么，销售什么。

**1. 生产观念**（Production Concept） 生产观念是最为古老的营销观念之一，20 世纪 20 年代初期之前为很多企业所选择。当时，由于社会生产力不发达，许多商品严重的供不应求，属于典型的卖方市场。于是，企业的一切生产经营活动均以自己的生产为中心，重点抓提高产量和降低成本，通过增加产量、降低成本来尽可能地获取更多的利润。

**2. 产品观念**（Product Concept） 这种观念认为在同类产品增多的情况下，那些品质好的产品会受到顾客的青睐，“只要产品好，顾客自然会找上门来”，因而企业应把主要的精力放在抓产品质量上。抓产品质量本无可厚非，但这种观念容易导致企业一味地关注和陶醉于自己的产品，而忽视了顾客的需求，即导致所谓的“营销近视症”。例如，一些技术很先进的产品在市场上却败下阵来。

**3. 推销观念**（Selling Concept） 20 世纪 20 年代到 50 年代，西方国家的生产技术已相当先进，产量迅速增加，市场供求关系开始发生重大变化，卖方市场向买方市场过渡。随着竞争加剧，企业产品的销售变得越来越困难。越来越多的企业发现生产的规模化与产品质量的提升已不能够满足自己对利润的有效追求，产品销路问题由此凸显。于是，推销技术受到企业的特别重视。一些企业认为消费者通常表现出一种购买的惰性或者抗衡心理，只有通过加强推销和促销，才有利于扩大销售，增加企业收益，因而企业把主要精力放在抓产品推销和销售上。

### 1.2.2 现代市场营销理念

这是买方市场条件下，企业应遵循的经营理念。其核心思想是“顾客需要什么，就生产什么，销售什么”，甚至有人说，如果你不去满足顾客的需要，就没有人需要你。

**1. 市场营销观念**（Marketing Concept） 市场营销观念是第二次世界大战后在美国新的市场形势下形成的，当时的美国已经完成了卖方市场向买方市场的转变。市场营销观念的核心原则在 20 世纪 50 年代中期基本定型。市场营销观念认为，实现企业的利润必须以顾客需要和欲望为导向。企业的生产经营活动是一个不断满足顾客需要的过程，而不仅仅是制造或销售某种产品或服务的过程。

有许多说法能够体现这一理念，如“生产你能销售出去的产品而不是销售你所能生产的产品”“爱你的顾客要胜过爱你的产品”等。总之，市场营销观念充分体现了以顾客为中心的思想。

市场营销观念对指导企业的经营活动具有重大意义，是众多企业取得经营成功的基本前提。

**低碳客独创 O2O 营销模式**

所谓的 O2O 营销模式即 Online To Offline，是指将线下商务的机会与互联网结合在了一起，让互联网成为线下交易的前台。低碳客首创环保节能行业的 O2O 模式充分利用了互联网跨地域、无边界、海量信息、海量用户的优势，同时充分挖掘线下资源，进而促成线上用户与线下商品和服务的交易。

业内人士指出，将网上商城与线下终端销售店相结合的O2O模式，不仅可以帮助消费者通过线上平台了解各种产品的详细信息，筛选物美价廉的中意产品，而且消费者可以随时下订单并取货，避免购到假货及货不对版的麻烦，还能在线下终端销售店享受售后服务等一系列相关服务。除此之外，低碳客O2O营销模式对于商家而言，还能够借助互联网的巨大优势开辟更为广阔的市场，截获更多商机、提供更优质的产品及服务。

国内有媒体报道指出：低碳客线上线下销售一体化的O2O先进营销模式的首创，不仅为我国低碳环保行业的发展提供了借鉴模式，而且将有助于拓宽电子商务的发展方向，促进电商企业由规模化向多元化发展。

资料来源：http：//sports. eastday. com/eastday/dfsh/node632254/u1a7479421. html（有删改）。

**2. 社会市场营销观念**（Social Marketing Concept） 20世纪70年代以来，西方国家由于环境破坏、资源短缺、通货膨胀、失业增加及社会服务被忽视等问题越来越严重，虽然市场营销观念强调满足顾客需要是企业经营的最高宗旨，但现实中却还存在着许多企业片面理解消费者的需求，或一味地从自身利益出发，置消费者长远利益于不顾的种种现象，如一次性用品给人们带来了方便，却造成了资源的浪费和环境的污染；氟利昂作为制冷材料的大量使用，改善了人们的生活条件，却破坏了大气臭氧层，等等。上述种种现象，说明市场营销观念回避了消费者需要、消费者的长远利益和社会福利之间隐含的冲突，暴露出市场营销观念的局限性。

社会市场营销观念是对市场营销观念的进一步修正和完善，如图1-3所示。该观念认为，企业营销活动在满足顾客需要的同时，还必须考虑到社会公众长远的和整体的利益，担负起社会与道德的责任，如要考虑到环境的保护、资源的节约、消费者的身心健康等。

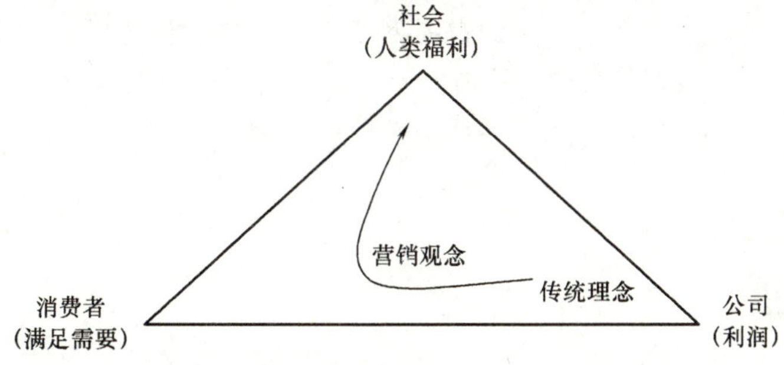


图1-3 社会市场营销观念示意图

社会市场营销观念要求企业正确确定目标市场的需要、欲望和利益，并以保护或提高消费者和社会福利的方式，比竞争者更有效、更有利地向目标市场提供所期待的满足。

社会市场营销观念是在市场营销观念的基础上，强调要兼顾消费者、企业、社会三个方面的利益，要求企业在追求经济效益的同时，应兼顾社会效益，因而是符合社会可持续发展要求的营销观念，应当大力提倡。

### 包装设计的绿色、低碳营销

包装品牌策划专家认为，一个好的包装盒设计，其精美的外观设计、图案、标志、广告语，时时刻刻都在为企业创造营销价值。一个好的产品外包装设计，不但能塑造一个产品的档次，还能创造营销价值。然而，随着近年来市场竞争的激烈，商家为了追逐利润，过度包装愈演愈烈，这不仅增加了消费者的负担，还会产生数量惊人的“美丽垃圾”。“绿色、低碳营销”将会成为企业的主流营销战略。

在韩国，过度包装设计被认为是一种违法行为，厂商如果不依照政府规定减少产品的包装比率和层数，最高会被罚款300万韩元。韩国十分注重礼品的包装美观，但包装的美观并不是靠包装盒来实现的。在韩国，丝带就是万用的包装。根据收礼人的喜好不同，人们会选择图案各异的包装纸，再加一个丝带就可以了，甚至很多礼物都干脆直接用丝带打个漂亮的蝴蝶结，简单又不失美观。

留学生刘浩远告诉记者，走进日本百货店，产品包装设计都十分淡雅，大都以环保的纸盒为主，几乎看不到礼盒的身影。“比起包装设计在日本，消费者更注重产品本身，企业一般不会对外包装设计过分下功夫。”像济南常见的茶叶礼盒，就有铁艺盒、礼盒等五花八门，而在日本，这里的茶叶一般都是真空塑料袋包装或者纸盒包装，没有过多的豪华外包装。如果是当礼品赠送，他们喜欢在产品上包一层彩色的包装纸，很简单。

而在美国，化妆品就是一个裸瓶，纸盒包装都很少见。济南去美国留学的丹丹说，在美国买东西，包装都十分少见，像化妆品，国内不仅有产品本身的包装盒设计，包装盒设计外面还有密封的透明塑料，然后还要再加层纸袋子，里三层外三层，包裹得严严实实。美国商店则不然，如果送礼用要求带包装设计，售货员会帮忙找产品原配包装盒装起来，这就算是包装了。对于食品，则更为简易，经常看到超市内走出来的人抱着大大的纸袋子，里面乱七八糟的装满了面包、点心，同样没有包装设计。

资料来源：http：//news. efu. com. cn/newsview-1070196-1. html（有删改）。

### 什么是企业社会责任

对于企业社会责任（Corporate Social Responsibility，CSR），目前国际上普遍认同的理念是：企业在创造利润、对股东利益负责的同时，还要承担对员工、对社会和环境的社会责任，包括遵守商业道德、生产安全、职业健康、保护劳动者的合法权益、节约资源等。

企业通过承担社会责任，一方面可以赢得声誉和组织认同，同时也可以更好地体现自己的文化取向和价值观念，为企业发展营造更佳的社会氛围，使企业得以保持生命力，获得长期可持续的发展。所以，成熟的企业都非常重视社会责任形象的建立和推广。

从全球视角来看，企业承担社会责任已经成为大的趋势。1997年8月，美国制定了企业社会责任的国际标准，即SA8000（Social Accountability 8000）。1999年1月，在瑞士达沃斯世界经济论坛上，联合国秘书长安南提出了“全球协议”，并于2000年7月在联合国总部正式启动，该协议号召公司遵守人权、劳工标准和环境等方面的9项基本原则。SA8000体系认证、“全球协议”均已在全球范围内推进，其对于企业发展、全球贸易将会产生越来越大的影响。

**3. 关系营销理念**（Relationship Marketing） 关系营销理念是20世纪80年代末、90年代初在西方企业界兴起的一种新型营销理念。这一理念是1983年由美国学者首先引入文献的，1985年巴巴拉·杰克逊在产业市场营销领域提出这个概念。关系营销的核心就在于发展与顾客长期、稳定的关系，使顾客保持忠诚。1994年以后，营销学者又将关系营销所涵盖的关系扩大到与企业营销活动相关的所有个人和组织。他们认为企业营销乃是一个与顾客、竞争者、供应商、分销商、政府机构和社会组织发生互动作用的过程，正确处理与这些个人和组织的关系是企业营销的核心和成败的关键。

关系营销是现代营销观念发展的一次历史性突破，它可使企业获得比在传统市场营销中更多、更长远的利益，因而被营销学者誉为20世纪90年代及未来的营销理论。

关系营销的产生具有较为深刻的时代背景，是企业顺应市场环境变化的必然选择。面对日益残酷的竞争挑战，许多企业逐步认识到：保住老顾客比吸引新顾客收益要高。更多的大型公司正在形成战略伙伴关系来对付全球性竞争，而熟练的关系管理技术正是必不可少的。购买大型复杂产品的顾客正在不断增加，销售只是这种关系的开端，而任何“善于与主要顾客建立和维持牢固关系的企业，都将从这些顾客中得到许多未来的销售机会”。

此外，信息技术的发展是关系营销发展的重要驱动力。现代信息技术的发展为各种营销伙伴关系的建立、维护和发展提供了低成本、高效率的沟通工具，它解决了关系营销所必需的基本技术条件。

关系营销要求企业在进行经营活动时，必须注重以下几个方面的关系。

（1）建立、保持并加强同顾客的良好关系 过去顾客没有多少可选择的供应商，企业可以在失去100位顾客的同时又获得150位顾客，从而保持销售额不变或有所增加。因此企业认为总有足够的新顾客来取代流失的顾客，因而不关心保留顾客，不关心产品或服务质量以及顾客是否满意。但今天，商品供过于求，企业间竞争激烈，顾客面对很多供应商提供的类似产品或服务，稍不合意就不购买，即使买了第一次也不会再买第二次。企业因此而感到了顾客流失的严重后果，如果不采取有效措施保留顾客，企业将无法生存。今天已不是顾客依靠企业，而是企业依靠顾客。

（2）发展与关联企业关系以增强企业竞争力 在传统市场营销中，企业与企业之间是竞争关系，任何一家企业若想在竞争中取胜，就得不择手段。这种方式既不利于社会经济的发展，又易使竞争双方两败俱伤。

关系营销理论认为，企业之间存在合作的可能，有时通过与关联企业的合作，将更有利于实现企业的预期目标。第一，企业与其供应商的关系决定着企业所能获得的资源数量、质量及获得的速度；第二，在分销商市场上，零售商和批发商的支持对于产品的销售至关重要，优秀的分销商是企业竞争优势的重要组成部分；第三，企业与竞争者可以通过在研发、采购、生产、销售等方面的合作，降低经营的费用和风险，增强企业的经营能力；第四，同行企业间的竞争容易导致许多恶果，如企业亏损剧增、行业效益下降，这对整个社会经济的发展将产生不良影响，而企业间的合作即可使这种不良竞争的恶性影响降低到最低程度。每个企业各有所长，各有所短，发现和利用企业外在的有利条件是关系企业营销成败的重要因素。

（3）与政府及公众团体协调一致　企业是社会的一个组成部分，其活动必然要受到政府有关规定的影响和制约，在处理与政府的关系时，企业应该采取积极的态度，自觉遵守国家的法规，协助研究国家所面临的各种问题的解决方法和途径。关系营销理论认为，如果企业能与政府积极地合作，树立共存共荣的思想，那么国家就会制定出对营销活动调节更为合理化、避免相互矛盾、帮助营销人员创造和分配价值的政策。

（4）搞好企业内部员工的关系也是关系营销的一个重要方面　建立与企业员工的良好关系，就能为实现企业目标提供保证。因为只有员工满意了，他们才可能以更高的热情和效率为顾客提供产品和服务，从而赢得顾客的满意。

**腾讯的“关系营销”**

泛关系链营销的重点在于拉动用户参与到品牌共建的过程中，让用户生动、积极地反馈信息并传播给与自己有关系的其他用户，使品牌信息呈几何级数扩散。

不久前举办的宝马——腾讯“世博网络志愿者接力”活动，就充分诠释了腾讯的泛关系链营销理念。首先，腾讯通过在QQ即时通信、腾讯网、QQ空间上进行官方品牌声音和活动信息发布招募宝马用户；当用户确认参与接力活动后，要在规定的时间内提出申请，并做出响应上海世博会绿色主题的承诺；之后用户通过QQ上的好友关系链与好友互动，发出参与邀请，驱动关系链传播；如果好友确认参与，就会在用户的QQ上出现志愿者公益图标，从而让宝马品牌、产品与用户联动。

“宝马不希望接力活动的商业气氛太浓，它的目的是倡导清洁能源、清洁发动机，我们把这个概念融入到绿色地球、环保中去，宝马品牌以非常隐性的方式传递给用户。”刘曜说，“广告主不要把关系链营销局限在SNS上，所有跟关系链相关的应用和服务都是泛关系链。通过泛关系链营销，腾讯提供给企业的是整合性方案，可以根据企业的传播目标、推广周期，定制一个最合适的推广计划。”

一般来说，广告主在互联网广告的投放过程中，选择投放媒体时主要关注两个关键词：覆盖率和流量。覆盖率决定了广告投放的效果，而流量则决定了品牌的影响力。“现在50%以上的流量到了社区媒体，无论是以往广告主在互联网上做的投放，还是传统意义上的内容定向。但是现在有了社区媒体之后，就可以知道消费者的关系在哪、关系是谁、这些人是谁，这个时候就多了人的因素。”刘曜说，“在泛关系链营销的标准下，腾讯可以为广告主提供品牌空间维护、定期更新内容、保证用户始终有信息互通等服务。这是一个持续的、长期的投入过程，腾讯智慧属于方法论，而泛关系链则具体到营销解决方案。”

资料来源：http://www.ppzw.com/article_show_174908_2.html(有删改)。

相关链接 1-3

**泛 关 系**

调查数据显示，中国网民在网上停留的时间是全世界最长的。而网民会通过各种互联网应用，维护由网络延伸构成的各层次、各类型的丰富关系，腾讯把这种关系称为“泛关系”。腾讯网络媒体产品部助理总经理刘曜认为，品牌构成了现代人的生活，而这些纷繁复杂的“关系”正是品牌和消费者的有效沟通方式。

“传统的各种关系都延伸到了网上，同时网络的每一个应用又把传统关系做了外延。互联网无限放大了传统物理局限的关系圈或用户数，同时把各种各样的关系模型或者种类放大了。”刘曜认为，围绕在每个网民周围的关系网络由真实关系链、地域关系链、兴趣关系链、内容关系链、生活关系链等组成。“首先，互联网的关系是把传统的亲朋关系搭载到网上；其次，是地缘关系，如同学会、老乡会等；还有基于兴趣爱好的关系，甚至还有基于内容的关系等，网络使现实关系扩展为一种泛关系。”

资料来源：http：//cjb. newssc. org/html/2010-10/22/content_ 1086556. htm（有删改）。

## 1.3 当代企业营销理念的发展

回顾企业营销理念从产品观念、生产观念、推销观念、营销观念、社会营销观念直至关系营销的演进过程，不难发现每一次营销观念的重大变革，无不是向重视顾客方向更进一步发展的结果。21 世纪更是顾客主导的时代，企业面临着前所未有的激烈竞争，新的时代，新的竞争格局，必然促使企业营销观念进一步深化和发展。

### 1.3.1 顾客价值与顾客满意

今天，我们面对的是一个产品极大丰富、消费日益饱和的社会，人们刚刚还在享受着物质丰富所带来的满足感，接着却又不得不面对同质化的尴尬，小到洗发水、信用卡、皮鞋，大到冰箱、彩电、汽车、房地产……几乎所有的行业都面临着同质化现象。顾客面对如此众多的产品、品牌、价格、供应商，他们将如何进行选择呢？

**1. 顾客让渡价值** 一般而言，消费者在购物的时候，都会有意或无意地将物品或服务的品质与价格做比较，以衡量是否物超所值。即消费者往往会从产品提供的利益（价值）与为获得该产品所需付出的成本两个方面进行比较分析，从中选择出价值与成本之差额最大的产品作为优先选购的对象，因此顾客是价值最大化的追求者。

从理论上讲，顾客价值理念基于营销学权威菲利普·科特勒所提出的“顾客让渡价值”或称“顾客认知价值（Customer Perceived Value）”理论。

顾客让渡价值的含义是指顾客从市场提供的商品中发现和感受到的总值与为获得这些利益所付出的总成本之间的差额，即顾客让渡价值 = 顾客总价值 - 顾客总成本。

具体来讲，顾客总价值是指顾客购买某一产品所期望获得的全部利益，包括产品价值、服务价值、人员价值、形象价值等，而顾客总成本则指顾客为购买此产品所需耗费的各种支出，包括货币成本、时间成本、精神成本、体力成本等，如图 1-4 所示。顾客让渡价值的构成因素见表 1-2。

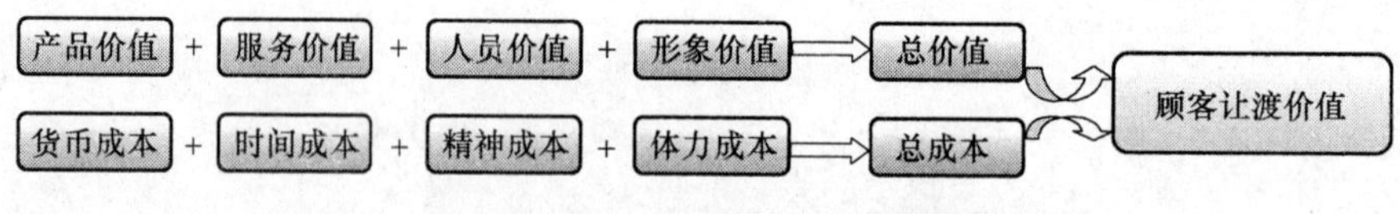


图 1-4　顾客让渡价值的构成因素

表 1-2　顾客让渡价值的决定因素

| 总　价　值 | 决定因素 | 总　成　本 | 决定因素 |
|---|---|---|---|
| 产品价值 | 品质、功能、款式、特色等 | 货币成本 | 商品价格、交通费、安装维修费等 |
| 服务价值 | 伴随产品销售的售前、售中、售后服务 | 时间成本 | 咨询、收集信息的时间、交通时间、交货等待时间等 |
| 人员价值 | 员工的经营思想、作风、业务能力、工作效率和质量等 | 精神和体力成本 | 收集信息、谈判交易条件、购买、安装、使用、维修等方面的精神和体力的支出 |
| 形象价值 | 企业的品牌、声誉等 | | |

顾客价值营销理念就是强调关注顾客的利益，为顾客提供尽可能大的让渡价值。为此，企业需要深入了解、把握顾客的需要和利益，同时还需分析竞争者给顾客提供的利益和价值，并进行对比分析，以便使企业所实施的价值营销策略更有针对性和有效性。

麦当劳的成功是一个典型事例，自创业以来，麦当劳一贯坚持 OSCV（质量、服务、清洁、价值）的经营理念，不仅给顾客提供出高质量的产品、方便快捷的服务、清洁的就餐环境，同时使顾客支付尽可能低的时间成本和货币成本，获得身心愉悦的享受，从而赢得了世界各地大批的顾客。其严格的品质管理及操作规范、服务规范等，一方面有利于全面提升顾客总价值，同时又使顾客感受到实实在在时间成本、精力成本的节约。

因此，企业以满足顾客的需要为出发点，或增加顾客总价值，或减少顾客总成本，或双管齐下，通过向顾客提供比竞争对手具有更多让渡价值的产品，将有利于赢得更多的潜在顾客。

**2. 预期满意理论**　企业为谋求长远的发展，不仅应设法赢得顾客，还需使顾客满意。“满意的顾客是最好的广告”。据摩托罗拉公司的调查，多一个满意的顾客，有可能带来 8 个新顾客；多一个不满意的顾客，可能减少 25 个顾客。已有越来越多的经营者认识到顾客满意和维系现有顾客的重要性，调查显示，一个公司如果将其顾客流失率降低 5%，其利润就能增加 25% ~85%。

根据预期满意理论，消费者购后满意与否，取决于他的预期与实际感受的对比：若预期 > 实际感受，则消费者会不满意；若预期 = 实际感受，则消费者会基本满意；若预期 < 实际感受，则消费者会满意或很满意。

企业虽然无法控制消费者的实际感受，但由于消费者预期的形成是基于他从厂家、商家、朋友以及其他渠道获取的信息，因此，消费者预期是企业营销活动可以影响的，企业应避免夸大其词的宣传，以免使消费者产生过高的预期。

**顾客满意追踪调查和衡量度的方法**

描述公司如何探索顾客满意的方法见表 1-3。

表 1-3 描述公司如何探索顾客满意的四种方法

| | |
|---|---|
| 投诉和建议制度 | 一个以顾客为中心的组织应为其顾客投诉和提建议提供方便。有些以顾客为导向的公司，诸如宝洁公司、通用电气公司、惠而浦公司等，都开设了免费的顾客电话热线。公司还增加了 Web 网站和电子信箱，方便双向沟通 |
| 顾客满意度调查 | 一些研究表明，顾客每 4 次购买中会有 1 次不满意，而只有 5% 以下的不满意的顾客会抱怨。大多数顾客会少买或转向其他供应商。敏感的公司通过定期调查，直接测定顾客满意状况。他们在收集有关顾客满意的信息时，询问一些其他问题以了解顾客再购买的意图，衡量顾客是否愿意向其他人推荐本公司及品牌 |
| 佯装购物者 | 公司可以雇一些人，装扮成潜在顾客，报告他们在购买公司及其竞争者的产品过程中发现的优缺点。这些佯装购物者甚至可以故意提出一些问题，以测试公司的销售人员能否适当处理。公司经理们还应经常走出他们的办公室，进入他们不熟悉的公司以及竞争者的实际销售环境，以亲身体验作为“顾客”所受到的待遇。经理们也可以打电话给自己的公司提出各种不同的问题和抱怨，看他们的员工如何处理这样的电话 |
| 分析流失的顾客 | 对于那些已停止购买或转向另一个供应商的顾客，公司应该与他们接触一下以了解发生这种情况的原因。公司不仅要和那些流失的顾客谈话，而且还必须监控顾客流失率 |

**满意的顾客的意义**

一个高度满意的顾客会：

- 忠诚于公司更久。
- 购买更多的公司新产品和提高购买产品的等级。
- 为公司和其产品说好话。
- 忽视竞争品牌和广告并对价格不敏感。
- 向公司提出产品或服务建议。
- 由于交易惯例化而比用于新顾客的服务成本低。

资料来源：菲利普·科特勒. 营销管理 [M] .10 版. 梅汝和，梅清豪，周安柱，译. 北京：中国人民大学出版社，2001：61.

## 1.3.2 绿色营销

进入 21 世纪后，全球的环保呼声越来越高涨。绿色营销观念就是随着时代的发展，绿色消费需求的兴起促使市场营销观念进行变革和发展的产物，其基本思想是企业应以环境保护为要旨，以满足消费者的绿色消费为中心和出发点，在化解环境危机的过程中获得商业机会，在实现企业利润和消费者满意的同时，实现人与自然的和谐相处，共存共荣。

面对全球生态环境的恶化、自然资源的短缺等生态危机，国际环境公约纷纷出台，各国环境与技术标准对产品及其生产过程的要求越来越高，环保法规越来越复杂和严格，绿色贸易壁垒甚至成为当今最为盛行的一种非关税壁垒，这种状况客观上也促使企业转向绿色营销。

所谓绿色贸易壁垒（Green Trade Barrier，简称“绿色壁垒”），是指进口国以保护生态环境、自然资源、人类和动植物的健康为由，以保护本国市场和贸易为根本目的，通过制定、颁布、实施严格的环境保护法规和苛刻的环境保护技术标准，以限制国外产品或服务进口的贸易保护措施。当前世界范围内构成绿色贸易壁垒主要有以下限制措施。

1）涉及环境保护问题的国际环境公约，如《保护臭氧层维也纳公约》（1985 年）、《保护生物多样性公约》（1992 年）等。

2）WTO 有关协议中的环境条款，如《建立世界贸易组织协议》指出：在符合可承受的发展速度的前提下，允许缔约方合理地利用世界资源，以符合各国经济发展水平所决定的各自需求与利害关系的方式寻求环境得到保护，并提高这种保护的手段。

3）国际标准化组织颁布的国际环境管理体系系列标准（ISO 14000 系列标准）。

4）绿色标志制度。绿色标志（Green Label）也称为环境标志、生态标志，是指由政府部门或其授权的部门按照一定的环境标准颁发的特定的图形，用以表示某种商品符合环境要求。

5）进口国国内环境与贸易法规，如欧盟《消费者保护法》，禁止使用和进口能分解成致癌芳香胺的 118 种偶氮染料及其染色的纺织品。

6）进口国环境与技术标准，特别是发达国家的规定都相当严格。

绿色壁垒产生于 20 世纪 80 年代后期，90 年代开始兴起于各国，如美国拒绝进口委内瑞拉的汽油，因为含铅（Pb）量超过了本国规定；20 世纪 90 年代后，欧洲国家严禁进口含氟利昂冰箱，导致中国的冰箱出口由此下降了 59%。尽管绿色贸易壁垒大多都是发达国家针对发展中国家设立的，但是为了全社会的可持续发展，为了冲破绿色壁垒，我国企业必须顺应这股绿色潮流。

### 1.3.3 全球营销

进入 21 世纪以来，伴随着网络技术、高新技术的快速发展和广泛应用，经济全球化的进程明显加速，全球经济一体化、市场全球化的崭新格局已经形成，企业营销的时空无限扩大，从而使企业传统的“时空”观念和“国界”观念受到巨大冲击。任何企业都可以借助现代信息技术手段，全天候、直接面对全球的顾客和竞争者，企业竞争从区域竞争转向了全球竞争。

全球营销理念要求企业必须彻底打破以国界、区界划分国际市场与国内市场的传统认识，强化竞争全球化、资源全球化、顾客全球化的全新经营理念，开拓思维和视野，应以全球市场的观点来制订和实施经营战略，选择目标市场和战略定位，要善于借助网络等现代化的信息技术手段了解和掌握国际市场营销发展动态，发掘商机，主动营销，大力开拓企业的市场。

美国不少企业正是利用全球化发展的契机，形成了新世纪的跨国集团及运营结构的新模式，如其研究中心在硅谷，广告策划在纽约，制造基地设在东南亚，财务公司设在中国香港，等等。

营销实战 1-3

**海尔全球化　迈出新步伐**

全球大型家电第一品牌海尔集团今天在日本东京宣布正式推出新品牌 AQUA 系列产品，同时还宣布，将在日本成立海尔亚洲总部和研发中心。这是继去年并购日本三洋电机白电业务之后，海尔集团在其全球化进程中再次迈出的具有战略性重要意义的一步。

据悉，继 2010 年 10 月海尔集团从松下公司手中成功收购了三洋电机在日本和东南亚 4 国的洗衣机、电冰箱和其他一些家电业务之后，2012 年 1 月 5 日，作为海尔集团在日本的新品牌 AQUA 销售公司的三洋 AQUA 股份有限公司，正式更名为海尔 AQUA 销售股份有限公司。AQUA 品牌是结合了日本消费类电子技术与海尔集团的商品开发实力，经过多年研发而成的面向日本市场的新品牌。

海尔亚洲总部设立在大阪，在东京和京都两个地方成立开发基地，前者以冰箱和空调开发为主，而后者则作为家用和商用洗衣机的开发基地。总部拥有员工 220 名，旗下三家关联公司，分别是在日本经营 AQUA 品牌的海尔 AQUA 株式会社、经营海尔品牌的海尔日本销售公司，以及在滋贺县从事家用及商用机生产的湖南电机株式会社。

海尔总裁张瑞敏在发布会上再次阐述了其具有战略意义的“人单合一双赢”管理模式。他表示，“人”是员工，而“单”是第一竞争力的市场目标，鼓励员工根据市场变化自主决策并根据为用户创造的价值自己决定收入。这样不仅使海尔员工焕发工作积极性和主动性，也使海尔成为一家更有竞争力的企业。

海尔集团副总裁杜镜国在接受记者采访时说，之所以选择日本作为海尔亚洲总部，是因为作为著名的“世界家电王国”，日本具有优秀的家电传统基因，拥有高度成熟的家电市场，也是全球家电领域技术的风向标。海尔 2002 年进入日本市场，至今已有 10 年的时间，海尔品牌的产品一直在日本销售，积累了很多日本市场及用户的家电需求经验，以海尔现有的丰富资源和白色家电业第一的制造竞争力，如果能融合日本先进的研发技术以及有潜力的人才资源，可以释放出强大动力，推动海尔朝着成为全球第一家电品牌的方向前进。

资料来源：http：//finance. qq. com/a/20120216/004805. htm（有删改）。

## 1.3.4 个性化营销

工业经济时代，企业根据大众化的需求进行生产和经营，消费者也只能根据大众化的需求来购买和消费，消费者处于被动地位。而在新的形势下，消费者凭借发达的信息网络及技术手段，可全面、迅速、准确地收集与其购买决策有关的市场信息，在浩瀚的产品中进行选择，追求多样化、个性化消费成为新的需求时尚。

个性化营销的出现，首先是由于人们消费水平不断提高，价值观念日益个性化，进而要

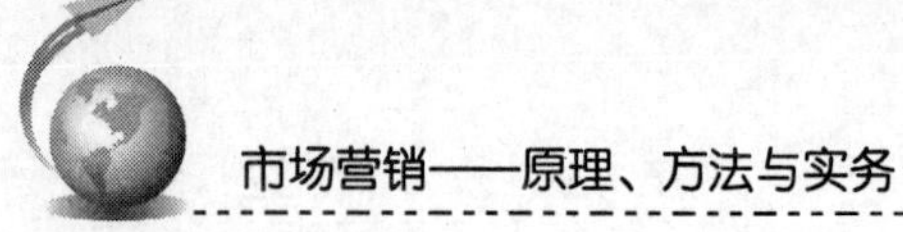


求产品的“文化色彩”或“情感色彩”浓厚，能体现自己独特的素养；其次是产品越来越丰富，供大于求，消费者可以在众多的同类产品中随意挑选；最后是互联网技术使信息社会中的供求关系变为动态的互动关系，消费者可以在全世界的任何一个地方、任何时间将自己的特殊的需求利用互联网迅速地反馈给供给方，而生产方也可以随时随地通过互联网了解和跟踪消费者的市场反馈。因此，针对消费者的个性化需求来实现高度的顾客满意将成为新世纪营销的新特色。

20 世纪末，我国的海尔集团提出了“您来设计，我来实现”的新口号，由消费者向海尔提出自己对家电产品的需求模式，包括性能、款式、色彩、大小等。

今天 DIY（Do It Yourself）计算机、DIY 服装、DIY 贺卡、DIY 家具、DIY 音乐等已成为年轻一族的时尚，弥漫在北京、上海、广州等城市的各个角落。

**1. 客户满意度调查表**

客户满意度调查情况见表 1-4。

**表 1-4　客户满意度调查表**

| 项　　目 | 非常满意 | 满意 | 一般 | 不满意 | 很不满意 |
|---|---|---|---|---|---|
| 根据您最近的经历，您对 ×××满意吗 | | | | | |
| | 肯定会 | 可能会 | 说不准 | 可能不会 | 肯定不会 |
| 根据您最近的经历，您是否会将×××推荐给您的生意伙伴 | | | | | |
| 根据您最近的经历，您是否会从×××购买其他产品 | | | | | |
| | 很满意 | 基本满意 | 说不准 | 基本不准 | 很不满意 |
| 您对总体质量满意吗 | | | | | |
| 您对得到的销售支持满意吗 | | | | | |
| 您对得到的技术支持满意吗 | | | | | |
| 您对得到的管理支持满意吗 | | | | | |
| 您对提出要求的处理情况满意吗 | | | | | |
| 您对得到的供应帮助满意吗 | | | | | |
| 您对客户培训满意吗 | | | | | |
| 您对提供的产品相关资料满意吗 | | | | | |
| 您对电话热线支持满意吗 | | | | | |

**2. 不同层次的关系营销**

企业可按以下思路区分顾客，建立 5 种不同水平的关系营销。不同层次的市场营销水平见表 1-5。

表 1-5 不同层次的市场营销水平

| 关系营销类型 / 盈利水平 / 顾客类型 | 高利润 | 中利润 | 低利润 |
|---|---|---|---|
| 顾客/经销商很多 | 可靠型 | 反应型 | 基本型或反应型 |
| 顾客/经销商一般 | 主动型 | 可靠型 | 反应型 |
| 顾客/经销商较少 | 合伙型 | 主动型 | 可靠型 |

● 基本型：销售员只是简单地出售产品。

● 反应型：销售员出售产品，并鼓励顾客，如有什么问题、建议或不满意就打电话给公司。

● 可靠型：销售员在售后不久就打电话给顾客，以了解产品是否与顾客所期望的相吻合；销售员还从顾客那里整理几个有关改进产品的建议及任何不足之处。这些信息有助于企业不断改进产品。

● 主动型：公司销售员经常与顾客电话联系，讨论有关改进产品用途或开发新产品的各种建议。

● 合伙型：公司与顾客一直相处在一起，已找到影响顾客的花钱方式或帮助顾客更好行动的途径。

## 本章小结

**1. 市场营销的定义及其核心概念** 市场营销是个人和群体通过参照产品和价值，并同他人进行交换以获得所需所欲的一种社会及管理过程。

市场营销的核心概念包括：需要、欲望和需求；产品、服务和体验；价值、满意和质量；交换、交易和关系；营销者与营销对象。

**2. 六种不同的营销观念** 这六种不同的企业经营指导思想在营销范畴内被解释为不同的营销观念。它们分别是：生产观念；产品观念；推销观念；市场营销观念、社会营销观念和关系营销。

**3. 当代企业营销理念的发展** 当代企业营销理念的发展包括顾客价值与顾客满意、绿色营销、全球营销及个性化营销。

**重要概念**

市场 市场营销 生产观念 产品观念 推销观念 市场营销观念 社会市场营销观念 关系营销 顾客价值 顾客满意 顾客让渡价值 绿色营销全球营销 个性化营销

## 案例分析

### 辣尚瘾和云海肴的创意增值服务

都说“顾客就是上帝”。客人选择餐厅除了注重味道以外，对餐馆服务人员的服务态度是否够热情、自己是否得到餐馆的重视等方面也非常看重。面对激烈的等位竞争，等位区的增值服务是亮点。客观地说，不管餐厅推出何种等位服务，客人最希望的还是不浪费时间。辣尚瘾和云海肴两家餐厅在等位区的创意增值服务项目，就做得相当不错。

**1. 辣尚瘾的创意增值服务**

（1）等位送菜品力度大　凡是等位的客人，二人就餐就送12元以内的菜品；四人就餐就送25元以内的菜品；六人就餐就送35元以内的菜品；八人就餐就送45元以内的菜品，根据就餐人数的不同，赠送的菜品有所不同，让顾客愿意在这里等位，等待的时间有所补偿，顾客会觉得得到了实惠。

（2）等位送定制杯子　“等位礼上礼，为您制作个人专属杯”，辣尚瘾餐厅会为客人免费定制个人的专属杯子，客人可以将自己或家人的照片发送到一个固定的邮箱，留下自己的电话号码。大约三天的时间，一个精致的杯子就做好了，上面印着顾客的个人写真、全家福，或者在辣尚瘾就餐的情景照片。辣尚瘾将杯子精美包装之后，通知顾客来餐厅取货，其实就是引导客人进行二次消费，也许客人不会为了一个杯子单独开车来取，但是他会因为这个杯子，到这个餐厅再次就餐，顺便将杯子取回。其实这个带照片的杯子成本只有两块钱，但是这两块钱对于客人来说意义深远，杯子的一面是顾客的照片，另一面便是辣尚瘾集团的标志，客人在取到杯子的时候，一定会好好珍惜，因为上面有自己的照片。辣尚瘾餐厅以这种方式为等位的客人送礼，不仅培养了顾客的忠实度，而且也对品牌起到了推广作用，让顾客记得这个餐厅，记得在等位的时候，得到的礼物和关心。

（3）送杯子有寓意　当客人来取杯子的时候，绝对不能递给客人就完事了，实际上这是一个很重要的时刻，送给客人杯子的时候，一定要说一句：“送杯子，一辈子，希望辣尚瘾和您是一辈子的好朋友。”只有客人听到这一句话的时候，才会觉得这个杯子的分量不是用钱来衡量的，餐厅有效地增加了产品的附加值，取得事半功倍的效果。

（4）等位区环境优雅　辣尚瘾餐厅将等位区与就餐区隔开，并将其布置得宁静、雅致，用鲜亮的色彩、抒情的音乐，使环境令人心情舒畅，而不是刺激人们的感官和食欲。因为在等位的时候，客人可以放松地到处看看，所以这是一个非常好的企业形象推广的时机。辣尚瘾餐厅的等位区是一个专门的区域，大约有6m$^2$的地方，客人会看到有一面文化墙，上面是餐厅员工的成长树，记录着这是一个快乐的团队，希望把这种快乐也传递给每一位客人；还有一棵辣尚瘾集团的成长树，记录着辣尚瘾集团在全国各个地区开设的分店照片，这是让等位的客人相信，他们现在就餐的餐厅是一个实力雄厚、发展前景广阔的企业，增加客人的信任程度。

（5）爱心传递与客相连　生活中总有一些事、一些人感动着大家，辣尚瘾餐厅把这种感动传递出去。辣尚瘾是一个四川的企业，在雅安地震的时候捐赠35万元，带领企业抗震救灾，那一幕幕都记录着这个企业是一个有爱心的企业，所以在等位区的文化墙上也有这样一个宣传栏，“爱心是人类的一种高尚的情感，一个有爱心的人，才会被别人所爱所尊敬”。当一个餐饮企业将爱心播撒给社会的时候，在温暖别人的同时，也使自己变得高尚和幸福。在等位区还可展示新菜品，提供当天的报纸及企业自办的报纸供顾客阅读，设置定期更换的企业宣传栏，公布顾客来信，张贴优秀员工的照片和事迹，发布促销活动通知等。

**2. 云海肴的创意增值服务**

（1）提前开始服务　在客人等位的时候，云海肴餐厅的服务员会为顾客送上餐单，先

点菜，待其座位一定，该餐单即可传出，缩短了顾客在餐桌上等待的时间。缩短顾客等待的时间，就是有效地提高餐厅的营业收入，同时也能增加客人的满意度。利用有效的时间留住更多的消费者，同时提供快速的服务，不仅是企业经营的潮流，同时也是一个企业市场竞争的优势。

(2) 取号机省人员无纠纷　云海肴餐厅门口有一台自助取号机，客人可以根据自己的就餐人数、就餐时间等，自助打印出等位号码，就像银行里的叫号机一样，打印的等位纸条上会显示，客人前面还有几桌需要等待，让客人心中有数。这样一台自助取号机还能避免客人之间的纠纷，减少客人投诉的概率，比起传统的一个服务员手写发号要好得多。

(3) 等待时间有补偿　云海肴餐厅规定，等位的客人如果等待时间在30min以上，会赠送青柠檬拌菠萝一份，或玫瑰鲜花饼一个；等待45min以上，会赠送大理豌豆粉一份，或大理话梅花生一份；等待60min以上，送自制米酒一扎或风味牛肉一份，这几项等位送菜品的活动在等位条上面也有说明。

(4) 与客人猜谜语　很多客人都曾有过这样的经历，三五好友时值饭点前往餐馆用餐，多数情况下，美食的诱惑加上饥肠辘辘，众人往往会选择耐下心来等候。但如果在无聊与烦躁中等候超过半个小时，却依旧没有位子，客人可能会选择无奈地离开。有一次，云海肴金地店等位的号码排到30号，实际上只流失了三桌客人，流失率达到10%。因为金地店周围都是餐厅，其他的餐厅很多都不需要等位，而云海肴有的客人甚至要等一个半小时，所以在等位的客人就很容易流失。云海肴推出等位猜谜语送礼物的活动，谜语的内容是很简单的，目的不是难倒客人，而是让客人得到猜谜语的乐趣，还有餐厅送的礼物。

(5) 礼物餐中才发放　在等位的时候猜谜语得礼物，这个礼物不是马上发给客人的，一定要保持礼物的神秘感，在客人就餐的时候才赠送，这样就能有效地留住客人。赠送的礼物也不能是随便一个娃娃、一个菜品，这些都没有新意，一定要是云南特有的、餐厅特供的礼物，代表云海肴的形象价值。例如，一个30g的蛤蜊油，用一个麻绳袋子装好，当客人拿出来一看，是一个蛤蜊，不知道是什么，这时服务员再介绍一下，这是云南特有的蛤蜊油护手霜，可以在干燥的天气中，给您一份关爱，里面还要附带一张卡片，上面是对产品的介绍和使用方法，另一面就是云海肴餐厅对客人的祝福，“三月惊喜，送给记忆里最美丽的女人”。

(6) 跳鼓舞来互动　在就餐的黄金时段，客人集中来消费，难免出现餐位紧缺的情况。如果餐馆只顾服务餐厅里已经坐下的客人，而忽视了外面尚未有位置的客人，使得客人流失，就会极大影响餐馆的翻桌率，餐厅一定要发挥自己的最大特色。

云海肴餐厅有很多云南当地的小伙子、小姑娘，他们不仅能歌善舞，而且对人热情，云南特色鼓舞能很好地吸引客人的眼球，对于客人来说，等待的成本是放弃了在这段时间里可以做其他的事情，尤其是等位的时候，能欣赏到云南特色表演，是一个不错的选择。鼓舞节奏感强，操作简单，一个小伙子穿着云南特色服饰，在等餐区与客人互动，客人很愿意拍两下小鼓，拍几张照片留影，小伙子还耐心地给客人讲解云南当地的风土人情，客人们听得津津有味，就不觉得时间过得慢了，让等位的时光变得有趣，有意义。

(7) 配合有时差　每一个服务人员在服务中，都应该为下一环节做准备。比如在客人烫菜后，及时询问是否需要添加主食或小吃，如果不需要的话服务员就开始核单并到吧台打单；在客人不再用餐时提前将翻台餐具准备好；埋单后客人若未立即离开，可征询客人的意

见，先清收台面和椅套围裙。

餐厅要想提高翻台率，大厅与外面等位区的配合是关键。其中利用“时间差”也是一个好的方法，通过对讲机的联系，在确定有台位埋单的情况下，等位区的迎宾或礼宾就会开始为客人点菜，同时，该桌值台服务员会在桌上放置“温馨提示牌”，一方面提醒客人小心地滑并带好随身物品，另一方面提醒各部门的员工，准备好翻台工具。其实餐馆经营者更应该在内部管理上下功夫，比如提高上菜速度、撤桌速度、结账速度等，才能真正缩短等位时间，这就是最好的等位服务。

资料来源：http：//www. canyin168. com/glyy/jycl/201409/61531. html（有删改）。

**思考与分析**

1. 辣尚瘾和云海肴体现了何种营销观念？它是通过何种方式实现的？

2. 请结合案例，为你所熟悉的某酒店、度假村等服务企业提出市场营销方面的建议。

## 营销实训

### 市场营销体验

【训练目的】实际地体验与认知市场营销。

【训练方案】

● 人员：3 ~5 人组成一个小组，以小组为单位演习。

● 时间：与第 1 章教学时间同步。

● 方式：仔细地浏览亚马逊网（www. amazon. com），并以 PPT 或其他形式发表自己对下列问题的看法。

（1）描述你所看到的亚马逊网，尝试在亚马逊网上购物并描述这一过程。

（2）你看到了市场营销的存在吗？以实例支持你的说法。

（3）亚马逊网是怎样与顾客建立关系的？你认为你在亚马逊网看到的什么说明亚马逊网重视顾客利益？

（4）你觉得亚马逊网怎样才能做得更好？

**复习与思考**

1. 谈谈你对市场营销的理解和认识。

2. 传统营销理念与现代营销理念的根本区别是什么？

3. 营销观念的不同对企业经营有何影响？请结合实例予以说明。

4. 讨论顾客让渡价值、顾客生涯价值、顾客满意及关系营销的相互联系。

## 延伸阅读

**1. 《营销管理》第 14 版（美）菲利普 · 科特勒（Philip Kotler）等. 王永贵，等译. 上海格致出版社，2012.**

**作者简介：**菲利普·科特勒，现代营销学之父，麻省理工学院的博士、哈佛大学博士后及其他8所大学的荣誉博士。多次获得美国国家级勋章和褒奖。科特勒博士著作众多，其代表作《营销管理》等被翻译为20多种语言，被58个国家的营销人士视为营销宝典。

**内容提要：**《营销管理》1967年第1版，许多海外学者把该书誉为市场营销学的"圣经"。本书第14版以"全面营销"为理念，指出公司要以顾客为中心，尽力发挥和协调各个部门的营销作用，以便设计和协调所有营销活动，在实现效益最大化的过程中为顾客创造价值，公司也要从与顾客建立的长期关系中获利。同时，应测量营销投资回报及其对股东价值的作用，并关注营销对法律、伦理、社会和环境的影响。

**2.《需求：缔造伟大商业传奇的根本力量》（美）亚德里安·斯莱沃斯基（Adrian J. Slywotzky）·尤志勇，译. 浙江人民出版社，2013.**

**作者简介：**亚德里安·斯莱沃斯基毕业于哈佛大学，同时拥有哈佛商学院和哈佛法学院颁发的两个硕士学位。全球50位最具影响力的商业思想家之一，被《产业周刊》（Industry Week）誉为"最有影响力的六大管理思想家"之一。与管理大师彼得·德鲁克、微软创始人比尔·盖茨、英特尔董事长安迪·葛罗夫、通用电气董事长杰克·韦尔奇以及竞争论奠基人迈克尔·波特齐名。

**内容简介：**本书通过深度剖析富有智慧的需求创造者——奈飞、亚马逊Kindle、Zipcar、彭博社、CareMore、魏格曼超市、Nespresso、利乐包、TFA……解读他们是如何将那些令人们生活痛苦、不便、浪费，甚至危险的日常烦恼进行梳理，如何开发出令人们无法拒绝也让竞争对手很难复制的优异产品，只在《需求》这一线之间。

## 网站推荐

1. 中国营销网 http：//www. b770. com/
2. 中国案例教学网 http：//www. cctc. net. cn/
3. 有效营销 http：//www. em-cn. com/

# 第2章 市场营销环境

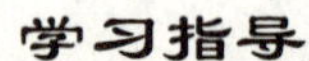

1. 理解市场营销环境的类型、特点和影响作用
2. 掌握企业营销环境的主要内容
3. 了解SWOT分析法

**微软的成功**

微软公司是由比尔·盖茨和好友保罗·艾伦共同创立的。1974年12月，盖茨还在哈佛大学读书时，他们偶然在《大众电子》杂志的封面上，发现一种称为“阿尔泰”的早期个人计算机，便决定替这种原始的计算机写软件。经过不断的工作，他们最后终于完成了一套堪称技术杰作的以Basic语言为基础的软件。

1980年，国际商用机器公司（IBM）也决定开发个人计算机市场。在当时以大型计算机为主流的计算机行业中，IBM是当之无愧的领袖，占据了80%以上的市场份额。但在个人计算机领域，却处于落后位置。当时艾伦在西雅图了解到有一套圈内人自编的叫做QDOS的操作系统，便与该软件的编写者蒂姆·帕特森联系，将他招入微软旗下。微软最后支付了大约5万美元买下这个系统，然后做了大幅度修改，使它成了微软公司的磁盘操作系统，简称MS-DOS。微软当时曾经建议IBM买下这个操作系统，但由于没有充分预见到个人计算机发展的无限广阔的前景，IBM放弃了这个机会。

而微软则恰恰相反。在当时很少有人能准确预见到个人计算机市场会增长得多快的情况下，盖茨就清醒地意识到个人计算机软件的巨大经济潜力，而且意识到个人计算机软件的前景不仅依赖于IBM这样重要的硬件销售商，而且更取决于个人计算机兼容机市场的发展。微软的目的不是要直接从IBM那里赚钱，而是要从出售MS-DOS特许权上赚钱，所有与IBM个人计算机兼容的机器，都可能成为MS-DOS特许权的购买者。IBM可以免费使用MS-DOS，但对未来的升级版软件并不享有独占使用权和控制权。

微软允许 IBM 只交低廉的一次性费用，就让该公司在所销售的许多计算机上使用微软公司的操作系统，这就使得 IBM 有了动力去推广 MS-DOS 并廉价地售出。

微软开发的 Windows 从 1990 年开始大为风行，并全面地占领市场，此时的微软已经非常成功，可以说微软这时才真正开始成为个人计算机软件业的霸主。

虽然微软已经取得了巨大的成功，但盖茨仍然推动着公司不断地创造出更多的新产品。1995 年微软推出了全新的操作系统 Windows95。除此之外，微软还有其他许多有竞争力的产品。Office 是微软最畅销的应用软件，它拥有 70% 以上的市场份额，其中的组件 Word、Excel 及 PowerPoint 等在各自市场上的市场份额均处于领先地位；FoxPro 则是十分流行的数据库产品；还有桌面印刷程序 Publisher，项目管理程序 Project，以及近年来推出的网络产品，如 Microsoft Mail，Internet Explorer，Outlook，Outlook Express 等。

2014 年 12 月 4 日，微软中国与诸多软硬件合作伙伴集中展示了微软在企业移动化转型的成果。随着近期苹果结盟 IBM、安卓联手惠普，目前全球三大移动操作系统厂商都已经开始了企业级业务移动时代的争夺。

眼下，微软已经是全球市值第三的公司，仅次于苹果与埃克森美孚。不过对于微软来说，“移动为先、云为先”的战略中，移动业务未来将如何铺开是个考验。通过个人计算机上的企业级业务进行倒逼或许是一种方式。只是，未来微软或将面对与苹果和谷歌的短兵相接。

你认为当时微软成功的环境因素有哪些？面对当今苹果、谷歌等后起之秀，请为微软公司提出你的建议。

资料来源：王培志．市场营销学案例教程．经济科学出版社，2002：65-70．有删减。http：//finance. sina. com. cn/360desktop/roll/20141205/020321001450. shtml。

任何企业都必须在一定的环境条件下开展营销活动，而整个营销环境，并非是一个静态的环境，任何一个因素的改变都会带动整个环境的变化，从而形成新的环境。这一系列的改变，一方面可能为企业带来新的商机；另一方面，也可能为企业带来威胁。因此，通过市场环境分析，有利于企业识别和掌握由于环境变化造成的对企业营销活动的机会和威胁，及时采取对策，扬长避短，趋利避害，使企业在多变复杂的市场营销环境中实现营销目标。

## 2.1 营销环境概述

### 2.1.1 市场营销环境的概念和特点

**1. 市场营销环境的概念** 环境是指事物外界的一切事物。它总是相对于某一特定对象而言的，不同的对象有着不同的环境。市场营销环境是相对企业的市场营销活动而言的。按菲利普·科特勒的定义，一个企业的市场营销环境由企业营销管理职能外部的因素和力量所组成，也就是说，市场营销环境是指与企业市场营销活动有关的各种外界力量和因素的总和，而这些力量和因素是影响企业的生存与发展的外部条件。

企业市场营销环境分为宏观环境和微观环境两大类。宏观环境是指对企业开展市场营销活动产生影响的各种社会力量，包括人口环境、经济环境、自然环境、科学技术环境、政治法律环境和社会文化环境等；微观环境是指与企业紧密相连直接影响企业营销活动的各种参与者，包括供给者、营销中介、顾客、竞争者、社会公众以及影响营销管理决策的企业内部各个部门。宏观环境通常以微观环境为媒介，对企业的市场营销活动产生间接影响，于是也称为间接营销环境，但在特定的场合下，宏观环境也可直接影响企业的营销活动。微观环境是对某一个企业起影响和制约作用的环境因素，它直接影响和决定该企业的营销活动，于是也称为直接营销环境。宏观环境与微观环境是市场环境系统中的不同层次，所有的微观环境因素都受宏观环境因素的制约，而微观环境因素对宏观环境也产生影响，从而构成多因素、多层次、多变的市场营销环境综合体，如图 2-1 所示。

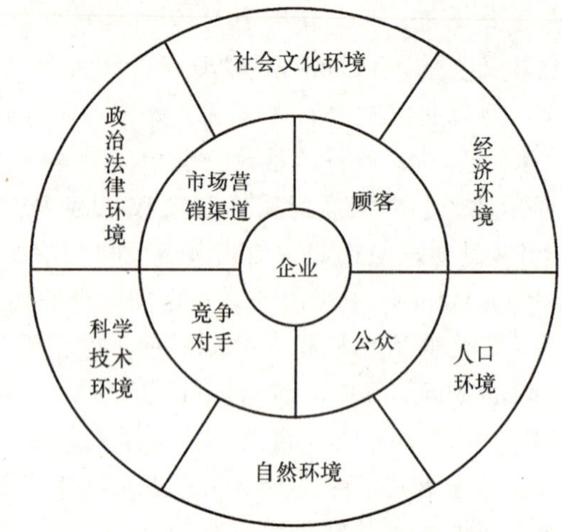


**图 2-1　市场营销环境**

**2. 市场营销环境的特点**　市场营销环境是一个多因素、多层次而且不断变化的综合体。企业研究环境，目的就是为了适应不同的环境，从而求得生存和发展。对于所有影响企业营销活动的环境因素，企业不但要主动地去适应，还要不断地创造和开拓出对自己有利的环境来。

一般地，企业市场营销环境主要有如下特征：客观性、差异性、多变性、相关性、可影响性。

（1）客观性　企业总是在特定的社会、市场环境中生存和发展的。这种环境并不以营销者的意志为转移，对企业的营销活动具有强制性与不可控制性的特点。一般来说，企业无法摆脱和控制营销环境的制约，特别是宏观环境中的政治、法律、科学技术等因素，企业难以按自身的要求和意愿随意改变之。

（2）差异性　不同的国家与地区之间，营销环境存在着广泛的差异性。不同的企业，其微观环境也千差万别。市场营销环境的差异性不仅表现在不同企业受不同环境的影响，还表现为同一环境因素的变化对不同企业的影响也是不同的。正是由于外界环境因素对企业作用的差异性，各个企业为应付环境变化而采取的营销策略也各不相同。例如，2009 年的经济危机，给许多外贸企业和房地产企业带来了巨大的损失，而在中国政府积极的财政政策和适度宽松的货币政策下，这一环境的改变却为很多中小型企业带来了商机。

（3）多变性　构成企业市场营销环境的因素是多方面的，而每一个因素都会受到其他因素的影响，且都会随着社会的发展而不断变化和改变。因此说，市场营销环境是一个动态的系统。

（4）相关性　企业市场营销环境包括影响企业营销活动的一切宏观和微观因素，这些因素涉及多方面、多层次，因素之间相互作用、相互影响、相互制约、相互依存，又互为因果关系，任何一个因素的变化会带动其他因素的变化，从而形成新的营销环境。

（5）可影响性　“适者生存”是自然万物不断演化的法则，同样也是市场竞争的法则。

企业能否快速地适应外部环境的变化，将决定着企业能否生存。虽然营销环境具有强制性与不可控制性这样的客观因素，但是这并不意味着企业对于环境是无能为力或者只能消极、被动地去适应环境，而是应该积极主动地去适应，甚至应该运用各种资源去影响和改变环境，使之为企业营造一个有利于企业发展的市场空间，从而再去适应该环境。

### 2.1.2　分析市场营销环境的意义

企业是社会的经济细胞，它在营销活动中必然与其所处的环境发生联系。实践证明，凡是能适应不断变化着的营销环境的企业，就能生存和发展，否则就会被市场所淘汰。现代营销学也认为，企业营销活动成败的关键，在于企业能否适应不断变化着的市场营销环境。市场营销环境中可变的因素很多，而每一因素对企业的营销活动都有制约和影响。当今市场竞争的多样化和激烈化，对企业的营销发出了挑战，迫使企业必须具备高瞻远瞩的战略思维，才能在复杂多变的环境中应对自如。

对市场营销环境的分析，有以下几方面的意义：①可以找到营销机会和避免环境威胁。②可以提高企业的应变能力。③可以使商品适销对路，真正做到以消费者需求为中心的营销理念。④可以作为企业制订战略的依据和基础。

## 2.2　宏观环境因素

市场营销的宏观环境是指那些作用于直接营销环境，对企业开展市场营销活动产生影响的各种社会力量，包括人口环境、经济环境、自然环境、科学技术环境、政治法律环境和社会文化环境等。宏观环境的变化既可以给企业营销活动提供机会，也可以给企业带来巨大的威胁，企业必须密切关注宏观环境的变化，通过调整内部环境因素，去适应宏观环境，从而确保企业营销目标的实现。

### 2.2.1　人口因素

人口是构成社会的基本单元，更是构成市场的第一因素。人口越多，在一定程度上也就意味着市场越大，而人口的年龄结构、地理分布、婚姻状况、流动率、出生率、死亡率等特征又会对市场形势产生巨大影响。因此，密切关注人口环境的变化，是企业适应环境，寻找市场机会并避免威胁的重要手段之一。

**1. 世界人口数量迅速增加**　随着科学技术的快速发展，医疗水平的不断提高，人类生存的条件得到了巨大的改善，世界人口平均寿命不断延长，世界人口正在以前所未有的速度增长。据联合国预测，到 2050 年，全球总人口将从现在的 67 亿增加到 92 亿。人口的快速增长给企业带来了新的市场的同时也为企业带来了新的挑战。一方面，人类赖以生存的星球需要养活 90 多亿人，这就意味着对食品、水、燃料的需求也将增加，那么市场需求将是巨大的，而供需矛盾也将成为困扰人类的又一难题，因此，研发新型节能技术和产品将是未来的主流；另一方面，随着时间的推移，消费者的需求特点也将呈现出更多的差异化，如何有效地满足这些需求必将带来新的挑战，市场竞争必然加剧，而中小型企业也将获得新的机会。

**2. 人口结构**　人口结构包括了年龄结构、性别结构、家庭结构和人口分布结构等，其

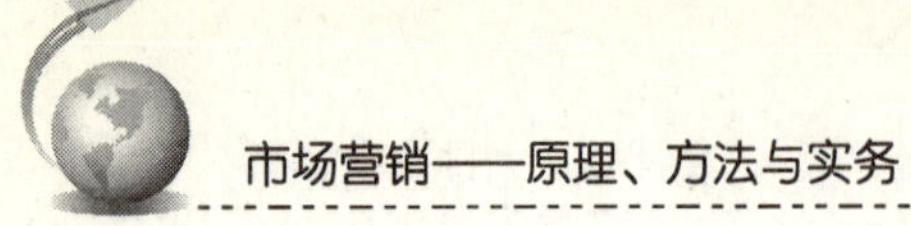


现状及变化趋势将直接影响产品结构和消费结构。

（1）年龄结构　年龄的差别意味着消费者对商品的不同需求，从而可能形成各具特色的市场。社会科学技术的快速发展，人们生活条件和医疗条件的改善，世界人口平均寿命的大大延长，死亡率的降低使得人口老龄化的趋势日渐明显，尤其在发达国家。目前，我国也呈现出了人口老龄化的趋势，“银色市场”的产品需求逐年增加。

相关链接 2-1

**2014 零售市场营销环境的变化分析**

1. 消费者行为变化——跨渠道消费　消费者的消费观念日益发生变化，越来越多的消费者选择线上和移动终端等新的购物方式，体验多渠道购物的便捷。

2. 市场环境发生变化　它包括市场格局、分销渠道、经营模式和产业链位置都发生变化。

（1）零售市场格局变化——线上线下同台竞技　随着信息技术在商业领域的不断应用及衍生，零售市场格局发生巨大变化。出现了诸如阿里、京东、一号店、当当网等一批知名网络零售商及零售服务企业，从购物场景、支付手段、仓储物流、运营及管理思路，对传统零售产生了革命性的冲击和影响，电商与传统零售商同台竞技的时代已经到来。

（2）分销渠道变化——更加扁平化　最好的例证就是平台型电商网站中，品牌生产商与零售商的同时入驻。生产商可以跳过传统的分销渠道，在网络平台上建立虚拟门店，直接向消费者展示商品，发布促销信息、新品信息，并进行交易。

（3）经营模式变化——探索 O2O 和全渠道　线上线下相互融合的趋势，使得企业的经营思路和模式发生变化，零售商更加注重消费者的体验。据易观智库监测数据显示，2013 年中国 O2O 市场整体规模（以线上线下品类重合以及支付、仓储、物流等后台打通部分的销售额为统计目标）达 4 623 亿元，与 2012 年相比增长 69%，行业发展方兴未艾。

（4）产业链条位置变化——零售商向上游延伸　零售商间竞争的加剧、商品的同质化导致单纯的分销服务利润偏低，促使零售企业开发自有品牌商品，向产业链上游延伸，零售商与供应商的界限不再清晰。

3. 技术进步带来的变化　移动互联技术驱动行业变革，手机网民数量大规模增长，使零售业走出跨越式发展路径；云计算丰富企业营销手段，节省单个企业的硬件投入，引导产业革命和升级；大数据分析开启精准营销，使企业的决策不再基于感性认识，而是基于理性的科学分析。

资料来源：http：//www. askci. com/chanye/2014/10/30/1651841v2. shtml（有删改）。

（2）性别结构　性别结构反映在市场上就体现为男性消费者市场和女性消费者市场。中国社会科学院公布的一项研究报告指出，中国面临着男女性别比例严重失衡的困境，2014 年我国出生人口男女性别比例达到 116. 9∶100，有的省高达 130∶100，在个别严重的地方，甚至达到了 150∶100，而正常值应为（102～107）∶100，这就预示着女性消费者市场将有更好的发展前景。

（3）家庭结构　家庭是消费的基本单位，家庭的规模和数量将直接影响着消费品市场的需求量和某些产品的规格型号。近30年来，家庭规模的小型化是我国城乡家庭结构变化的重要特征之一，与此同时，家庭结构还呈现出以核心化家庭为主，小家庭式样多样化的趋势；除核心家庭外，其他非核心化的小家庭式样，如空巢家庭、丁克家庭、单身家庭、单亲家庭等，正在构成我国城乡家庭结构的重要内容。这就预示着消费者市场中的某些产品将逐渐出现更多的差异化需求和小型化需求。

相关链接2-2

**丁克家庭**

丁克的名称来自英文Double Income No Kids四个单词首字母D、I、N、K的组合DINK的谐音。这种家庭的形式主要是指：夫妻双方均有收入，具有生育能力，但是不生孩子的家庭。选择丁克的家庭一般有九大理由：

1）觉得世界太乱，社会竞争太残酷，不希望孩子也来受苦、重蹈覆辙。

2）职场竞争激烈而又必须把握，不希望放弃长期努力的事业成果。

3）希望自由选择适合自己的生活方式，两人世界快乐足矣。

4）对于婚姻稳定还没有十足的把握，所以暂时不想要孩子。

5）受经济条件制约，现在还不足以给孩子提供安稳的生活条件。

6）觉得人生的快乐多种多样，没有儿女承欢的天伦之乐也有别样的幸福。

7）养育孩子非常艰难，而且不一定有回报，孩子本身也未必感到快乐，所以宁可不养。

8）不认为人生的价值仅仅是养育后代。

9）相信社会保障功能的进步，“防老”未必非得“养儿”，家庭的保障功能逐步由社会来承担。

资料来源：http：//zhidao. baidu. com/question/4989989. html（有删改）。

（4）分布结构和流动性　分布结构主要指人口在不同地区的密集程度。人口的分布表现在市场中就会出现市场大小的不同和需求特征的不同。一般来说，经济发达地区人口多而密集，经济落后地区人口少而分散；工业集中分布地区比农业区人口多而密集，农业区又比林区人口密集；开发早的地区，历史悠久，人口增长持续时间长，人口多而密；相反，开发晚的地区人口少且分散。中国是世界上人口较稠密的国家之一，其人口分布存在着明显的区域差别性，东西部差异很大。但是，随着交通的日益便利，人口流动性增大，农村人口大量进入城市，逐渐接受着新的生活方式和新的消费观念，使得城乡地区之间的差异化开始逐渐缩小。

## 2.2.2　经济因素

经济因素一般是指影响企业市场营销方式与规模的因素，主要包括消费者收入与支出状况、储蓄和信贷、经济发展状况等。

**1. 消费者收入与支出状况**

(1) 收入　有消费欲望和购买力的市场才更具有现实意义。消费者满足需求的程度主要取决于其收入的多少，但消费者的收入并不全部用于购买商品，因此，在研究消费者收入的同时，企业应该注意以下几个概念。

1) 人均国民收入。人均国民收入是一国在一定时期内（通常为一年）按人口平均的国民收入占有量，反映国民收入总量与人口数量的对比关系。人均国民收入水平是衡量一国的经济实力和人民富裕程度的一个重要指标。这一指标对分析市场潜力、规模意义重大。根据世界银行资料，2013 年我国人均国民总收入已经达到 6807 美元。按照世界银行的划分标准，我国已经由长期以来的低收入国家跃升至世界中高等收入国家行列，这预示着我国消费者市场将迎来广阔的发展空间和前景。

2) 个人收入。个人收入是指消费者个人从各种来源所获得的一切货币收入，包括工资、奖金、津贴、投资收益和其他收入等。它是消费者购买能力的源泉，它影响市场规模的大小和购买力水平的高低。

3) 个人可支配收入。它是指消费者个人收入扣除缴纳税收之后的余额，消费者可用以个人消费和其他支出。

4) 个人可任意支配收入。它是指个人可支配收入减去维持生活所必需的支出和其他固定支出之后的余额。这部分支出所引起的需求弹性大，是市场需求最活跃的动力因素，而且在商品消费中的投向不固定，是企业市场竞争的主要目标。

5) 货币收入和实际收入。它们的区别在于物价因素的影响，货币收入只是一种名义收入，并不代表消费者可购买到的实际商品的价值。货币收入的上涨并不完全意味着实际购买力的提高，而货币收入不变也不一定就是购买力不波动。只有考虑了物价因素的实际收入才反映购买力水平和变化。当货币收入一定时，消费者的实际购买力受物价因素的影响，如消费者货币收入不变，但物价下跌，消费者的实际收入上升，购买力提高；反之，如物价上涨，消费者的实际收入下降，购买力降低。

(2) 支出　消费者支出主要是指消费者个人或者家庭的总支出中各类消费开支的比例关系。收入在很大程度上影响消费者的支出模式与消费结构。随着消费者收入的变化，支出模式和消费结构会发生相应变化，继而使一个国家或地区的消费结构发生变化。德国经济学家和统计学家恩斯特·恩格尔提出了著名的恩格尔系数，可以用下面的公式表示：

$$恩格尔系数 = (食物的开支/消费的总支出) \times 100\%$$

恩格尔系数的计算表明一个定律：随着家庭收入增加，用于购买食品的支出占家庭收入的比例会下降。于是，恩格尔系数也就变成了衡量特定时间和地区家庭或个人富裕程度的重要指标，见表 2-1。

**表 2-1　衡量富裕程度的恩格尔系数**

| 恩格尔系数（%） | 59 以上 | 50 ~ 59 | 40 ~ 50 | 20 ~ 40 | 20 以下 |
|---|---|---|---|---|---|
| 消费层次 | 绝对贫穷 | 勉强度日 | 小康水平 | 富裕型 | 最富裕 |

我国城乡居民家庭恩格尔系数见表2-2。

表2-2 我国城乡居民家庭恩格尔系数

| 年份 | 城镇居民家庭恩格尔系数（%） | 农村居民家庭恩格尔系数（%） |
|---|---|---|
| 2006年 | 35.8 | 43.0 |
| 2007年 | 36.3 | 43.1 |
| 2008年 | 37.9 | 43.7 |
| 2009年 | 36.5 | 41.0 |
| 2010年 | 35.7 | 41.1 |
| 2011年 | 36.3 | 40.4 |

资料来源：《中国统计年鉴2012》。

国家统计局发布2013统计公报，首次公布全国居民人均可支配收入数据。公报显示，2013年全国居民人均可支配收入18 311元，扣除价格因素后，实际增长8.1%。公报数据还显示，2013年我国居民消费水平持续提高。具体来看，2013年我国农村居民恩格尔系数为37.7%，比上年下降1.6个百分点；城镇居民恩格尔系数为35%，下降1.2个百分点。

**2. 储蓄和信贷** 消费者的购买力还会受到储蓄和信贷的影响。当收入一定时，储蓄越多，现实购买力虽然较小，但潜在购买力越大；反之，储蓄越小，现实购买力虽然较大，但潜在购买力越小。信贷是指消费者凭借信用首先取得商品的消费权，然后采用分期付款的方式偿还贷款的消费方式，如目前应用广泛的贷款买房、贷款购车、贷款购买家电、贷款装修等。信贷消费允许人们购买超过自己现实购买力的商品，从而创造出更多的收入以及更多的需求；同时消费者信贷还是一种经济杠杆，他可以调节积累与消费、供应与需求的矛盾。当市场供大于求时，可以发放消费信贷，刺激需求；当市场供不应求时，必须收缩信贷，适当抑制、减少需求。消费信贷把资金投向需要发展的产业，刺激这些产业的生产，带动相关产业和产品的发展。

**3. 经济发展状况** 经济发展状况将会间接地影响企业的营销活动，这主要包括以下两方面。

（1）一个国家或地区的经济发展水平 美国经济学家罗斯托把经济发展划分为五个阶段：传统经济社会、经济起飞准备阶段、经济起飞阶段、经济成熟阶段和大众高额消费阶段。处于前三个阶段的国家属于发展中国家，处于后两个阶段的国家属于发达国家。处于不同经济发展阶段的国家存在不同的需求，企业采取的营销策略也有所不同。就消费品市场而言，处于经济发展水平较高阶段的国家和地区，在产品需求方面强调产品款式、性能及特色，营销策略应侧重大量广告及促销活动，其品质竞争多于价格竞争；而处在经济发展水平较低的国家和地区，营销策略应侧重于产品的功能和实用性，其价格因素重于产品因素。

（2）地区发展状况　国家之间、国内各地区之间经济发展存在差异，这种差异造成的市场需求极不平衡，这对企业投资方向、目标市场及营销战略的制订影响巨大。

相关链接 2-4

2006—2012 年中国经济发展各项指标对比，见表 2-3。

表 2-3　2006—2012 年中国经济发展各项指标对比表

| 经济指标 \ 年份 | 2012 年 | 2011 年 | 2010 年 | 2009 年 | 2008 年 | 2007 年 | 2006 年 |
|---|---|---|---|---|---|---|---|
| 国民总收入/亿元 | 516 282.06 | 468 562.38 | 399 759.54 | 340 319.95 | 316 030.34 | 266 422.00 | 215 904.41 |
| 国内生产总值/亿元 | 519 470.00 | 473 104.05 | 401 512.80 | 340 902.81 | 314 045.43 | 265 810.31 | 216 314.43 |
| 人均国内生产总值/元 | 38 420.38 | 35 197.79 | 30 015.05 | 25 607.53 | 23 707.71 | 20 169.46 | 16 499.70 |
| 国内生产总值指数（上年 = 100） | 107.7 | 109.3 | 110.4 | 109.2 | 109.6 | 114.2 | 112.7 |
| 人均国内生产总值指数（上年 = 100） | 107.1 | 108.8 | 109.9 | 108.7 | 109.1 | 113.6 | 112.0 |
| 城镇居民家庭人均可支配收入/元 | 24 564.7 | 21 809.8 | 19 109.4 | 17 174.7 | 15 780.8 | 13 785.8 | 11 759.5 |
| 农村居民家庭人均纯收入/元 | 7 916.6 | 6 977.3 | 5 919.0 | 5 153.2 | 4 760.6 | 4 140.4 | 3 587.0 |
| 城镇居民家庭恩格尔系数（%） | 36.2 | 36.3 | 35.7 | 36.5 | 37.9 | 36.3 | 35.8 |
| 农村居民家庭恩格尔系数（%） | 39.3 | 40.4 | 41.1 | 41.0 | 43.7 | 43.1 | 43.0 |
| 城乡居民人民币储蓄存款年底余额/亿元 | 399 551.00 | 343 635.89 | 303 302.49 | 260 771.66 | 217 885.35 | 172 534.19 | 161 587.30 |

资料来源：国家统计局。

## 2.2.3　自然环境

自然环境是指自然界提供给企业生产和经营的物质财富，如企业生产需要的土地资源、矿物资源、水利资源等。自然环境对企业营销的影响主要表现在以下三个方面。

**1. 自然资源日趋短缺**　自然界中的自然资源可划分为三大类：一是“无限”的资源，用之不尽，取之不竭，如空气、阳光等；二是有限但可以再生的资源，如森林、粮食等；三是有限且又不能再生的资源，如石油、煤和各种矿物等。由于人类无限度地开采和利用，各类资源都出现了短缺，甚至第一类资源中的水在某些大城市出现短缺。自然资源的日益枯竭，也成了当前社会经济进一步发展的制约因素。

**2. 环境污染日益加重**　工业化和城市化造成自然环境的污染日益加重，生态平衡遭到破坏，自然灾害频发，人类生存面临威胁。环境污染成为全球关注的严重问题，对企业生产的污染控制提出更高要求，一方面限制容易造成环境污染的企业和行业的发展；另一方面，又给某些绿色企业带来了新的机会，使企业在环保工程、绿化工程、废物利用和自然灾害预

报与减损等方面获得新的发展空间。

**3. 政府干预力度日益加强** 为了实现社会长远利益的可持续发展，许多国家加强了对自然资源的战略控制和对环境污染的治理力度，消费者的环保意识逐渐提高，通过开发绿色产品，引导绿色消费，绿色营销已逐渐成为市场营销的新主流。

### 2.2.4 科学技术环境

企业的最高管理层还要密切注意其科学技术环境的发展变化，了解科学技术环境和知识经济的发展变化对企业市场营销的影响，以便及时采取适当的对策。

科学技术是一种“创造性的毁灭力量”。每一种新技术都会给某些企业创造新的市场机会，进而产生新的行业，同时也会给某些行业的企业造成环境威胁，使这个旧行业受到冲击甚至被淘汰。例如，激光唱片技术的出现，无疑夺走了磁带的市场，给磁带制造商以“毁灭性的打击”。据美国《设计新闻》报道，由于大量启用自动化设备和采用新技术，将出现许多新行业，包括新技术培训、新工具维修、计算机教育、信息处理、自动化控制、光纤通信、遗传工程、海洋技术等。如果企业的最高管理层关注新技术的发展，及时采用新技术，就能求得生存和发展。

新技术还造成了一些往往难以预见的长期后果。例如，在西方国家，避孕药的发明造成了更小的家庭、更多的职业妇女和更多的可随意支配的收入，这样就引起了市场需要的变化，为汽车制造业、饮食业、旅游业、航空公司、日托业等行业创造了新的市场机会。

新技术革命有利于企业改善经营管理。许多企业在经营管理中都使用计算机、传真机等设备，对于改善企业经营管理、提高经营效益起了很大的作用。

新技术革命会影响零售商业结构和消费者购物习惯。在许多国家，由于新技术革命的迅速发展，出现了“电视购物”这种购物方式。在美国，消费者如果想买东西，可以在家里打开连接各商店的终端机，各种商品的信息就会在电视荧光屏上显示出来。消费者可以通过电话订购电视上显示出来的任何商品，然后输入一下自己的银行存款账号，即把货款自动转给有关商店，订购的商品很快就会被送到消费者的家门口。此外，人们还可以在家里通过“计算机电话系统”订购车票、飞机票和影剧票。工商企业也可以利用这种系统来进行广告宣传、市场营销和推销商品。

相关链接 2-5

**李彦宏：互联网带动产业变革**

“身在互联网，我既幸运又不幸。”全国政协委员、百度集团 CEO 李彦宏刚落座，就向中国营销网记者发出这样的感慨。李彦宏说，互联网进入更多传统领域激发了产业变革创新，也面临着很多打破原有“游戏规则”的质疑。“很累，但幸运的是我心甘情愿。”李彦宏笑谈，他甘做一个“颠覆”者。“我看到的机会实在太多了，几乎每个行业我都觉得，如果用互联网来做，会有很大变化。”

2013 年，互联网产业风生水起。打车神器、互联网金融等的兴起，似乎抢了很多传统产业的“蛋糕”。以支付为例，去年第三季度，中国银联互联网支付平台整体支付、

转接交易规模达4687亿元。李彦宏说，以创新迭代、服务用户为核心的互联网思维对绝大多数产业带来的启发，已经超越了“鲶鱼效应”的量级，给消费者带来的收益也越来越多。“我不断接到银行、证券、保险等公司的合作电话，这就说明互联网金融给用户带来实实在在的影响。”

互联网一边大举进入更多领域，一边被质疑打乱了传统行业规则。以金融为例，不少业内人士认为互联网的进入推高了市场利率，打破了银行业多年来的平衡体系，也带来了流动性风险。“我承认会有风险。”李彦宏并不夸大网络的“功效”，创新永远与风险并存。以互联网金融为例，“互联网从业者都不是金融专家，我们目前做到的也只是金融营销层面，对金融产品的创新，既没有牌照，也没有能力。这将带来风险，有关部门应该加强监管。”

这位互联网行业的巨头坦言，和世界其他发达国家相比，中国市场经济的历史很短，大多数产业没经历长时间市场化的洗涤，这时互联网闯了进来，对他们的冲击肯定非常大。

“但所有新生事物都有发展适应的过程，互联网的冲击会让一些产业下决心从头改起，而非是做增量的改进，将有机会迎来革命式的变革。”李彦宏说，这是他要做的，做一个规则的“颠覆”者，做一个产业的改变者。“航天是高技术含量的领域，需要更多民企进入来加快创新的步伐。”李彦宏说，国外航天大国在鼓励民营企业进入该领域方面已取得突出成果，在这方面，中国还是个空白。“美国引进民企后，成本可达到一般卫星的十分之一，甚至几十分之一。特别是在民用卫星领域，希望我国能够支持民营企业进入。”

李彦宏说，整个宏观经济发展也需要“颠覆”者，通过鼓励民企进入来引入更多竞争，提振更多效能，摆脱过去依靠廉价劳动力、牺牲环境带来的“亚健康”发展，推动经济内生动力提升。“虽然没有具体计划，但如果有可能，百度也愿意尝试。”李彦宏笑道。

资料来源：http：//www. hizcn. com/Article. asp? id = 1128056（有删改）。

### 2.2.5 政治法律环境

政治法律环境是指一个国家或地区的政治制度、体制、方针政策、法律、法规等方面。这些因素常常制约、影响企业的营销活动，尤其是影响企业较长期的投资行为。政治法律环境对企业营销活动的影响主要表现在以下几方面。

**1. 政治环境**　政治环境对企业营销活动的影响主要表现为国家政府所制定的方针政策，如人口政策、能源政策、物价政策、财政政策、货币政策等，都会给企业营销活动带来影响。例如，国家通过降低利率来刺激消费的增长；通过征收个人收入所得税调节消费者收入的差异，从而影响人们的购买；通过增加产品税来抑制人们对烟、酒商品的消费需求。政治环境影响市场营销，往往还会表现为由政府机构通过采取某种措施约束跨国企业，如进口限制、外汇控制、劳工限制、绿色壁垒等。政治冲突是指国际上的重大事件与突发性事件，这类事件在和平与发展为主流的时代从未绝迹，对企业市场营销工作影响或大或小，有时带来机会，有时带来威胁。而政治局面的稳定程度，不仅影响该国或区域经济发展和人民货币收

入的增加和减少，甚至会影响群众的心理状况，导致市场需求的变化。

**2. 法律环境**　法律环境是指国家或地方政府所颁布的各项法规、法令和条例等，它是企业营销活动的准则，企业只有依法进行各种营销活动，才能受到国家法律的有效保护。由于各个国家社会制度不同、经济发展阶段和国情不同，各国的法制也不同，从事国际市场营销的企业，必须掌握有关国家法律制度和有关国际法规、国际惯例。目前，整个法律环境正趋向于法律制度的不断健全且管制企业的立法增多、政府机构执法更严、公众利益团体力量开始增加的变化。

相关链接 2-6

**包装饮用水有了“新国标”**

2014 年 12 月 31 日，国家卫计委颁布了 37 项国家食品安全标准，其中《食品安全国家标准包装饮用水》（GB19298—2014）（以下称“新国标”）明确规定：包装饮用水名称应当真实、科学，不得以水以外的一种或若干种成分来命名包装饮用水。

曾因“标准”繁多而热闹非凡的饮用水市场从此将平静很多。湖南省食品药品监管局食品一处负责人 1 月 5 日对《湖南日报》记者说，今后包装饮用水不管什么品牌或种类，都必须符合国家饮用水标准，只要符合了“新国标”，就可以放心饮用。

包装饮用水不得随便取名。目前市场上饮用包装水名目繁多，富氧水、离子水、矿物质水……令消费者眼花缭乱。不过，今后这些水都不能再这样随便取名了。

根据“新国标”规定，水以外的一种或若干种成分不得用来命名包装饮用水。据了解，此次发布的包装饮用水食品安全国标，是强制性标准，于 2015 年 5 月 24 日起实施。此前，有关水的标准名目繁多，而新的标准实现了大统一，适用范围包括除了饮用天然矿泉水以外所有直接饮用的包装饮用水。也就是说，目前市场上纯净水、蒸馏水、天然水、山泉水等不同水种的标准都实现了统一。

“新国标”增加了标签标识的规定：当包装饮用水中添加食品添加剂时，应在产品名称的邻近位置标示“添加食品添加剂用于调节口味”等类似字样。包装饮用水名称应当真实、科学，不得以水以外的一种或若干种成分来命名包装饮用水。

包装饮用水的质量一直让人担忧。据了解，2014 年 8 月 5 日，湖南省工商局公布湖南二季度食品质量抽样结果，其中桶装水检测结果依旧不容乐观，超六成样品检验不合格。主要质量问题为菌落总数、酵母达不到标准。此前的 6 月 16 日，设立在湖南省疾控中心的国家食品安全风险监测湖南中心向外公布，2013 年湖南省桶装水菌落总数超标率为 43%，其中未经过饮水机的桶装水超标率 36%，经过饮水机的桶装水超标率 65%。

“新国标”与 2003 年标准相比，在微生物限量上，最大的变化就是取消了菌落总数和霉菌、酵母等致病菌的限量要求，仅保留了大肠菌群指标，同时增加了包装水产品中最常见的环境污染微生物——铜绿假单胞菌指标。

此次新国标将争议已久的矿物质水名称取消。这意味着新标准发布实施后，不得再使用“饮用矿物质水”名称。对此，业界预计，“新国标”的推行将重挫矿物质水市场，而康师傅、冰露、屈臣氏等企业首当其冲。业内人士认为，“新国标”的推行，无疑将

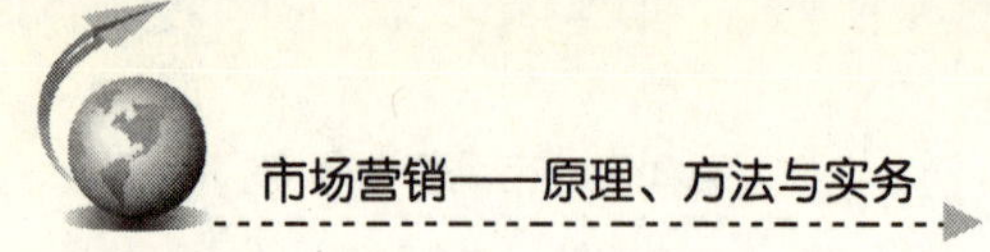


加快矿物质水淘汰的速度，推动天然矿泉水市场的发展，饮用水行业必将迎来新一轮的洗牌。

资料来源：http：//news. xinhuanet. com/food/2015 - 01/06/c_ 127361263. htm（有删改）。

### 2.2.6 社会文化环境

社会文化是人类在创造物质财富的过程中所积累的精神财富的总和，它体现着一个国家或地区的社会文明程度的高低。社会文化是一个复合的整体，涵盖面广，包括知识、信仰、艺术、道德、法律、风俗以及作为社会成员而获得的所有能力和习惯。社会文化对营销活动的影响多半是通过间接的、潜移默化的方式来进行的，往往表现在以下几方面。

**1. 教育水平** 教育程度不仅影响劳动者收入水平，而且影响着消费者对商品的鉴别力，影响消费者心理、购买的理性程度和消费结构，从而影响着企业营销策略的制订和实施。

**2. 宗教信仰** 宗教因素对营销活动的影响主要表现在宗教对于人们道德和行为规范的影响，宗教的要求和禁忌对于需求和营销手段的限制，宗教组织和宗教派别的政治影响以及宗教习惯与宗教节日对需求季节波动的影响等。总之，宗教的禁忌、节日、习俗、规定造成对商品需求的差异及营销方式的不同。

**3. 价值观念** 价值观念是人们在社会生活中形成的对各种事物的普遍态度和看法。人们生活的社会环境不同，所持的价值观念不同，人们的购买动机和购买行为就会有很大差异。例如，美国人和多数西方人注重个性、崇尚个人成功与独立、鼓励标新立异；而中国人和多数东方人讲究传统、追求整体和谐、注重共性发展，在对待消费方面中国人普遍持节制、节俭的态度。

**4. 消费习俗** 消费习俗是指历代传递下来的一种消费方式，是风俗习惯的一项重要内容。消费习俗在饮食、服饰、居住、婚丧、节日、人情往来等方面都表现出独特的心理特征和行为方式。

**5. 消费流行** 由于社会文化多方面的影响，使消费者产生共同的审美观念、生活方式和情趣爱好，从而导致社会需求的一致性，这就是消费流行。消费流行在服饰、家电以及某些保健品方面表现最为突出。消费流行在时间上有一定的稳定性，但有长有短，有的可能几年，有的则可能是几个月；在空间上还有一定的地域性，同一时间内，不同地区流行的商品品种、款式、型号、颜色可能不尽相同。

## 2.3 微观环境因素

市场营销的微观环境是指与企业紧密相连、直接影响企业营销能力的各种参与者，包括企业本身、供给商、营销中介、顾客、竞争者和公众六大部分。

### 2.3.1 企业

企业的经营理念、管理体制、目标宗旨、文化等因素都会影响到企业的营销活动。但在分析市场环境时我们重点考虑的是营销部门与企业其他各个部门间的协调问题。企业为开展

营销活动，必须设立一定形式的营销部门，必须由企业内部各部门分工合作、密切配合、共同承担，如与企业高层管理者、财务部、采购、制造、研究与开发、财务部等部门之间的协调沟通，而绝不是营销部门孤立存在的。这些部门能否协调配合，将直接影响企业的营销决策和决策执行力，从而影响到企业营销目标的实现程度。

### 2.3.2　供应商

供应商是指向企业及其竞争者提供生产经营所需原材料、设备、零部件等生产资源的企业或个人。供应商对企业营销活动有着实质性的影响，其所供应的原材料的稳定性和及时性将直接影响企业能否充分满足市场需求和把握市场机会；所提供的原材料数量和质量将直接影响产品的数量和质量；所提供的原材料价格会直接影响最终产品的成本和价格。正是由于供应商对企业营销活动起着重要作用，企业必须密切关注供应商的各种动向，了解供应商并加强与供应商的合作，开辟更多的供货渠道，与之建立良好的关系，甚至可采取“后向一体化”战略，兼并或收购供应商。

**克莱斯勒亡羊补牢，修补供应商关系**

一直以来，在美国底特律汽车城里，克莱斯勒与供应商之间的关系几乎可以用“恶劣”一词来形容。然而，在经历破产、销量下滑和市场份额流失的逆境之后，克莱斯勒渐渐意识到供应商的重要性：供应商将在一定程度上决定自己能否再找回曾经的辉煌。

克莱斯勒于 2010 年年初出台了一系列供应商关系改善措施，比如缩短供应商制造、设计和研发工作的费用支付周期。具体措施如下。

1）在执行克莱斯勒的新项目时，如果供应商在研发和设计阶段所需费用巨大，那么克莱斯勒将提前支付该笔费用。

2）克莱斯勒内部人员将提高解决供应商货款支付争端的效率。

3）在项目进行的关键时刻，克莱斯勒将把相关费用以现金形式支付给供应商。

在出台并执行这些措施后，克莱斯勒全球采购总监 Dan Knott 于 2010 年 3 月中旬接受了记者采访，再次强调了克莱斯勒对于供应商关系的重新认识，以及改善供应商关系的坚定决心。在访谈中，Dan Knott 称：“克莱斯勒解决供应商货款争端问题的效率提高了 2/3。从 2010 年 3 月开始，克莱斯勒就尝到了这些改善措施的甜头。”

谈及对供应商关系的最新认识，Dan Knott 表示：“在克莱斯勒最艰难的时候，很多供应商担心我们无法支付他们的货款，克莱斯勒很努力地寻求供应商的信任。在过去，供应商给克莱斯勒提供的那些创新产品使克莱斯勒具备更多的竞争优势，比如麦格纳曾于 2004 年给我们供应一种小型货车专用的可折叠座椅，就因为这个创新座椅，克莱斯勒产品压倒了竞争对手。直到 2006 年，麦格纳才开始向其他车企供应这个产品。如果我们不团结自己的供应商伙伴，那么他们会将创新产品提供给我们的竞争对手，后果可想而知。总之，如果合作伙伴之间不团结，生意就很难做下去。”

资料来源：http：//auto. sina. com. cn/news/2010-04-02/0753584957. shtml（有删改）。

### 2.3.3 营销中介

营销中介是指协助企业将产品促销、销售和经销给最终购买者的所有分销机构，包括中间商、物流公司、营销服务机构和金融中介等。

**1. 中间商** 中间商是指协助企业进行产品经销或销售，将产品最终销售给购买者，并在这一过程中取得或者不取得商品所有权的个人或者组织。中间商包括商人中间商和代理中间商，前者对其经营的商品有所有权；后者又称经纪商，对其经营的产品无所有权。

**2. 物流公司** 物流公司也称为实体分销商，是指帮助企业运输产品并进行储存的仓储企业。实体分销商的主要职能是调节生产与消费之间的矛盾，弥补生产与消费者间的时间和空间上的差距，将商品适时、适地和适量地供给消费者，从而满足其需求。

**3. 营销服务机构** 营销服务机构是指为企业提供营销服务项目，协助企业进行产品宣传、开拓新市场、咨询等活动的机构，包括市场调研公司、广告公司和营销咨询公司等。

**4. 金融中介** 金融中介是指协助企业融资或担保货物购销、储运风险的各种机构，包括银行、信贷公司和保险公司等。金融中介机构虽不直接从事商业活动，但对企业的经营发展至关重要。随着市场经济的发展，企业与金融机构的关系越来越密切，企业的信贷资金来源、企业间的业务往来、企业财产和货物的风险保障等都会直接影响企业的生产经营活动。

### 2.3.4 顾客

顾客是企业服务的对象，是企业市场营销活动的出发点和归宿。因此，顾客是企业最重要的环境因素，企业的一切营销活动都应以满足顾客的需求为中心。不同市场中的顾客，其购买动机和需求又是不同的，这就要求企业必须认真研究其目标顾客，以不同的方式提供相应的产品和服务，从而有针对性地制订营销决策。

### 2.3.5 竞争者

在现代经济社会中，竞争是市场经济的普遍规律，企业都是处在不同的竞争环境中。企业的营销活动肯定会受到不同竞争对手的影响。因此，企业必须清楚把握竞争对手的竞争目标与竞争策略，力求知己知彼。市场竞争日趋激烈，企业的竞争对手除了本行业的现有竞争者外，还有代用品生产者、潜在加入者、原材料供应者和购买者等多种竞争力量。例如，原材料供应者可以通过抬高价格或降低产品和服务质量，对企业进行威胁；潜在的加入者随时准备跻身于现有的竞争行列，从企业手中夺走一部分顾客；购买者作为一个团体与企业讨价还价，加剧生产者之间的竞争。在这种情况下，企业往往很难确定对本企业经营造成威胁的主要竞争对手究竟是谁。所以，企业要加强对竞争对手的研究，在形形色色的竞争对手中，寻求增大本企业产品吸引力的各种方法，使自己在竞争中立于不败之地。

### 2.3.6 公众

公众是指对企业实现其市场营销目标具有实际或潜在利害关系或影响力的所有群体。企业所面对的公众主要可分为以下几种。

**1. 融资公众** 融资公众包括影响企业融资能力的各种金融机构，如银行、投资公司、证券经纪公司和股东等。

**2. 媒介公众**　媒介公众包括联系企业和外界的大众传播媒体，如报纸、杂志、广播、电视、网络等。

**3. 政府公众**　政府公众包括对企业市场营销活动有影响作用的有关政府机构。

**4. 社会公众**　社会公众包括各种保护消费者权益的组织、环境保护组织及其他群众团体。

**5. 地方公众**　地方公众指企业周围的居民和社会组织。

**6. 企业内部公众**　企业内部公众指企业员工，包括各级管理人员和一般职工。

**7. 一般公众**　一般公众是指除上述公众之外的社会公众。此类公众虽然不会有组织地对企业采取行动，但企业形象会影响他们对企业产品的购买选用。

各种公众对企业的态度及企业在公众心目中的形象，都会影响企业营销活动的顺利进行。企业要采取积极措施，努力保持和发展与公众的良好关系，塑造良好的企业形象。

## 2.4　营销环境的总体分析

营销环境的不断发展和变化给企业经营带来了极大的不确定性，但企业只有对环境变化做出积极的反应才能够求得自身的生存和发展，因此，环境分析是企业制订经营战略和营销策略的先决条件。

企业进行环境分析时，一种简便易行的方法就是SWOT分析法。SWOT所代表的含义是Strengths（优势）、Weaknesses（劣势）、Opportunities（机会）、Threats（威胁）。所谓SWOT分析法就是将企业面临的外部机会、威胁以及自身的优劣势等各方面因素相结合而进行的综合分析，其中，优劣势的分析主要是着眼于企业自身的实力及其与竞争对手的比较，而机会和威胁分析则将注意力放在外部环境变化对企业可能的影响上面。SWOT分析法是营销环境分析的常用方法，以下将阐述其基本的分析思路和内容。

### 2.4.1　辨析外部环境机会和威胁

环境机会，具体地讲就是企业从宏观环境和微观环境中可能获得的重大的有利形势，如市场的较快增长、出现较多的新增顾客、竞争对手出现重大决策失误、与供应商关系改善等；而环境威胁则指环境存在重大不利因素，构成对企业经营发展的约束和障碍。

各种宏观、微观环境因素的变化对不同的企业所产生的影响是不同的。同一个环境因素的变化对某些企业可能是机会，而对另外一些企业则可能是威胁。在进行环境分析时，应具体问题具体分析，深入比较分析各种机会和威胁，分析其现实可能性的大小及对企业的影响程度，从而找出那些对本企业影响最重要的环境机会和威胁，并按轻重缓急或影响程度等排序，如通常要将那些对组织发展有直接、重要、迫切、长远影响的因素排在前面，优先考虑。

### 2.4.2　分析企业内部优劣势

企业的优势和劣势，通常是指消费者眼中一个企业或它的产品胜于或劣于其竞争对手的因素，它可以是产品的质量、可靠性、适用性、风格和形象，价格的竞争性，渠道的便利

性，服务的及时性以及态度等。

决定企业竞争优劣势的内部因素主要涉及企业的生产、技术、资金、人员、营销、管理等方面，具体可从生产成本、设备状况、产品的竞争地位、员工素质、研发能力、财务状况、营销能力、组织管理能力等方面进行分析。需要特别注意的是，衡量一个企业是否具有竞争优势，只能站在现有潜在用户角度上，而不是站在企业的角度上。企业 SWOT 分析的内外部因素见表 2-4。

表 2-4　企业 SWOT 分析的内外部因素

| | 潜在外部威胁（T） | 潜在外部机会（O） |
|---|---|---|
| 外部环境 | 市场增长较慢<br>竞争压力增大<br>不利的政府政策<br>新的竞争者进入行业<br>替代产品销售额正在逐步上升<br>用户讨价还价的能力增强<br>用户需要与爱好逐步转变<br>通货膨胀<br>其他 | 纵向一体化<br>市场增长迅速<br>可以增加互补产品<br>能争取到新的用户群<br>有进入新市场或拓展市场面的可能<br>有能力进入更好的企业集团<br>在同行业中竞争业绩优良<br>扩展产品线满足用户需要<br>其他 |
| | 潜在内部优势（S） | 潜在内部劣势（W） |
| 内部条件 | 产权技术<br>成本优势<br>竞争优势<br>特殊能力<br>产品创新<br>具有规模经济<br>良好的财务资源<br>高素质的管理人员<br>公认的行业领先者<br>买主的良好印象<br>适应力强的经营战略<br>其他 | 竞争劣势<br>设备老化<br>战略方向不同<br>产品线范围太窄<br>技术开发滞后<br>营销水平低于同行业其他企业<br>管理不善<br>战略实施的历史记录不佳<br>不明原因导致的利润率下降<br>资金拮据<br>相对于竞争对手的高成本<br>其他 |

## 2.4.3　制订应对策略

在对企业内外部环境因素进行全面分析和评价的基础上，就可以进一步运用系统分析和综合分析的方法，制订企业的经营策略，以便更好地促进企业的发展，具体见表 2-5。

表 2-5　SWOT 分析对策表

| 外部环境分析 / 内部优劣势分析 | 机会（O） | 威胁（T） |
|---|---|---|
| 优势（S） | S. O. 对策 | S. T. 对策 |
| 劣势（W） | W. O. 对策 | W. T. 对策 |

制订企业应对策略的基本思路是：发挥优势因素，克服劣势因素，利用机会因素，化解威胁因素；考虑过去，立足当前，着眼未来。具体有以下四类对策可供选择。

（1）防御型战略（W.T. 对策） 防御型战略即考虑劣势因素和威胁因素，目的是努力使这些因素都趋于最小。W.T. 对策就是改进内部弱点和避免外部威胁的战略。例如，一个质量差（内在劣势）、供应渠道不可靠（外在威胁）的企业应该采取 W.T. 对策，强化企业管理，提高产品质量，稳定供应渠道，或走联合、合并之路以谋求生存和发展。

（2）扭转型战略（W.O. 对策） 扭转型战略即着重考虑劣势因素和机会因素，目的是努力使劣势趋于最小，使机会趋于最大。W.O. 对策就是利用外部机会来改进内部弱点的战略。例如，一个面对计算机服务需求增长的企业（外在机会），却十分缺乏技术专家（内在劣势），那么就应该采用 W.O. 对策，培养、聘用技术专家，或购入一个高技术的计算机公司。

（3）多种经营战略（S.T. 对策） 多种经营战略即着重考虑优势因素和威胁因素，目的是努力使优势因素趋于最大，使威胁因素趋于最小。S.T. 对策就是利用企业的优势，去避免或减轻外部威胁的打击。例如，一个企业的销售渠道（内在优势）很多，但是由于各种限制又不允许它经营其他商品（外在威胁），那么就应该采取 S.T. 对策，走集中型、多样化的道路。

（4）增长型战略（S.O. 对策） 增长型战略即着重考虑优势因素和机会因素，目的在于努力使这两种因素都趋于最大。此对策就是依靠内部优势去抓住外部机会的战略。例如，一个资源雄厚（内在优势）的企业发现农村市场未饱和（外在机会），那么它就应该采取 S.O. 对策，去开拓这一市场。

### 1. 竞争厂商调查表

竞争厂商调查情况见表2-6。

**表 2-6 竞争厂商调查表**

| 地区 | | 调查人员 | | 调查时间 | 年 月 日 |
|---|---|---|---|---|---|
| 竞争厂商名称 | | | | | |
| 公司地址 | | | | | |
| 工厂地址 | | | | | |
| 业务人员姓名 | | | | | |
| 学历、年龄 | | | | | |
| 服务时间 | | | | | |
| 业务员的口才 | | | | | |
| 行销能力 | | | | | |
| 业务员给客户印象 | | | | | |
| 业务的方针及做法 | | | | | |

（续）

| 地区 | | 调查人员 | | 调查时间 | 年　月　日 |
|---|---|---|---|---|---|
| 待遇 | | | | | |
| 销售的对象 | | | | | |
| 代理商名称 | | | | | |
| 产品的种类（特殊规格） | | | | | |
| 产品的性能 | | | | | |
| 产品的品质 | | | | | |
| 产品的价格 | | | | | |
| 市场占有率 | | | | | |
| | | | | | |
| 其他特殊因素 | | | | | |
| | | | | | |

**2. 竞争者动向一览表**

竞争者动向情况见表2-7。

**表2-7　竞争者动向一览表**

| 竞争同业名称 | 主要商品 | 新商品 | 重点顾客名称 | 新开发动向 | 投入营业比例 | 促销 | 其他 |
|---|---|---|---|---|---|---|---|
| | | | | | | | |
| | | | | | | | |
| | | | | | | | |
| | | | | | | | |

## 本章小结

**1. 市场营销环境**　市场营销环境是指与企业市场营销活动有关的各种外界力量和因素的总和，而这些力量和因素是影响企业的生存与发展的外部条件。

**2. 市场营销环境的构成**　企业市场营销环境分为宏观环境和微观环境两大类。宏观环境是指对企业开展市场营销活动产生影响的各种社会力量，包括人口环境、经济环境、自然环境、科学技术环境、政治法律环境和社会文化环境等；微观环境是指与企业紧密相连直接影响企业营销活动的各种参与者，包括供给者、营销中介、顾客、竞争者、社会公众以及影响营销管理决策的企业内部各个部门。

**3. SWOT分析法**　SWOT分析是进行企业外部环境和内部条件分析，从而寻找二者最佳可行营销战略策略组合的一种分析工具。S代表企业的“长处”或“优势”；W代表企业的“弱点”或“劣势”；O代表外部环境中存在的“机会”；T代表外部环境所构成的“威胁”。

**重要概念**

市场营销环境　微观营销环境　宏观营销环境　自然环境　科学技术环境　社会文化环境　营销中介　环境威胁　市场机会　个人可支配收入　恩格尔系数

### 车市兴起“雾霾营销”

PM2.5 正在改变汽车业。近期以来，随着北京等地持续爆发严重雾霾天气，汽车企业也悄然兴起了“雾霾营销”——能够有效防止车内空气污染的产品，将更能够吸引消费者。沃尔沃、英菲尼迪、雪铁龙等均率先加入“雾霾营销”行列，比亚迪汽车也将在今年推出最新研发的“PM2.5 绿净技术”。

在业内看来，十面“霾”伏将令更多消费者加入到购车行列，在一定程度上提升车市短期销售。而那些具备应对雾霾“利器”的新车，有望在车市获得更高的关注度。在有些经销商看来，“雾霾营销”甚至成为促成消费者果断出手购车的“临门一脚”。

据英菲尼迪方面介绍，英菲尼迪 M 长轴距版轿车搭载的“森林空调系统”（Forest AirTM），装有能实时监测车外空气质量的感应器，可以有效阻止车外污浊空气及其所含的污染颗粒物进入车内，从根本上将空气中的有害物质与车内空气隔绝开来。即使在“内循环模式”下，“森林空调系统”也依然能对车内空气进行过滤和净化，并迅速清除车内残留异味。

在阻击车内空气污染方面最给力的则是沃尔沃。据沃尔沃介绍，沃尔沃汽车标配的空气滤芯可以有效阻止灰尘、花粉以及尾气颗粒物等来自车外的污染通过通风系统进入车厢。同时，沃尔沃汽车在1999年率先推出的车内空气质量控制系统（IAQS）能够监测到周围空气中的有害物质，如氮氧化物、一氧化碳和碳氢化合物。一旦发现这些污染物质，系统能够立即自动关闭进气口，并促使车厢内洁净的空气进行重复循环。

对于车内污染源的控制也是沃尔沃的强项。在近期发布的汽车室内空气质量比较试验报告中，采用环保材质并经过 Oko-Tex100 标准检验和无铬处理的沃尔沃 S60 在 25 个汽车品牌的 42 个在用车型中脱颖而出，获得了最优的五星评级，也是唯一一个获得五星评级的豪华汽车品牌。

新近上市的东风雪铁龙 C4L，也声称拥有阻击 PM2.5 的利器。据介绍，C4L 的超净爽空调系统能通过主动的“隔绝”与“净化”两大功效，净化车内空气。在“隔绝”方面，C4L 拥有的内外循环自动切换功能，可以在雾霾天气中，通过车头的空气质量传感器主动监测污染，自动关闭空调系统进气门，将循环系统由外循环改为内循环，隔绝车外有害气体。随后则是车内空气的净化，C4L 超净爽空调系统拥有离子发生器，当开启“CLEAN”档（净化空气），可以产生大量的正负离子，它们会主动与水分子联合，冲撞有害物质和气味产生活性基，从而在空气进入车内时就得到有效净化。此外，开启“ION”档（释放负离子），C4L 会释放大量的负离子，借助其吸附和氧化作用，杀灭细菌、病毒等微生物。

同时，在雾霾天气中，另一个使驾驶者头疼的问题就是能见度太低，严重地区的能见度几乎为“零”，这大大提升了碰撞、追尾等交通事故的发生概率。因此，一些新车在力推阻击车内污染之外，也力推安全驾驶概念。其中，东风雪铁龙就对外表示，C4L 上配备一些先进技术，在这个时候更能提供最有效的帮助，让用户即使在雾气朦胧的情况下也能最大限度地避免危险的发生。据介绍，针对雾霾能见度极低的情况，C4L 完备的灯光系统让行车更加“可靠”。雾灯与明亮醒目的 LED 日间行车灯、LED 光导尾灯的组合，不仅让驾驶者的视野能更加清晰和开阔，更能及时警示对向和后方车辆，防止事故的发生。值得一提的是，当 C4L 紧急制动时，车载计算机一旦检测到车辆的制动速度超过了 -6.88m/s，就会自动开启双闪，警示后车注意，这么人性化的功能在雾霾中显得颇为实用。同时，C4L 还配备了同级别中最完备的“七位一体主动安全配置”。在雾霾中，常会有紧急制动的发生，C4L 的 EVA（紧急制动辅助功能）会智能判断驾驶者意图，在紧急制动时加大制动力度，从而避免或减轻碰撞程度；另外，在雾霾中常会使人对速度判断不清晰，C4L 的“LVV”功能（限速行驶设置）可以设置最高限速，保证驾驶者在合理速度中行驶。除了主动防护，C4L 被动防护也十分强大，即使在雾霾这样的恶劣天气中，也能有效保护驾乘者及行人安全。

提升车内空气质量，已经成为车市竞争一大新焦点，自主品牌汽车也不甘落后。比亚迪近日已经宣布，将推出最新研发的“PM2.5 绿净技术”。这项技术通过三重净化，第一层电离板，第二层蓬松静电棉，第三层 HAF，可在 30s 内迅速清洁车厢内直径大于 0.2μm 的可悬浮颗粒物，实现当车外环境 PM2.5 大于 150 时，车内环境 PM2.5 小于 12 的效果。据称，如果车内有人吸烟，启动这项技术，烟很快就会被过滤掉，车内环境也可以迅速被净化。比亚迪方面透露，“PM2.5 绿净技术”有望在 2013 年年底推出的两款车型上应用。

资料来源：陈志杰. 车市兴起“雾霾营销”[N]. 南方日报，2013-01-13。

**思考与分析**

1. 不同汽车企业面对“雾霾”所采用的营销策略各有什么特点？对此你有何评价？
2. 面对“雾霾”的环境，你对汽车企业营销有何具体建议？

### 企业内外环境分析

【训练目的】加深对企业内外环境分析的理解。

【训练方案】以 5~8 人的小组为单位，并选择一个产品或者一个行业，通过实际调查、访问或者查阅相关资料，收集企业面临的宏观环境与微观环境信息。

**活动 1：列出企业潜在的环境机会和环境威胁以及企业的优劣势。**

在获取相关信息的基础上，通过小组成员讨论该产品或者行业面临的：

● 环境机会

______________________________

______________________________

● 环境威胁

______________________________

______________________________

● 优势

______________________________

______________________________

● 劣势

______________________________________________________________

______________________________________________________________

**活动 2：运用 SWOT 法分析评价企业环境。**

利用 SWOT 分析法进行分析评价，制订企业对策，完成分析报告，并在全班进行讨论。

**复习与思考**

1. 什么是市场营销环境？市场营销环境由哪些因素构成？
2. 简述企业分析市场营销环境的意义及市场营销环境的特征。
3. 环保问题已逐渐成为举世瞩目的焦点问题，请简述目前自然环境发展的趋势。在这些趋势下，你认为国内企业所面临的市场机会有哪些？
4. 以身边你熟悉的企业为例，分析企业的微观环境。
5. 如何进行 SWOT 分析？

## 延伸阅读

**1.《世界是平的——21 世纪简史》 （美）托马斯·弗里德曼．何帆，等译．湖南科学技术出版社，2008.**

**作者简介：**托马斯·弗里德曼在《纽约时报》工作期间，专门报道中东问题，曾三次获得普利策奖。他是《从贝鲁特到黎巴嫩》《凌志车与橄榄树：理解全球化》《经济与态度：探究9·11后的世界》三本畅销书的作者。

**内容提要：**该书描述了当代世界发生的重大变化。科技和通信领域如闪电般迅速的进步，使全世界的人们可以空前地彼此接近。该书揭开这个世界的神秘面纱，深入浅出地讲述复杂的外交政策和经济问题，解释了世界的平坦化趋势是如何在21世纪来临之时发生的，政府、组织和个人如何才能接受而且必须接受。该书被认为是全球化的基本读物。

**2.《移动浪潮：移动智能如何改变世界》 （美）迈克尔·塞勒．邹韬，译．中信出版社，2013.**

**作者简介：**迈克尔·塞勒是上市公司美国微战略公司的董事长兼首席执行官。他不仅是一位高科技企业家，还是一位严肃的学者，他的商业成就来源于他自大学起——甚至从童年开始——就对托马斯·库恩所称之为“科学革命的结构”的痴迷。他曾经接受CBS 电视节目“60 Minutes”的访问，并作为专访人物出现在 *Newsweek*，*Time*，*Slate*，*The New Yorker* 和 *The Washington Post* 等报刊、杂志上。

**内容提要：**在该书中，作者以一位历史学家的深刻，一位技术专家的精准，以及一位首席执行官的务实，展现了一个未来移动世界的全景画面。他认为，移动计算技术是带来更广泛信息革命的临界点技术。信息革命开

始于15世纪的印刷术，但直到20世纪60年代，随着计算科技的出现，信息革命才开始加速影响社会。移动计算技术即将成为信息革命推动社会剧变的催化剂。

## 网站推荐

1. 网上营销新观察 http：//www. marketingman. net/
2. 经理人网 http：//www. sino-manager. com/
3. 中国市场营销研究中心 http：//www. mrcc. org. cn/

# 第3章 顾客需求与购买行为分析

学习目标

1. 理解消费者市场特点
2. 掌握消费者购买决策过程和购买行为类型
3. 掌握影响消费者购买决策的因素
4. 对比了解组织购买市场特点和决策过程

学习指导

任务驱动

**消费者购车心态类型**

众所周知，现在的进口车或合资车大致可分为日系、美系、欧系和韩系。比如日系车比较常见的有马自达、日产、丰田、本田、雷克萨斯、三菱等；欧系车常见的有大众、宝马、奔驰、雪铁龙、菲亚特等。日系车与欧系车在外观和内部构造上都有一定区别。日系车的发动机多采用“小马拉大车”的形式，比较省油，这和它的整体设计有关；日系车设计力求物尽其用，没有多余的累赘，因此车身重量较轻，耗油自然要少。欧洲人个头比较大，而且他们比亚洲人更重视舒适实用，因此欧系车一般车内空间大，车身较重；欧洲人崇尚张扬个性，偏爱动力功能，因而多采取“大马拉小车”的驱动形式，发动机功率大，油耗相应也大。消费者购车心态大致分为三类。

**1. 一见钟情派**　有些消费者买车就像找女朋友，看重所谓“第一眼感觉”。一款车或者是其外观，或者是其整体风格能够引起他的认同和舒适感，再加上足够的品牌质量系数，“移情别恋”的可能性就很小了。例如，年轻的李先生比较喜欢运动时尚的外形设计，而三菱蓝瑟翼神这一车型就很对他的胃口，第一眼看到就比较喜欢，而三菱又是个不错的品牌，蓝瑟翼神的前生就是大名鼎鼎的“EVO”，于是他毫不犹豫就买了下来。

**2. 慎重比较派**　就消费者目前的购买力而言，添置一辆新车对大多数人来说毕竟不是小事，很多消费者买车除了自己在汽车市场转悠上一段时间外，还得拉上亲朋好友去给自己出谋划策。李先生计划买车已经有一段时间了，但目前尚未确定。说到买什么车，他有些无所适从地表示，从经济的角度考虑，日系、韩系车比较省油，但欧系、美系车的使用寿命又要长一些，真不知道怎么选择。刘先生现在开的是一辆一年前买的风神，他说当时也考虑了许久，最后综合各种情况觉得买车已是不易，油费是一笔不小的开销，所以还是选择了省油的车型。

**3. 理性分析派** 有些消费者对车的了解比较深入，他们也就完全有资格站在专业角度对目前的车市进行一番分析再下定论。张先生可谓是“汽车发烧友”，对各种车的性能以及车市动向了如指掌。他认为，买车不仅要看车的情况，还要看本地的路况更适合什么车。日系车比较划算，但实际上张先生所居城市的路况并不好，日系车“小马拉大车”式的发动机不太适合，这样更易产生磨损，从而缩短车的实际使用寿命。

你认为上述消费者购车的三种心态各有什么特色和区别？汽车生产商应该如何分别满足购车心态不同的消费者的需求？

资料来源：贵州电子信息职业技术学院《市场营销案例集》。

企业营销的核心是通过满足顾客的需要而获取利润，从而求得自身的生存和发展，因此企业要有效地开展市场营销活动，既要准确地把握市场营销环境，又要着重研究与剖析市场需求和购买者的行为，达到企业营销与购买者购买行为的和谐统一。

按照顾客购买的目的或用途的不同，市场可分为消费者市场和组织市场两大类。消费者市场又称消费品市场或最终产品市场，它是指个人或家庭为满足自身的生活需要而购买商品和服务的市场。购买的目的是为了满足生活需要，而不是为了转卖、盈利或其他目的；组织市场是指各种组织机构为从事生产、销售业务活动，或履行职责而购买产品和服务所构成的市场，其包括生产者市场、非盈利性组织市场和政府市场。

## 3.1 消费者购买行为

### 3.1.1 消费者市场的特点

**1. 广泛性** 任何一个人或者家庭都是消费者市场中的一员，因为任何人都无法避免发生购买行为，而中国人口众多，所以消费者市场具有广泛性。

**2. 分散性** 消费市场中的购买涉及每一个人和每个家庭，中国是一个人数众多、幅员辽阔的国家，购买者虽多，但由于消费者所处的地理位置各不相同而分散，造成购买地点和购买时间的分散性。

**3. 复杂性** 消费者处在一定的社会经济和社会文化环境中，其年龄、性别、收入、地位、习惯、教育、兴趣、爱好等不同，影响着每个消费者的消费需求、消费心理和消费方式，对消费品的选择也就各不相同，于是具有极大的复杂性。

**4. 重复性** 消费品的购买，一般以个人和家庭为单位，由于受消费品本身特点和家庭收入的制约，消费者每次购买的消费品以能满足一定时间内个人及家庭需要为限，一般来说交易的数量和金额相对较少，多属零星购买，重复购买频率较高。

**5. 发展性** 随着科技进步、生产力发展和消费者收入水平的提高、各类新产品的出现，消费者对产品和服务的需求不断变化着，逐渐呈现出由少到多、由低级到高级的发展趋势。

**6. 伸缩性** 消费者受收入水平、生活方式、商品价格和储蓄利率等因素的影响，在购

物数量、品种、档次等方面有很大的弹性。通常情况下，收入增高时则会增加购买，收入减少时则会减少购买；商品价格高和储蓄利率高的时候会减少购买，反之增加购买。

**7. 可诱导性** 消费者市场中的购买者绝大多数都属于非专家，除非有过在该领域工作的经历或经验，否则大都缺乏相应的专业知识、价格知识和市场知识，尤其是对某些技术性较强、操作比较复杂的商品，更显得知识缺乏。在多数情况下，消费者购买时往往受感情和过去的购买经验的影响较大。因此，消费者很容易受广告宣传、商品包装、装潢以及其他促销方式的影响，产生购买冲动。

**8. 替代性** 提供给消费者选择的商品种类繁多，不同品牌甚至不同品种之间的商品往往可以互相替代，导致消费者选购时可以在不同产品、品牌和企业之间流动。

此外，消费者市场还具有层次性、地区性、季节性、周期性、时代性等多种特点。

### 3.1.2 消费者市场参与购买的角色

企业管理者和营销人员除需了解影响消费者的各种因素、消费者购买模式之外，还必须弄清楚消费者购买决策，以便采取相应的措施，实现企业的营销目标。消费者消费虽然是以一个家庭为单位，但参与购买决策的通常并非一个家庭的全体成员，许多时候是一个家庭的某个成员或某几个成员，而且由几个家庭成员组成的购买决策层，其各自扮演的角色亦是有区别的。家庭成员在一项购买决策过程中可能充当以下角色：

（1）发起者　发起者是指首先提出或有意向购买某一产品或服务的人。

（2）影响者　影响者是指其看法或建议对最后决策具有一定影响的人。

（3）决策者　决策者是指在是否买、买什么、买多少、何时买、哪里买等方面的购买决策作出完全或部分最后决定的人。

（4）购买者　购买者是指实际进行采购人。

（5）使用者　使用者是指实际消费或使用产品或服务的人。

了解商品或服务的购买参与者和影响者在购买中发挥的不同作用，能够帮助营销人员制订切实可行的营销策略。

### 3.1.3 消费者购买行为类型

消费者在购买商品时，会因商品的价格、购买的风险程度不同，而投入购买的程度不同。目前，主要根据购买者在购买过程中介入程度的高低（即购买的风险程度）和产品品牌间差异的大小（即可供挑选的余地），将消费者的购买行为分为四种类型（见表3-1）。

表3-1 消费者购买行为的基本类型

| 介入程度<br>品牌差异 | 低 | 高 |
|---|---|---|
| 小 | 习惯性的购买行为 | 减少失落的购买行为 |
| 大 | 寻求变化的购买行为 | 复杂的购买行为 |

**1. 习惯性的购买行为** 对于价格低、需经常购买、品牌差异小的商品，消费者不会花过多的精力去收集信息、评价产品、作出决策，购买行为相对简单。消费者购买时，更多的是靠多次购买和多次使用而形成的习惯去选定某一品牌。例如，购买食盐、味精的购买行

为。

**2. 寻求变化的购买行为** 有些产品品牌差异大，但商品价格低，购买风险小，消费者并不愿意花过多的精力去评价、选择产品，而是不断变换所购产品的品牌，寻求购买的多样性，以满足自己求新求异的心理并从中寻找到最适合自己消费特点的产品。例如，购买饮料的购买行为。

**3. 减少失落的购买行为** 减少失落的购买行为也称为寻求平衡的购买行为，主要是指对于有些产品品牌差异不大，但价格高，消费者不经常购买，购买时有一定的风险，此时，消费者在购买过程中介入程度高，花较多精力收集信息，货比三家，在品牌差异不大的产品中权衡、比较后，做出自己认为最合适的决策，求得心理平衡和最大满意度。

**4. 复杂的购买行为** 当消费者购买一件贵重、不常买、品牌差异大、有风险的产品时，其购买决策最为复杂。由于产品品牌差异大，产品对消费者存在较大购买风险，消费者购买时会高度介入。由于对这些产品的性能缺乏了解，为慎重起见，他们往往需要广泛地收集有关信息，并经过认真的学习，了解这一产品的性能，形成对品牌的态度，并慎重地做出购买决策。

### 3.1.4 影响消费者行为的主要因素

消费者的购买行为在内、外因素的影响下，也会发生很大的变化。这些因素不仅在某种程度上决定着消费者的决策行为，而且它们对外部环境与营销刺激的影响起着放大或抑制作用。这些内、外因素可概括为四大类：文化因素、社会因素、个人因素、心理因素（如图3-1 所示）。

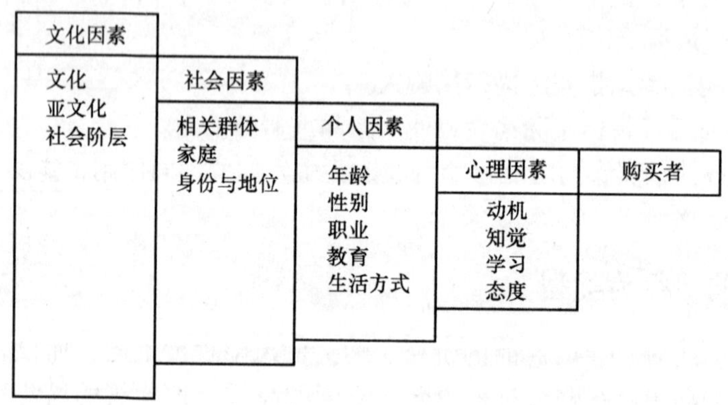


**图 3-1 影响消费者购买行为的主要因素**

**1. 文化因素** 文化因素对消费者的购买行为有着最广泛和最深远的影响。

（1）文化 文化是人类欲望和行为最基本的决定因素，包括一个群体（可以是国家，也可以是民族、企业、家庭）在一定时期内形成的价值观念、道德规范、风俗习惯、宗教信仰、审美观和语言文字等。不同的文化造就了不同消费者的购买观念，能满足文化需求的产品较易获得顾客的认可，反之会导致企业营销活动的失败。

（2）亚文化 亚文化又称小文化、集体文化或副文化，是指某一文化群体所属次级群体的成员共有的独特信念、价值观和生活习惯，一种亚文化不仅包含着与主文化相通的价值与观念，也有属于自己的独特的价值与观念，而这些价值观是散布在种种主导文化之间的。

亚文化主要包括民族亚文化、宗教亚文化、种族亚文化、地理亚文化等。亚文化以独特的认同感和社会影响力将群体成员联系在一起，形成不同的消费亚文化。

营销实战 3-1

**“指南针”地毯销售也疯狂**

指南针和地毯本是风马牛不相及的两件东西，比利时的一个商人却把它们结合起来，并且赚了大钱。

在阿拉伯国家，虔诚的穆斯林每日祈祷，无论在家还是在旅行，都守时不辍。穆斯林祈祷的一大特点是祈祷者一定要面向圣城麦加。一个名叫范德维格的比利时地毯商聪明地将扁平的指南针嵌入祈祷地毯。指南针指的不是正南正北，而是麦加的方向。新产品一推出，在有穆斯林居住的地区立即成了抢手货。

范德维格并不满足于已取得的成功，在非洲又推出了织有领袖头像的小壁毯。因为他发现，在非洲国家的机关里总要挂元首的照片，由于气候湿热，照片易发黄变形，若将领袖照片织成壁毯，则既美观又耐久。根据当时的政局，他制成了带有博瓦尼（科特迪瓦）、迪乌夫（塞内加尔）、比亚（喀麦隆）头像的壁毯。

资料来源：中国发明专利技术信息网。

（3）社会阶层　人们根据职业、收入、教育、财产等因素，把社会划分为不同的社会阶层。所谓社会阶层是指一个社会中具有相对同质性和持久性的群体。处于同一社会阶层中的消费者，其价值观、消费观念、审美标准、消费内容和方式有着很大的相似性；处于不同社会阶层的消费者，由于其收入水平、职业特点的不同，造就了他们在消费观念、审美标准、消费内容和方式上存在明显的差异性。因此，营销人员应该对不同的社会阶层进行市场细分，采取更有针对性的营销策略。

**2. 社会因素**

（1）相关群体　相关群体也称为参考群体或参照群体，是指对一个人的看法、态度和行为实施过程中起着参考、影响作用的个人或某些人的集合。相关群体可分为直接参照群体和间接参照群体。直接参照群体又称为成员群体，即某人所归属的群体或与其有直接关系的群体，它又可分为首要群体和次要群体。首要群体是指与消费者直接接触、经常接触的一群人，一般都是非正式群体，如家庭成员、亲戚朋友、同事、邻居等；次要群体是对其成员并不经常发生影响，但一般都较为正式的群体，如宗教组织、行业协会等。间接参照群体又称为非成员群体，是指消费者并不属于该群体，但又受其影响的群体，消费者会产生喜好或者厌恶，从而选择去模仿或者远离。例如，消费者对影视明星、体育明星的模仿等。

相关群体对消费者购买行为的影响表现在以下三个方面：①相关群体为消费者展示出新的生活方式和行为方式；②相关群体引起消费者的仿效欲望，或对某些产品态度发生改变；③由于仿效促使消费者的消费行为与相关群体趋于一致。

（2）家庭　家庭是社会组织的基本单元，对消费者的购买行为具有重要的影响。消费者购买活动中会受到家庭的规模、性质、购买决策方式等方面的影响。随着社会的进步，妇女逐渐走出家庭开始工作，并成为推动社会经济发展的重要力量。于是，当消费者以家庭为单位购买产品时，传统的丈夫做主型逐渐演变成为了各自做主型、共同做主型、丈夫做主型、妻子做主型等多种形式共存的局面。抓住决策中的关键人物，有利于提高营销效率。

相关链接 3-1

**2015 年中国消费趋势预测**

趋势一：智能时代，智能生活

随着可穿戴设备的发展，智能化产品瞬间席卷消费者生活的各个领域，引领消费者向智慧型消费演进。智慧型消费者呈现出三个重要特征：他们善用技术，能够更快速地将新技术应用到自己的生活中，而淘汰原有的技术应用；他们理性购物，在消费过程中极尽可能地甄选最优策略；他们有更强的参与性，努力争取将自己的想法变为现实。

趋势二：移动购物者崛起

从刚刚过去的2014 年双十一各大电商平台的销售战绩中，我们看到移动购物已强势崛起并正在趋于常态化。未来，消费者不再是“去购物”，他们随时随地都“在购物”。在移动端，消费者正在表现出有别于 PC 端的消费行为：分享模式下的情景即时消费，即消费行为的源起、发生、延续均是以分享为核心，包含了情景消费、社交分享、评价口碑等行为。随时随地、线上线下自由切换。

趋势三：全民购，购全球

2014 年消费已经超过投资成为拉动中国经济增长的第一引擎，而网络零售无疑是其中增长最快的一部分。中国的网络零售呈现出两大新亮点：第一，全民购。随着互联网的普及，使很多乡镇的消费者得以与都市同龄人获得相同的产品信息和消费机会，极大地激发了农村市场的消费替力。同时，网购人群正在向纵深渗透，中老年人、年轻人正在积极主动地加入网购的大潮中。第二，购全球。消费者正在从原始的海淘代购模式，向专业的全球消费扩展，跨境网购的种类更加丰富，从以前的奢侈品到现在的运动、数码、农产品，中国的消费者正在更快地融入国际消费市场。

趋势四：精明个性的高端消费者

随着政府反腐政策的持续推进，奢侈品在中国公款、礼品消费市场受到严重打压，理性的自用型消费成为奢侈品未来在中国市场的主要消费类型，除了政策影响外，自用型消费背后更凸显出中国高端消费者正在日趋成熟和理性。他们为自己的成就感而购买奢侈品，要先于为社会地位而购买。他们依据个人品味来消费奢侈品，特别是随着新一代财富新贵的崛起，他们对产品、品牌有了自己的评价，与人所共知的老牌奢侈品相比，他们更欣赏具有强烈现代感的小众品牌、设计师品牌。在日常消费中，他们将更多的关注投入到延续最佳生活状态的投资上，未来他们对健康相关的投入将逐渐提高。

趋势五：Running man 跑起来

今年，雾霾的问题在“APEC 蓝”的映衬下，更加受到关注。消费者与之前躲避的态度不同，越来越多的消费者意识到：提升自身健康水平，增强抵抗力的重要性，尽管天气经常不如人愿，但是挡不住全国人民追求健康的步伐。另一方面，互联网的发达，使消费者面对面交流的能力日渐低下，都市孤独冷漠症的问题突出，挥洒汗水以跑步为共同兴趣而集结成群成为都市人群的新目标，其中夜跑族更成为年轻人的时尚，这背后显现出来的是消费者更积极的生活态度，倡导积极面对生活将成为未来中国消费者的主流价值观。

趋势六：品牌迁徙

互联网让中小品牌或新品牌与消费者如此接近，消费者更容易也更愿意尝试新品牌，尤其是通过社交渠道进行售卖的新兴中小品牌。网络购物发展越来越成熟，共同的消费行为积累了大量可以被后进消费者直接查看的口碑评价记录。具有一定社交功能的电商平台，正在缩短消费者的购买路径，简化购买决策过程。很多新品牌正是借此实现营销突破，赢得了市场和消费者，甚至颠覆了行业领导品牌。在互联网营销革命的冲击下，这只是新一轮品牌全面变革的预演和前奏。

资料来源：http：//www. southmoney. com/caijing/caijingguanch/201501/264017. html（有删改）。

（3）身份与地位　在社会生活中，一个人会属于不同的群体，并在不同的群体中具有不同的身份和地位，因此，其消费需求和行为也不同。

**3. 个人因素**　消费者的购买决策会受个人因素的影响，这些因素主要包括年龄和家庭生命周期、性别、职业、受教育的程度、经济状况、生活方式、个性及自我观念等。

（1）年龄及家庭生命周期　不同年龄的消费者，其消费欲望和购买行为会有很大差别。家庭生命周期是指一个人从离开父母开始独立生活到老年的家庭生活解散所经历的全过程。消费者处于不同家庭生命周期的不同阶段，其爱好、需求和购买行为有明显差异（见表3-2）。

**表3-2　家庭生命周期及消费方式**

| 家庭生命周期 | | 消费方式 |
|---|---|---|
| 单身阶段 | 刚参加工作，自己独立生活 | 状态：几乎没有经济负担，新观念的带头人，娱乐导向<br>消费：小型生活日用品、汽车、娱乐、旅游 |
| 新婚阶段 | 刚刚结婚、无子女 | 状态：经济状况较好，购买能力强，耐用品购买力高<br>消费：汽车、小型生活日用品、耐用品、度假 |
| 满巢阶段Ⅰ | 子女不到6岁 | 状态：家庭用品采购的高峰期，流动资产少，不满足现有经济状态，有部分储蓄，喜欢新产品，如广告宣传的产品<br>消费：婴儿用品等 |
| 满巢阶段Ⅱ | 年幼的子女超过6岁 | 状态：经济状况好，购买能力强<br>消费：食品、生活日用品、教育等 |
| 满巢阶段Ⅲ | 子女成年但尚未独立 | 状态：经济状况较好<br>消费：食品、生活日用品、教育、甚至子女房屋的购买等 |
| 空巢阶段Ⅰ | 年长的夫妇，子女已经独立生活 | 状态：经济富裕有储蓄，对旅游、娱乐、自我教育尤感兴趣，愿意施舍和捐献<br>消费：旅游、耐用品、家用装修用品、汽车等 |
| 空巢阶段Ⅱ | 年老的夫妇，子女已经独立生活 | 状态：收入锐减、闲在家<br>消费：有助于健康的医用护理、保健产品 |

（2）性别、职业和受教育程度　男性和女性在购买方式上有明显不同。男性购买商品一般目标明确，决策果断，理智型购买居多；女性在购买中一般为不确定型，易受销售人员及他人影响，决策犹豫，但挑选仔细。职业不同的消费者因其所处的工作环境、职业特点不同，消费习惯和购买行为也有所区别。受教育程度也影响着消费者的购买行为，一般情况下，一个人受教育程度越高，其购买行为中理性成分越大，利用其具有的知识和信息对商品做出比较客观的判断，受外界信息干扰程度小，决策能力较强。

（3）经济状况　经济状况是指消费者的经济收入和信贷能力。经济状况反映消费者的实际支付能力，商品选购在很大程度上取决于个人的经济状况。一般而言，低收入者在选购商品时，对商品价格更加敏感，其开支主要用于生活必需品上；高收入者用于生活必需品以外的开支更多，且信贷能力更强。

相关链接 3-2

**瞄准女性顾客的弱点**

耶鲁大学的一项研究显示，在操作录像机时，只看说明书，有68%的男性就能顺利操作；而女性则只有16%的人做得到。总括来说，一般男性比女性喜欢复杂的科技。

美国聪明设计公司有一支团队，专门针对女性进行设计。他们的研究与经验显示，女性跟男性在本质上非常不同，如同耶鲁大学的研究证明，他们需要的产品也非常不同。

聪明设计公司的团队举例说明，同样是购买相机，比较多的男性会仔细阅读相机的规格、功能等书面介绍；而比较多的女性则会直接拿起相机，开始操作上面的按键，感觉一下是否容易使用。

因此，在帮女性设计产品时，不要只是直觉式地把产品尺寸缩小、变成粉红色，以为这样就能获得女性消费者的青睐。戴尔公司曾经推出名为“女戴尔”的网站，网站为粉色系，里面包含许多“寻找食谱”“计算卡路里”等功能。因为是典型“尺寸缩小、变成粉红色”的产品，网站运作不过两个星期，戴尔就放弃了。

资料来源：http：//www. 8002008. com. cn/UU/HTML/33708. html。

（4）生活方式　生活方式是个体在成长过程中，在与社会因素相互作用下表现出来的活动、兴趣和态度模式。一个生活俭朴的人和一个生活奢侈的人，其购买行为也就会有很大的不同。

（5）个性及自我观念　所谓个性就是个别性、个人性，就是一个人在思想、性格、品质、意志、情感、态度等方面不同于其他人的特质。这个特质表现出来就是他的言语方式、行为方式和情感方式等。任何人都是有个性的，个性化是人的存在方式。个性是一个人身上表现出来的经常的、稳定的、实质性的心理特征，它表现了一个人对其他事物的反应，通常可用外向、内向、保守、开放、固执、随和等性格特征来描述。消费者的个性对购买行为的影响是明显的。例如，性格外向的人易对时髦产品感兴趣，往往成为新产品的试用者；性格保守的人则是品牌忠实者。

自我观念又称自我形象，是指自己对自己的看法，它与个性有关。自我观念分为实际自我观念和理想自我观念，即自己实际对自己的看法和自己希望的理想看法。不同自我形象的消费者有着不同的购买行为，并把购买行为作为树立自我形象的重要方式。

**4. 心理因素** 消费者的购买行为也要受四个主要心理因素的影响，即动机、知觉、学习、信念和态度。

（1）动机 动机是指激发和维持个体活动，使活动朝向一定目标的内部动力。动机的产生可以是内部条件或者外部条件，甚至是两者同时作用。产生动机的内部条件是达到一定强度的需要，需要越强烈则动机表现得越强烈；产生动机的外部条件是各种诱因。消费者的购买动机是纷繁复杂的，同一购买行为可由不同动机引起，同一购买动机也可引起不同的购买行为。关于需要与动机的理论有很多，在市场营销学中运用最广泛的是马斯洛的需求层次理论（如图3-2所示）。

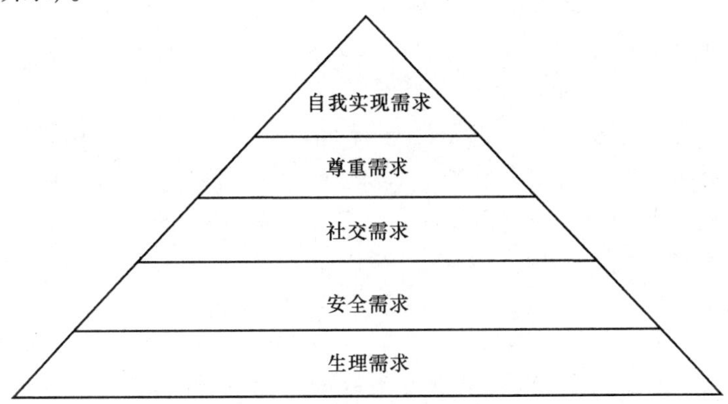


图3-2 马斯洛需求层次理论

马斯洛认为人的需求是以层次的形式出现的，按其重要程度的大小，由低级需求逐渐向上发展到高级需求，依次排列为：①生理需求，这是人类最基本的需求，包括衣、食、住、行等基本的生存需求。②安全需求，当生活需求得到满足后，就会产和更高一层的需求，即对安全、稳定以及免受痛苦、恐惧、战争、失业等方面的需求。③社会需求，这是情感和归属方面的需求，即期望同他人平等相处、友好往来，获得友情、爱情和社会归属感的需求。④尊重需求，即获得自尊、赞赏和受到别人尊敬的需求。⑤自我实现需求，即实现个人的理想和抱负，实现自我价值、取得成就的需求。

**中国网络购物市场**

2013年网络购物市场稳步快速向前发展，彰显出巨大的市场潜力。表现为：一方面，网购交易额在社会消费品零售总额中的占比越来越高；另一方面，网购用户相较于网民的渗透率高达48.9%，增长速度高出网民增速2.3个百分点。为此，电商企业应把握住机会，加大对网络购物市场的投入力度。

从地域分布方面来看，东北地区具有较大的市场潜力。表现为：用户的年龄较为成熟，受教育程度偏高，通常为企业/公司职员或个体户/自由职业者，拥有较强的购买能

力。但是，目前用户的浏览量和订单转化率不高，而客单价[㊀]较高。因此，东北地区用户具有较好的市场培育潜力，积极的营销宣传推广活动能带来较高的市场回报率。

从年龄代际方面来看，90后拥有较好的网购习惯，是电商企业重点培育的对象。表现为：90后对购物网站的浏览量不高，但是订单转化率较高；90后对手机购物的接受程度最高，通过手机购物渠道对碎片化时间的占用可以提高90后的网站浏览量。因此，加大对90后新生代用户的培养力度可以提高购物网站的后备力量，把握住年龄代际更替的机遇。

研究显示，社会化因素诱发消费动机，社会化购买已经发展为消费者网络购物的一种消费模式。社会化因素对网购的促进作用使得社会化网购成为推动网购市场增长的新动力。2013年人均半年度社会化网购花费为1364元，占半年度人均网购总花费的42.1%。在社会化导购网站中，微博的使用人群所占比例最大，其次是专业导购网站。

2013年中国的电子商务市场趋向成熟发展阶段，增长速度由50%以上稳定到30%左右，市场发展趋势逐渐由“价格驱动”转变为“服务驱动”。随着智能手机的普及以及购物体验的改善，手机网络购物成为一种流行时尚。目前，网络购物仍然以PC端为主；在相当长的一段时期内，手机与PC购物互为补充，未来手机对PC购物呈逐步替代之势，但不会完全取而代之。

资料来源：http：//www.199it.com/archives/211771.html（有删改）。

（2）知觉　所谓知觉，是指人对事物传递或表现出的信息的一种综合性反应。而感觉是人通过个别的感觉器官感知到事物的个别属性，不是对事物整体性的认识判断。只有将这些感觉综合起来，才能形成人们对事物整体的判断、认识并成为行动依据。知觉对消费者的购买决策、购买行为影响较大。在刺激物或情境相同的情况下，消费者有不同的知觉，他们的购买决策、购买行为就截然不同。常见的三种知觉过程是：①选择性注意。选择性注意是指在众多信息中，人们易于注意与自己有关的、期待中的信息，而多数信息会被有选择地忽略。②选择性扭曲。人们对注意到的事物，往往喜欢按自己的经历、偏好、当时的情绪、情境等因素做出解释，会将信息加以扭曲，使之合乎自己见解的倾向。③选择性记忆。消费者在接触到的大量信息中，会把与自己的看法一致和自己相信的一些信息保留下来。

（3）学习　学习也称“习得”，是指由于人后天经验而引起个人知识结构和行为的改变，即消费者在购买和使用商品的实践中，逐步获得和积累经验，并根据经验调整自己购买行为的过程。学习是通过驱策力、刺激物、提示物、反应和强化的相互影响、相互作用而进行的。企业要扩大销售，不仅要了解自己的产品（刺激物）与潜在消费者的驱使力的关系，而且还要善于向消费者提供诱发需求的提示物和适当的广告宣传手段，积极进行反复宣传的“强化”工作，以加强消费者的印象。

（4）信念和态度　消费者通过购买实践和学习获得了经验，建立了自己的信念和态度，而信念和态度又反过来影响消费者的购买行为。信念是指一个人对某些事物所持有的看法或评价。它是一种描述性的看法，没有好恶之分。企业的产品和品牌的形象就是顾客对企业和品牌的总体看法，它来源于消费者的认识、学习和消费经历，带有强烈的感情色彩。如果企

㊀　客单价是指商场（超市）每一位顾客平均购买商品的金额，即平均交易金额。客单价＝销售总额÷顾客总数。

业能使消费者对自己的产品建立起正确、良好的信念，将有助于本企业产品的销售。

态度是指一个人对某些事物或观念长期持有的是与非、好与坏等认识上的评价、情感上的感受和行为上的倾向。态度能使人对相似的事物产生一致性的行为，表现出稳定一致的特点，并且不容易改变。如果消费者形成了对某个品牌良好的态度，就可能进行重复购买；反之，就会拒绝购买。由于态度具有稳定性的特点，所以营销人员不要试图改变消费者的态度，而是改变自己的产品以迎合消费者已有的态度，使之与消费者既有的态度相一致；否则，企业要改变目标市场消费者的态度，那是需要时间的，并要为此付出高昂的费用和艰辛的努力。

### 3.1.5 消费者购买决策过程

在复杂的购买行为中，消费者要完成某一商品购买决策的全过程要经历以下五个阶段，如图3-3所示。

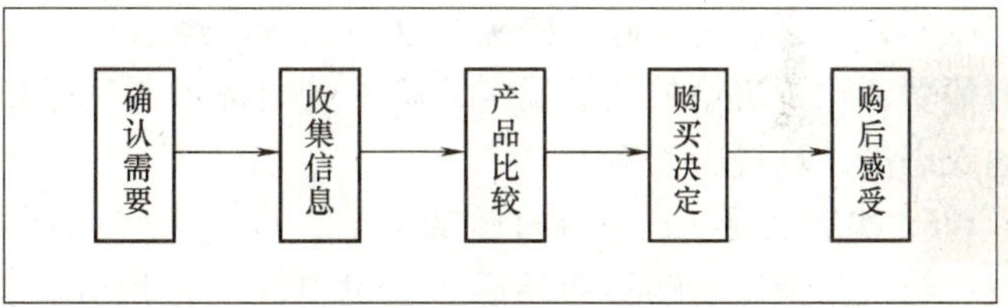


图3-3 消费者购买的决策过程

**1. 确认需要** 确认需要是消费者购买决策过程的起点。当消费者在现实生活中感觉到或意识到实际与其理想状态之间有一定差距，并产生了要解决这一问题的要求时，购买的决策便开始了。消费者的这种需求的产生，既可由内在原因或外在刺激引起，也可以是两者相互作用的结果。内在原因，可能是由人体内在机能的感受所引起的，如一个饥饿的人看到美味的食物，饥饿感就会增加，从而产生了对食品的需求。外在刺激可能是由收入增加、企业促销力度较大或消费者的所见等引起的，如看到各种汽车广告引发购买汽车的想法；朋友买了一部时尚手机，或者商家促销有多项优惠等促使消费者有购买手机的想法等。

营销工作者应该深入理解消费者产生某种需要的环境，找到引发这种需要的内在动因和外在刺激因素，从而运用多种营销手段，促使消费者与刺激因素频繁接触，善于安排刺激物、提示物等诱因，引发消费者对本企业产品产生强烈的需求，熟悉、喜爱本企业的产品，并采取购买行为。

**2. 收集信息** 当消费者产生了购买动机之后，便会开始进行与购买动机相关联的活动。如果他所欲购买的商品就在附近或者购买风险不大时，他便会实施购买活动，从而满足需求。但是当所需购买的商品价格高、购买风险大，甚至需求一时难以得到满足时，他便会把这种需求存入记忆中，并注意收集与需求相关和密切联系的信息，以便进行决策，而这个收集信息的数量和时间会根据购买的风险程度来决定。通常，消费者一般会通过以下几种途径收集所需商品的信息：①个人来源，是指家庭成员、朋友、邻居或同事等提供的信息。②商业来源，是指从推销员、广告、零售商、商品包装、展示会、商品说明书等方面获得的信息。③公共来源，即大众传播媒介、消费者评估组织等提供的有关信息。④经验来源，是指消费者本人通过以前购买使用或当前试验中获得的知觉。

**3. 产品比较** 消费者在通过各种渠道获得有关产品的信息后，便对可供选择的品牌进行分析和比较，并对各种品牌的产品做出评价，最后决定购买。消费者对产品的评价主要从以下几个方面进行：①产品属性，即产品能够满足消费者需要的特性。消费者一般都将产品看成能提供实际利益的各种产品属性的组合，对不同的产品，消费者感兴趣的属性是不同的。②建立属性等级。每一个产品的所有属性并非都是最优的，消费者也不会将产品的众多属性看作同等重要的因素，而是从满足需要的角度出发，对产品属性进行分析后，建立自己心目中的属性等级。例如，对于游戏爱好者来说，他购买计算机首先考虑的是硬件设施，其次才考虑外形；而对于时尚女性购买者来说，她首先考虑的是外形，其次才考虑性能等因素。可见，每种商品的属性在购买者心目中的重要程度是不同的，企业应当根据购买者对不同属性的态度进行市场细分，采取多种对策影响购买者决策，提高本产品被选中的概率。③确定品牌信念。消费者会根据收集到的所有品牌的属性及各属性的参数，建立起对各个品牌的不同信念。④形成“理想产品”。消费者会通过各种品牌的属性及各属性的参数对于分别满足其需求的重要程度来进行评分，从而评选出得分最高者，即为购买的初步对象。

**4. 购买决定** 购买决定是消费者购买行为过程中的关键性阶段，因为只有做出购买决定以后，才会产生实际的购买行动。消费者经过分析比较和评价以后，便产生了购买意图。但消费者购买决策的最后确定，除了受消费者自身喜好的影响外，还受其他因素的影响，如他人态度、环境因素等。

**5. 购后感受** 产品在被购买之后，就进入了购后阶段，此时，市场营销人员的工作并没有结束。消费者购买商品后，通过自己的使用或者其他信息来对自己的购买活动进行检验，从而产生某种程度的满意或不满意。购买者对其购买活动的满意感（$S$）是其产品期望（$E$）和该产品实际性能（$P$）的函数，即 $S=f(E, P)$。若 $E=P$，则消费者会满意；若 $E>P$，则消费者不满意；若 $E<P$，则消费者会非常满意。消费者根据自己从卖主、朋友以及其他来源所获得的信息来形成产品期望。消费者对其购买的产品是否满意，将影响到以后的购买行为。如果对产品满意，则在下一次购买中可能继续采购该产品，从而形成品牌忠诚并向其他人推荐该产品；如果对产品不满意，则会选择要求退货或者赔偿，甚至会采取更加过激的行为来诋毁或者报复企业。

市场营销人员通过了解购买者如何经历确认需要、收集信息、产品比较、决定购买和购后感受的全过程，就可以获得许多有助于满足消费者需要的有用线索；了解其购后感受和对商品的使用与处置方法更是开发新商品构思的重要来源；通过了解购买过程的各种参与者及其对购买行为的影响，就可以为其目标市场设计有效的市场营销计划。

## 3.2 组织市场购买行为

企业的市场营销对象不仅包括广大的消费者，也包括各类组织机构。这些组织机构构成了原材料、零部件、机器设备、供给品和企业服务的庞大市场。为此，企业必须了解组织市场及其购买行为。

### 3.2.1 组织市场的分类和特点

组织市场是指为了用于从事再生产、销售、转卖活动或履行职责而购买企业产品或服务的各类组织机构所构成的市场。

**1. 组织市场的分类** 组织市场包括四种类型，即生产者市场、中间商市场、非盈利性

组织市场和政府市场。

（1）生产者市场　生产者市场又称为产业市场、工业品市场或企业市场，是指一切将购买的产品和服务用于再加工、再生产从而生成其他产品或服务，以供销售、租赁并获取利润的组织或者个人。生产者市场是一个庞大的市场，组成生产者市场的主要行业是农业、林业、渔业、牧业、采矿业、制造业、建筑业、运输业、通信业、银行业、保险业以及其他一些行业。

（2）中间商市场　中间商市场又称为转卖者市场，是指那些通过购买商品或服务后将之转售或出租给他人，以获取利润差的个人或者组织，包括批发商和零售商。

（3）非盈利性组织市场　非盈利性组织是指所有不以营利为目的而从事社会公益事业的机构、组织和团体，它们可以是现有的政府事业单位、教育机构和注册的民办科技机构等。非盈利性组织购买产品和服务是为了维持正常运作和履行自身职能，这样的购买行为所形成的市场称为非盈利性组织市场。

（4）政府市场　政府市场是指为了执行政府职能或提供公众服务而购买产品和服务的各级政府及下属部门所组成的市场。随着我国改革开放的不断深入，政府采购规模越来越大，范围越来越广，要求越来越严格，企业在营销活动中要充分重视这一潜力巨大的市场。

**2. 组织市场的特点**

（1）购买者数量小，购买量大　若消费者市场的购买者是个人和家庭，则购买者数量多，重复购买的频率高，但购买量少；而组织市场却恰恰相反。由于组织市场的购买者是企业或组织，所以其购买者数量较少，但他们一次性的购买量较大。

（2）购买者的地理位置相对集中　在我国，大多数组织市场的购买者都集中在北京、天津、上海、武汉、广州、成都、深圳等国内城市，所以，组织市场购买者的地理位置相对较为集中。

（3）供需双方关系密切　由于组织市场购买者数量少，一次性购买量大，这就要求企业有源源不断的原材料供应，而原材料供应企业同样需要稳定的产品销路，所以，双方容易建立起密切的关系。一方面通过沟通，供应方了解企业的需求特点及特殊要求，提供最大限度地满足；另一方面建立互惠互利的合作关系，有利于降低交易成本和保证产品的销售。

（4）市场的派生需求　消费者市场是所有市场的中心，任何市场的生产行为都必须围绕着消费者市场的需求而运转。因此，组织市场的需求还随着消费者市场相应需求的变化而变化。

（5）需求弹性小　生产者市场上，生产者主要根据最终消费者的需求来确定自己的采购品种和数量；相对于消费市场，生产者市场产品价格的上升或下降，对产品需求不会有太大影响。例如，在蛋糕需求总量不变的情况下，面粉价格下降，蛋糕生产者未必就会大量购买，除非目标市场中消费者对蛋糕的需求量突然增加。面粉价格上涨，蛋糕生产者为了保持市场需求，防止未能满足需求而使新竞争者乘虚而入，也未必会减少面粉的购买，除非蛋糕生产者找到了其他替代品或发现了节约原料的方法。

（6）需求波动大　消费者市场中的需求只要有一点增加或减少，就会引起生产产品的工厂和设备需求发生巨幅的变动，经济学上将这种现象称为乘数效应，又称加速原理。有时，消费者需求只增长10%，可能会导致生产者市场需求增长100%；而消费者需求只减少10%，可能导致生产者市场需求巨幅减少甚至可能为零需求。

（7）专业人员购买　由于组织市场具有购买者数量较少，而其购买量较大的特性，与消费者市场相比，通常影响组织购买决策的人较多。大多数组织有专门的采购部，采购人员大都经过了专门训练，掌握了必要的专业知识，熟悉产品的性能、质量、规格和有关技术要求，特别在重大购买时，往往会成立临时性专家组，由技术专家、高层管理人员、财务人员甚至法律顾问组成，决策往往是由采购专家组中的成员共同做出的。

（8）租赁　组织市场购买者往往会以租赁的方式来取得生产用品，这样既可以减少资金投入，又可以使用最新的设备，也在一定程度上降低了购置风险，尤其是大型机械设备或使用时间短的设备。

相关链接 3-4

**电商平台角逐的新蓝海　万亿政府采购市场**

公平、高效、透明一直是政府采购制度改革的努力方向，基本符合电子商务交易的本质特点。随着国内电子商务市场日渐成熟，借助电子商务平台推动政府采购模式创新，已成为各级政府推动政府采购制度改革的重要工作，政府采购市场更是成为各大电商平台努力角逐的新蓝海。

以浙江省为例，浙江省财政厅发布消息称，该省目前已推出三大政府采购模式改革创新，即网上超市采购模式、网上竞价采购模式、传统采购方式与现代信息技术相融合采购模式，均取得了实质性突破。其中，网上超市采购模式于从 2015 年 1 月 1 日起正式实施，政府搭建的“浙江政府采购网上超市”采购平台目前载入了文化用品、日用百货、数码商品等 11 大类、110 多种商品，还将引入天猫等电商平台供应商。届时除协议、定点采购外，省级采购单位都可通过该平台，对单项或者年度批量预算在 10 万元以内的货物类政府集中采购项目实行网上采购。真正实现“鼠标点点轻松购”，采购人将体验到与日常生活中相似的网上购物的便利、高效。

网上竞价采购模式，即通过与阿里巴巴等大型电商网站平台的合作，凡采购单次合同金额相对较大但未达到公开招标限额标准的标准定制产品，单位可自行发起网上询价，并按规定的政府采购成交规则自主确定成交供应商。这既保留了单位在市场低价范围内的有限采购自主权，也保证了政府采购的规范性和市场定价的有效性，提高了政府采购的效率和效益。

传统采购与现代信息技术相融合模式，即对于大型工程、服务项目将继续采用以公开招标为主的传统采购方式，同时加快融入现代信息技术，推行网上招标投标、电子评标等新兴辅助手段，充分体现“让市场管市场、以竞争促市场”的采购理念。

我国政府采购市场是一个万亿级市场，随着我国政府采购管理制度日益完善，以及《关于政府向社会力量购买服务的指导意见》逐步落地实施，这个市场未来较长一段时间仍将保持较高增长态势。据统计，2013 年我国政府采购市场规模达 1.6 万亿元，相当于 GDP 的 5%，其中货物、工程和服务项目占比大约为 40: 50: 10。考虑到我国政府采购与国际发达经济体的概念差异，且国内政府采购管理正逐步接轨国际惯例的趋势，与欧洲、美国、日本等发达经济体政府采购占 GDP20% 左右的市场规模，以及服务项目采购

额占政府采购总额50%等一般情况相比，我国政府采购市场规模仍有巨大的增长空间和潜力，这是各类电商平台企业不可忽视的，也是各大电商平台努力进入政府采购市场的关键动力。

但是，相对于欧美发达国家20多年政府采购电商化创新改革实践，目前我国政府采购的电商化才刚刚起步，还处在摸索和积累经验阶段，尚未形成较大的规模和相对成熟的做法。就当前看，主要存在采购规则不能相互兼容、供需品类不能完全对接以及平台技术不能相互兼容三个主要挑战。

借鉴欧美发达国家政府采购电商化历程，我国电商民用和政府采购市场融合发展依然任重道远。正所谓“信心重于困难，办法多于问题”，借力流通加速变革、电商日渐成熟的信息时代大潮，以及政府、平台和供应商等各方的积极创新实践，可以预见，未来五年必将有所突破，成为我国电商市场下一个重要增长点。

资料来源：http：//b2b. toocle. com/detail-6220729. html（有删改）。

### 3.2.2 组织市场购买的类型

按照购买决策的难易程度，组织市场购买行为的主要类型可分为三种：新购、修正重购和直接重购。

**1. 新购** 新购即企业第一次采购某种产品或服务。由于是第一次购买，买方对新购产品和原材料供应者“心中无数”，在购买决策前，要收集大量的信息，因而，制订决策所花时间也就越长，这是最复杂的购买行为。新购给所有的供应商提供了平等竞争的机会，对供应商的营销要求较高，但一次成功的新购可能会促成今后的重购。

**2. 修正重购** 它是指企业采购部门基于原来购买的基础上，对产品的部分购买内容、购买条件和购买方式进行修正的购买行为。修正内容可以是重新选择供应商，也可以是对产品规格、品种、价格、交货时间、结算方式等因素的修正。造成修正重购的原因可能是供应商服务差，也可能是由于质量和成本方面的差异，或者营销环境的变化（如经济法律、最终用户、技术变革），甚至是客户需求的变化等原因。

**3. 直接重购** 直接重购也就是重复的购买决定，即采购部门基于上次购买的基础上再次购买此前表现令人满意的熟悉产品。这是最简单的购买方式，不需要经过复杂的购买程序。

相关链接3-5

**企业节约采购成本的技巧**

就企业采购来说，节约成本的方法有很多，归纳起来主要有以下八种。

**1. 价值分析法与价值工程法** 价值分析法与价值工程法即通常所说的VA与VE法。价值分析法是针对产品或服务的功能加以研究，以最低的生命周期成本，通过剔除、简化、变更、替代等方法，来达到降低成本的目的。价值工程是针对现有产品的功能、成本，做系统的研究与分析，现在价值分析与价值工程已被视为同一概念使用。

**2. 谈判** 谈判是买卖双方为了各自目标，达成彼此认同的协议过程。谈判并不只限于价格方面，也适用于某些特定需求。使用谈判的方式，通常期望采购价格降低的幅度为3%～5%。如果希望达成更大的降幅，则需运用价格、成本分析，价值分析与价值工程等手法。

**3. 早期供应商参与设计** 在产品设计初期，选择伙伴关系的供应商参与新产品开发小组，通过供应商早期参与的方式，使新产品开发小组依据供应商提出的性能规格要求，及早调整战略，借助供应商的专业知识来达到降低成本的目的。

**4. 杠杆采购** 避免各自采购，造成组织内不同单位向同一个供应商采购相同零件，价格不同，但彼此并不知的情形，无故丧失节省采购成本的机会。企业应采取集中扩大采购量，而增加议价空间的方式。

**5. 联合采购** 主要发生于非盈利事业的采购，如医院、学校等，通过统计不同采购组织的需求量，以获得较好的折扣价格。这也被应用于一般商业活动之中，如第三方采购，专门替那些需求量不大的企业单位服务。

**6. 为便利采购而设计自制与外购的策略** 在产品的设计阶段，利用协办厂的标准与技术以及使用工业标准零件，方便原材料取得的便利性。这可以大大减少自制所需的技术支援，同时也降低生产成本。

**7. 价格与成本分析** 这是专业采购的基本工具，了解成本结构的基本要素，对采购者是非常重要的。如果采购不了解所买物品的成本结构，就不能算是了解所买的物品是否为公平合理的价格，同时也会失去许多降低采购成本的机会。

**8. 标准化采购** 企业为不同的产品项目或零件使用共通的设计、规格，实施规格的标准化，以达到降低制造成本的目的。但这只是标准化其中的一环，应扩大标准化的范围，以获得更大的效益。

资料来源：http://info.clb.org.cn/guanliqianyan/chengbenkongzhi/2009-03-17/37381.html(有删改)。

### 3.2.3 组织市场购买决策的参与者

任何一个企业除专职的采购人员之外还有一些其他人员也参与购买过程。根据成员对购买过程执行职能的不同，可分为以下六种角色。

**1. 发起者** 发起者即提出购买要求的人。

**2. 使用者** 使用者是指组织中实际使用（或拒绝使用）产品或服务的个人或者部门。使用者大多数情况下是购买产品的发起者，但也可能不是。他们在计划购买产品的品种、规格、品牌中起着重要作用。

**3. 影响者** 影响者是指企业内部和外部直接或间接影响购买决策的人员。他们参加拟订采购计划，协助明确购买商品的规格、型号、品牌等。企业的技术员、工程师、企业外聘专家等往往是购买决策的主要影响人。

**4. 决策者** 决策者是指企业里决定购买产品和供应者的人。在普通的购买中，采购者就是决策者。而在复杂的采购中，决策者通常是公司的主管或者上级主管部门。

**5. 购买者** 购买者是指那些被赋予权力按照采购方案选择供应商与之洽谈采购条款的人员或者谈判团队。

**6. 信息控制者**　信息控制者是指购买组织中有权阻止推销员或信息与采购部门成员接触的人，如企业的秘书、门卫，甚至电话接线员等，他们可以拒绝、终止有关供应信息甚至会扭曲某些事实。

### 3.2.4　影响组织购买决策的主要因素

影响组织购买决策的因素很多，可概括为以下四类。

**1. 环境因素**　环境因素是指企业外部环境的各种因素，如国家的经济前景、需求水平、技术发展变化、市场竞争、政治法律、经济政策等。目标市场中的环境因素决定了市场的走向，也决定了各企业的购买计划和购买决策。当经济不景气或市场前景不好时，组织企业就会缩减投资，压缩原材料库存和采购；同时，企业购买者也会受到当时科技、政治和竞争因素的影响。

**2. 组织因素**　组织因素是指生产企业自身的因素，主要包括企业经营目标、方针政策、组织政策、组织结构、组织制度和运行程序等。这些因素对企业的购买行为影响很大。例如，组织的经营目标和战略的变化，会使其对采购产品的款式、功效、质量和价格等因素的重视程度、衡量标准不同，从而导致他们的采购方案的差异化。

**3. 人际因素**　人际因素是指购买企业内部参与购买过程的各个角色之间的职务、地位、影响力及相关人事关系对购买行为的影响。营销者应当了解每种角色对购买决策的影响及所起的作用，同他们建立良好的关系，促使产品销售，确保交易成功。

**4. 个人因素**　个人因素是指企业内部参与购买决策的有关人员的年龄、个性、受教育程度、风险意识等因素。这些因素会影响每个参与者对所购产品和供应商的感觉和看法，从而影响购买决策和购买行为。

### 3.2.5　组织购买决策过程

与消费者市场的购买者一样，组织购买者也有决策过程，市场营销人员应该了解其购买过程的各个阶段的情况，并采取适当措施，以适应顾客在各个阶段的需要，才能现实交换活动。组织市场购买过程阶段的多少，取决于购买行为的复杂程度，在新购这种最复杂的情况下，购买决策过程可分为以下八个阶段。

**1. 认识需要**　与消费者市场一样，需要是由两种刺激引起的：①内部刺激，来源于对企业内部资源的分析和利用。例如，企业生产新产品需要原料和设备、企业设备老化需要更新；原购设备和原料出现问题，需要更新供应商等。②外部刺激，来源于外部的营销竞争和市场需求变化。例如，新产品展览、广告促销使采购人员发现了新的、更理想的产品；消费者市场需求的变化，促使生产者重新规划其生产。

**2. 确认需要**　确认需要是指确定组织所需产品的基本特征和数量等。简单的购买任务通常由企业采购部门直接决定，复杂的购买任务则由采购部门汇同企业高层人员共同确定。

**3. 说明需要**　组织确定自己的需要后，还要对新购产品的品种、性能、数量、价格和服务要求等做进一步的详细说明，形成产品采购说明书，作为采购人员的采购依据。必要时，企业还会成立专门的专家小组或技术小组来商讨各项参数指标。

**4. 挑选供应商**　组织购买者会通过各种途径收集供应商的信息，经过调查、分析、比较、遴选，确定被选对象。

**5. 征求建议** 对已选择的候选供应商，购买者通常会邀请他们提交供应建议书，尤其是对价值高、价格贵的产品，还会要求他们写出详细的说明，对经过筛选后留下的供应商，要他们提出正式的说明。目前，这一过程较为常见的方式是招标投标。

**6. 选定供应商** 在收到多个供应商的有关资料后，组织购买者将根据资料选择比较满意的供应商。在这一过程中，组织购买者会将供应商的各种属性作为评价指标，并赋予相应的权重，而后针对这些属性对供应商加以评分，找出最具吸引力的供应商。例如，价格、产品可靠性、供应的及时性、信誉程度等。

**7. 正式订货** 企业选定供应商以后，就会向供应商发出正式订单，并与供应商签订采购合同。采购合同的主要内容应包括所需产品的规格、价格、数量、交货期、支付方式、退货条件、运输、维修、保证条款等。

**8. 绩效评价** 在完成上述工作后，组织购买者会对各供应商履行合同的情况进行评估，并作为今后决定维持、修正或终止供货关系的依据。

**三一重起海外销售占比大幅提升**

2013 年上半年，三一重起海外市场增长迅速，国际销售占比达到了36%，对比疲软的中国市场，快速增长的国际销售给三一带来不小惊喜。

“重起国际化取得今日的局面，首先得益于集团实施的聚焦产品与市场的双聚战略，在这一战略的指导下，我们通过对重点市场的深入调研，了解当地客户实际需求，对产品进行了准确的定义，从而让研发出的产品适销对路。”三一重起总经理戚建表示。

产品本地化，是三一重起开拓国际市场的利器。刚开始，研发人员对国外市场还不熟悉，不同国家的工作环境是怎样的，客户使用习惯是怎样的，并未完全知晓。通过近两年的摸索，在海外大区调研人员的努力下，本地化产品渐渐丰富了起来，针对新加坡市场开发了副臂下翻的55t汽车起重机，针对泰国市场开发了30t、55t等一系列汽车起重机，针对美国市场开发了8系列越野起重机等，这些产品迅速融入当地市场，成为三一重起国际化的主导机型。

与当地强有力的代理商展开合作也是重起国际化的关键。三一重起在海外代理商的选择上十分慎重，必须经过严格的考评。而一旦选准了优质代理商，就会从营销、管理、服务等方面给予全方位帮扶，协助代理商建设全面的营销服务网络，并推行“服务先于营销、配件先于服务”的策略。

“在海外区域，销售由代理商全权负责，我们提供全力支持。在沙特、泰国、印尼等几个销售比较好的区域，都印证了这一点。”据重起国际部部长刘标介绍，沙特区域代理商 AL AREEDH 公司是当地最大的起重机械租赁公司，2011 年与三一重起签订代理协议。为提升该代理商的服务能力，三一重起派 IT 人员到当地协助其建立信息化的配件仓库，同时派有经验、有实力的服务部长带领服务人员常驻当地提供服务支持。在三一的协助下，该代理商在沙特建立起覆盖全国的销售服务网络。截至目前，沙特区域创造了约 5 亿元人民币的销售业绩。

国际业务的开展，还离不开三一海外大区的支持与配合。从2011年起，重起国际部便逐步建立了定期与海外大区召开沟通协调会议的机制，与各海外大区加强合作，使发生的问题可以在最短时间内解决，真正与海外各大区实现双赢。而针对各大区，三一重起派驻区域市场总监协助营销，派驻服务人员协助售后，则极大增强了各大区起重机产品的营销服务能力。另外，重起在资源配置上支持国际市场开发，为提高出口产品质量，建立了独特的出口车挂牌检验标准。

在国际化上，三一重起各部门心往一处想，力往一处使。一个饶有趣味的细节是，针对海外客户来访，重起行政部还专门开发出了不同种类的美食，也为国际化贡献出了自己的一分力量。

资料来源：http：//www.chinairn.com/news/20130807/094002567.html（有删改）。

## 营销方法

### 消费者购买行为的7-O模式

消费者购买行为的7-O模式见表3-3。

表3-3　消费者购买行为的7-O模式

| | |
|---|---|
| 消费者市场由谁构成（Who） | 购买者（Occupants） |
| 消费者市场购买什么（What） | 购买对象（Objects） |
| 消费者市场为何购买（Why） | 购买目的（Objectives） |
| 消费者市场的购买活动有谁参与（Whom） | 购买组织（Organizations） |
| 消费者市场怎样购买（How） | 购买方式（Operations） |
| 消费者市场何时购买（When） | 购买时间（Occasions） |
| 消费者市场何地购买（Where） | 购买地点（Outlets） |

## 本章小结

**1. 市场的分类**　按购买者的不同和购买的目的不同，可将市场分为消费者市场和组织市场两大类，组织市场又包括盈利性组织市场、非盈利性组织市场。

**2. 消费者市场**　消费者市场又称消费品市场或最终产品市场，它是指个人或家庭为满足自身的生活需要而购买商品和服务所形成的市场。

**3. 影响消费者行为的主要因素**　影响消费者行为的主要因素有文化因素、社会因素、个人因素、心理因素。

**4. 消费者购买行为类型**　消费者在购买商品时，会因商品的价格、购买的风险程度不同，而投入购买的程度不同。目前，主要根据购买者在购买过程中介入程度高低（即购买的风险程度）和产品品牌间差异大小（即可供挑选的余地），将消费者的购买行为分为习惯性的购买行为、寻求变化的购买行为、减少失落的购买行为、复杂的购买行为。

**5. 消费者购买决策过程**　消费者购买决策过程为确认需要、收集信息、产品比较、购买决定、购后感受。

**6. 组织市场** 组织市场是指为了用于从事再生产、销售、转卖活动或履行职责而购买企业产品或服务的各类组织机构所构成的市场。

按照购买决策的难易程度，可将组织市场购买行为的主要类型分为三种：新购、修正重购和直接重购。

组织市场购买过程阶段的多少，取决于购买行为的复杂程度，在新购这种最复杂的情况下，购买决策过程可分为以下八个阶段：认识需要、确认需要、说明需要、挑选供应商、征求建议、选定供应商、正式订货、绩效评价。

**重要概念**

消费者市场 组织市场 复杂的购买行为 减少失落的购买行为 习惯性的购买行为 寻求变化的购买行为 动机 马斯洛需求层次 亚文化 家庭生命周期 相关群体 知觉与感觉 选择性扭曲 选择性记忆 派生需求

## 星巴克的“顾客体验”计划

尽管星巴克店内卖的是上好咖啡，但它的核心价值不仅是咖啡本身，还是跨越咖啡以外的无形附加价值——顾客饮用咖啡的体验。星巴克的首席执行官霍华德·舒尔茨曾经说过：星巴克不是提供服务的咖啡公司，而是提供咖啡的服务公司。正因为这样，星巴克出售的不仅是咖啡，还是顾客对星巴克咖啡的独特体验。星巴克在为顾客提供始终如一的优质咖啡的同时，也一直致力于提升顾客体验，在对产品质量和服务精益求精的基础上，强调创新，强调产品和服务的个性化，强调不断给消费者带来愉悦和惊喜。

星巴克将其门店命名为“第三空间”，旨在为顾客创造一个除了家和工作场所之外的非正式公共场所，用以交友、聊天、聚集、独处。星巴克中国董事长王金龙认为“第三空间”是星巴克很重要的一项营销理念。“我们的门店正成为越来越受欢迎的‘第三空间’，人们在这里与朋友和家人会面，或者独自享受安逸的读书时光。不仅如此，‘第三空间’还能使人们在陌生的城市很容易地就能够找到一个熟悉的地方”。

除门店外，在北美，星巴克还通过建立网上社区加强和顾客之间的联系，让顾客分享自己的体验，并提供想法，星巴克以“coffee houses”命名这个社区，通过 twitter 将所有的顾客聚集在一起，在网上社区寻找灵感，审视自己的服务。星巴克认为只有顾客自己最知道想要什么，根据顾客的需要和要求，把他们付诸实践，这也是顾客体验的一部分。

在霍华德·舒尔茨看来，星巴克的核心和灵魂是“星巴克人”，在星巴克，员工被称作“合作伙伴”，他们是星巴克体验的核心所在。星巴克为伙伴提供实现梦想的平台，也坚信把伙伴利益放在第一位，尊重他们所做出的贡献，将会带来一流的顾客服务水平。星巴克还十分重视对伙伴进行长期的咖啡知识培训。霍华德认为：只有让伙伴了解星巴克的产品，才能为顾客更好地介绍咖啡，以最佳的热情，给顾客们带来最好的服务。

星巴克一直采取“一对一”式与顾客直接对话的方式加强与顾客的联系互动，用伙伴的耐心和经验逐渐建立与顾客的关系。在伙伴招募上，星巴克一贯坚持雇用对咖啡怀有热情和激情的人。星巴克对伙伴的要求是：在星巴克，如果有客人不小心弄翻了杯子，员工不能急着去收拾，而是要先安慰客人，告诉他自己也曾将杯子里的咖啡打翻过，不必介意。

星巴克是建立在员工和顾客之间的一对一交流之上的，互相熟悉的顾客与眼光锐利的调配师之间的交流。一位顾客、一名员工和一家星巴克门店构成了每一个顾客的咖啡体验。星巴克坚信，只有透过亲切的互动关系，才能稳住老顾客并开拓新客源。这种互动和交流分享了咖啡文化，打响了品牌的知名度，同时也为星巴克培养了一批忠实的顾客。

星巴克几乎从来不打广告，也不做传统的营销活动，他的成功依赖于顾客对品牌衍生的忠诚度。王金龙表示：“星巴克是一次只开一家店，顾客一次只喝一杯咖啡，因为星巴克不做粗制滥造的批发生意，我们追求的是‘重复购买’和‘忠诚度’”。

在星巴克，咖啡师傅会细心讲解咖啡知识而且会推荐合适的咖啡品种，让顾客找到最适合自己的咖啡。在中国，星巴克在400多家门店内开设了定期的“咖啡教室”，邀请顾客积极参与，向他们讲解咖啡知识，分享经验。

除了定位为介于顾客家中和办公室之间的休憩场所的“第三空间”，重视伙伴与顾客的互动，并提供完全放松的气氛及优质咖啡之外，提供可带走的咖啡服务和突出的门店风格亦提升了星巴克顾客体验计划。星巴克提供外带服务，让顾客能将咖啡、点心带回家或办公室食用。2007年11月，星巴克将即饮饮料的概念引入中国，推出了星巴克瓶装星冰乐，又一次让经典的星巴克体验走出门店，更加接近顾客，让顾客能够在家里、在工作时、在路上享受美味。2011年4月6日，星巴克VIA免煮咖啡在中国大陆、香港、澳门和台湾正式上市。在王金龙看来：星巴克VIA免煮咖啡延伸了纯正的星巴克体验，使其超越门店，进入顾客的日常生活。

此外，星巴克还将音乐和店面装饰和服务也作为顾客体验的一部分。星巴克会精心挑选门店播放的音乐，甚至会制作唱片，星巴克觉得帮助顾客发现下一个流行艺术家是星巴克愿意从事的事情。在美国，星巴克有着另一个身份——流行音乐商。在美国每一间星巴克门店，顾客总会在音乐货架上发现当今时尚流行的音乐CD。有些排着队买杯咖啡的顾客，在结账的时候会顺便从货架上拿张CD，就好比在超市结账的时候看到货架上的口香糖会禁不住买一包一样。

在门店设计、地方食品和饮料供应等方面，星巴克非常重视将当地习俗融合到星巴克顾客体验之中，提升星巴克顾客体验的品质。与麦当劳、肯德基等众多快餐连锁店不同，星巴克店面设计风格依照店面的位置的不同而不同，门店装饰因地制宜，不断创造新鲜感。星巴克在中国的一些门店也融入了许多本土的元素，例如北京的前门店、上海豫园店、成都的宽窄巷子店等，既透着浓厚的中国传统文化，又保持着原汁原味的美式风情，二者并行不悖，结合得天衣无缝，以浓郁的当地特色为顾客带来了独特的星巴克门店体验。

资料来源：http：//bmr. cb. com. cn/shangyeanli/2011_ 0428/203967_ 2. html（有删改）。

**思考与分析**

1. 星巴克想制订正确的营销策略必须要准确了解和把握顾客的消费心理与行为。你认为星巴克必须要了解哪些顾客信息？

2. 请分析顾客在星巴克消费的原因，并对星巴克的营销提出你的建议。

## 营销实训

### 消费者体验分析

【训练目的】加深对消费者购买决策过程和影响因素的理解。

【训练方案】以5~8人的小组为单位，选择某个具体产品，分析消费者购买决策过程和购买类型，确立企业的营销对策，加深学生对消费者购买决策过程和影响因素的理解。

**活动1：分析消费者如何确认产品需要**

- 需要产生的内在因素
- 需要产生的外在因素

**活动2：分析消费者收集产品信息的途径和方式**

- 列举消费者收集信息的途径

**活动3：分析不同消费者对同种产品的比较方式**

- 男性消费者所关注的产品属性和权重
- 女性消费者所关注的产品属性和权重

**活动4：列举消费者购买决定的常见信号**

- 列举影响消费者作出购买决策的因素和个人
- 列举消费者作出购买决策的信号

**活动5：列举消费者的购后感受和行为**

**复习与思考**

1. 什么是消费者市场与组织市场？
2. 影响消费者购买行为的主要因素有哪些？并说明我国现阶段传统文化有哪些变化趋势？
3. 试述消费者购买行为的主要类型及企业营销对策。
4. 以你的一次复杂购买经历为例，根据购买决策过程的五个阶段，分析你的购买决策过程，并分析其影响因素。
5. 试述组织购买行为的主要类型。
6. 试述生产者购买行为决策的主要过程。

**延伸阅读**

**1.《顾客为什么购买：新时代的零售业圣经（升级版）》（美）帕科·昂德希尔. 缪青青，等译. 中信出版社，2011.**

**作者简介**：帕科·昂德希尔是美国著名的消费行为学研究专家，被《旧金山纪事》盛赞为“零售业的福尔摩斯”。他是著名研究咨询公司Envirosell的创始人，该公司经常为《财富》100强中的蓝筹股公司提供建议，其客户包括麦当劳、星巴克、雅诗兰黛、花旗银行等。

**内容提要**：昂德希尔带领着他的团队在购物中心、杂货店跟踪观察购物者，分析购买行为与消费心理的博弈关系，花费20年的时间深入研究消费者和销售环境的互动，凭借精确推理，为读者描绘了商人、市场营销人员和消费者之间的竞争关系。升级版中，昂德希尔增加了大量来自全球零售业前沿的新鲜案例和观察，以及来自网络销售的最新营销技巧和全球各地市场的最新动态。

**2.《影响力（经典版）》（美）罗伯特·西奥迪尼. 闾佳，译. 万卷出版公司，2010.**

**作者简介：**全球知名的说服术与影响力研究权威。他分别于北卡罗来纳大学、哥伦比亚大学取得博士与博士后学位，投入说服与顺从行为研究多年。目前是亚利桑那州立大学心理学系教授。

**内容提要：**自出版以来，《影响力》就一直是最为畅销的图书。由于它的影响，劝说得以成为一门科学。在这本书中，西奥迪尼博士为我们解释了为什么有些人极具说服力，而我们总是容易上当受骗。隐藏在冲动地顺从他人行为背后的六大心理秘籍，正是这一切的根源。

## 网站推荐

1. 商界财视网 http://www.caistv.com/
2. 世界经理人网 http://www.ceconline.com/sales_marketing/
3. 成功营销网 http://www.tem.com.cn/

# 第4章 竞争者分析

1. 掌握竞争者分析的基本框架
2. 理解竞争者的识别
3. 了解竞争者的基本分析
4. 了解合作竞争

**竞争使中国手机行业大洗牌**

从2012年开始，随着新型智能手机的出现，原来功能机受到了严峻的竞争挑战，以诺基亚品牌为代表的稳固江山逐渐瓦解，诺基亚鼎盛时期，曾经占领手机行业的近半壁江山。而随着智能手机新时代的到来，诺基亚的市场份额逐年下降，空余出来的新市场份额被后起之秀瓜分，在功能机时代原本集中度很高的市场，逐渐离散和碎片化。

由于竞争的加剧，后起者首先是苹果，iOS领域一家独大。而在安卓市场，新贵华为、小米、HTC渐次出现。一江浑水来袭，原来的生态平衡被打破，旧河山重整，群雄逐鹿。翻江倒海之中，一大波手机创业公司野心勃勃，觊觎上位。但是，两三年过去，大浪淘尽，敌死我活，鹿死谁手，正见分晓。先看看这几家风头正劲的手机企业。小米：雷军刚晒完小米的成绩单，小米2014年销量6112万部。而2012年、2013年小米的手机销量分别仅为719万部、1870万部。华为：2014年手机销量为7500万部，而2013年销量为5330万台。其中，小米的手机全部为智能手机，而华为智能手机的占比超过90%。在中国，他们甚至抢占了苹果的市场份额。而且，无论是小米还是华为，都是既有价位仅为数百元的低端智能手机（如红米），也有中高端手机，小米将于2015年推出超过3000元的手机，而华为2014年推出的热销机型MATE7也属于中高端手机。2015年，以华为和小米为代表的品牌智能手机地位，将更加巩固。在中端手机市场，依靠高性价比和品牌优势斩获用户。而同时依靠规模

优势，用低价秒杀大量山寨机市场。

诚然，在高端的iOS领域，国产手机品牌尚难撼动苹果手机的王者地位。但是，在安卓的主流市场，中国的手机大佬们已经逐渐划定了江山领地，虽然由于各大品牌增速不一，每家的市场份额会逐年变化，但是大部分蛋糕仍然被大品牌内部划分。2015年，手机行业的集中度将进一步提高，山寨手机市场将会受到很大冲击，发展海外市场也是手机行业发展的最佳良机，当然不排除未来在个性化的细分市场，可能有一些新的品牌出现。由此可看出竞争改变了手机行业的竞争格局，也使手机行业大洗牌。

资料来源：news. mydrivers. com/1/374/374325. htm（有删改）。

竞争是商品经济的基本特性，只要存在着商品生产和商品交换，就必然存在着竞争。企业在目标市场进行营销活动的过程中，不可避免地会遇到竞争对手的挑战。因为只有一个企业垄断整个目标市场的情况是很少出现的，即使一个企业已经垄断了整个目标市场，竞争对手仍然有可能想参与进来。因为只要存在着需求向替代品转移的可能性，潜在的竞争对手就会出现。竞争者的营销战略以及营销活动的变化，会直接影响到企业的营销。例如，最为明显的是竞争对手的价格、广告宣传、促销手段的变化，新产品的开发，售前售后服务的加强等，都将直接对企业造成威胁。因而企业必须密切注视竞争者的任何细微变化，并做出相应的对策。

## 4.1 竞争者分析的基本框架

对特定的动态市场的投资决策是任何企业都面临的问题，因此企业必须了解行业的吸引力。行业吸引力在很大程度上取决于市场上竞争的性质和强度，竞争状况是决定行业吸引力的一个重要因素。哈佛的迈克尔·波特（Michael Porter）从竞争的角度识别出有五种力量决定了一个市场或细分市场的长期内在吸引力（波特模型）。这五种力量是：细分市场内竞争的激烈程度，进入、退出壁垒，替代产品，购买者的讨价还价能力和供应商的讨价还价能力。竞争状况对行业吸引力的影响主要表现在以下几个方面。

（1）细分市场内竞争的激烈程度　如果某个细分市场已经有了众多的、强大的或者竞争意识强烈的竞争者，那么该细分市场就会失去吸引力。如果该细分市场处于稳定或者衰退的状况，生产能力大幅度扩大，固定成本过高，撤出市场的壁垒过高，竞争者投资很大，那么情况就会更糟。这些情况常常会导致价格战、广告争夺战、新产品推出战，致使公司要参与竞争就必须付出高昂的代价。

（2）进入、退出壁垒　某个细分市场的吸引力随其进退难易的程度而有所区别。根据行业利润的观点，最有吸引力的细分市场应该是进入的壁垒高、退出的壁垒低。在这样的细分市场里，新的企业很难进入，但经营不善的企业可以安然撤退。如果细分市场进入和退出的壁垒都高，则该细分市场的利润潜力就大，但也往往伴随较大的风险，因为经营不善的企业难以撤退，必须坚持到底。如果细分市场进入和退出的壁垒都较低，企业便可以进退自如，获得的报酬虽然稳定，但不高。最坏的情况是进入细分市场的壁垒较低，而退出的壁垒却很高。于是在经济良好时，大家蜂拥而入，但在经济萧条时，却很难退出，其结果是大家都生产能力过剩，收入下降。

（3）替代产品　如果某个细分市场存在着替代产品或者有潜在替代产品，那么该细分市场就失去了吸引力。替代产品会限制细分市场内价格和利润的增长。企业应密切注意替代产品的价格趋向。如果在这些替代产品行业中技术有所发展，或者竞争日趋激烈，这个细分市场的价格和利润就可能会下降。

**格力将做手机 PK 小米**

格力集团董事长董明珠和小米科技董事长雷军再次相遇！同为广东团人大代表，两人同场，之前在业界闹的纷纷扬扬的董雷赌局又再一次被提及。

在接受媒体采访时，董明珠表示，“我有百分之百的把握能赢。我们的企业掌握核心技术，不要老说制造业在微笑曲线的低端，而是没有制造业，微笑曲线也不存在。大家都在关注互联网等新兴产业的发展，但未来作为国家强大基石的一定是制造业。我不希望他在这上面争输赢，而是在他的行业里争输赢，有一天小米替代了苹果那他就是赢家。”

去年，董明珠和雷军在央视设下 10 亿元赌局。此后，为了战胜雷军，赢得 10 亿元赌局，董明珠喊出了 5 年再造一个格力的豪言壮语。而实现这一目标，不仅靠格力的科技创新，还有格力的有条件多元化以及尚处探索阶段的国际化。但董明珠昨日的表态，暗示格力将在手机战场上和小米一争高下。

“在他行业里争输赢”，董明珠暗示格力将直接做手机和小米直接 PK。

而关于格力做手机的传闻，近期一直在流传。最早是传闻来自魅族，魅族创始人黄章亲自在视频里说，和董明珠进行过会面，此后业界有了格力投资魅族 10 亿元的传闻。

随后，董明珠对入资魅族一事做出回应。董明珠指出，并非面谈就是合作，没有面谈就不是合作，合作取决于双方的诚信，取决于双方的战略。这证明了，魅族黄章面谈董明珠确有此事，至于双方的合作还没有最终的结果。此外有消息称，格力并非只看重魅族一家，除魅族外，格力正在积极寻求包括华为、中兴在内的移动端厂商的合作，目前同样处于谈判的阶段，并未有实质性的结果。

业内人士指出，格力想要快速进军智能手机行业，只能通过寻求的第三方智能手机厂商合作，投资、并购都有可能。至于最后格力选择谁，正如董明珠所言，就看谈判合作的细节。

资料来源：http：//www.hizcn.com/Article.asp？id＝1128051（有删改）。

（4）购买者的讨价还价能力　如果某个细分市场中购买者的讨价还价能力很强或正在加强，该细分市场就没有吸引力。在这种细分市场中，购买者会设法压低价格，对产品质量和服务提出更多要求，并且使竞争销售商互相斗争，所有这些都会使销售商的利润受到损失。购买者的讨价还价能力加强的原因包括：购买者形成组织；该产品在购买者的成本中占较大比重；产品无法实行差别化；顾客的转换成本较低，购买者的利益较低而对价格敏感。销售商为了保护自己，会选择议价能力最弱或者转换销售商能力最弱的购买者。

（5）供应商的讨价还价能力　如果企业的供应商——原材料和设备供应商、公用事业等，能够提价或者降低产品和服务的质量，或减少供应数量，那么该企业所在的细分市场就没有吸引力。如果出现以下情况，如供应商集中或有组织，替代产品少，供应产品是重要的投入要素，转换成本高，供应商可以向前实行联合，那么供应商的讨价还价能力就会较强大。因此，与供应商建立良好关系和开拓多种供应渠道才是企业的防御上策。

波特模型的前三种力量是指明确的竞争者。很清楚的是，竞争不仅普遍存在而且激烈。在今天，随着世界经济一体化，企业的竞争对手已扩展至全球，如为了使竞争更加有效，欧盟撤除了欧洲国家间的贸易壁垒；与此同时，北美自由贸易区也在撤除美国、加拿大和墨西哥间的贸易壁垒。这些长期的发展趋势可以解释当前为什么有那么多关于“营销战争”“竞争情报系统”等的热门话题。由于市场的竞争是如此激烈，企业只了解顾客是不行的，企业还必须十分注意它们的竞争对手，就像注意它们的目标顾客一样。成功的企业往往都拥有一个能连续收集竞争者信息的情报系统。一个企业必须经常将它的产品、价格、渠道和促销与其接近的竞争对手进行比较。用这种方法，企业就能确定竞争者的优势与劣势地位，从而使企业能发动更为准确的进攻以及在受到竞争者攻击时能进行较强的防卫。

## 4.2　识别竞争者

“谁是竞争者?”这是企业首先必须弄清楚的问题。营销理论提供了不同的观念来帮助企业识别竞争者。这里，可以使用行业竞争观念与市场竞争观念去达到识别竞争者的目的。

### 4.2.1　行业竞争观念与竞争者识别

行业的定义常常为一组提供同一种产品或相互可以彼此完全替代的一类产品的企业，如我们常谈论汽车行业、石油行业、医药行业等。经济学家将完全替代品定义为具有高度的需求交叉弹性的产品。如果某种产品的价格上升，引起另一种产品的需求上升，则两种产品完全可替代。例如，韩国汽车价格上升，人们转而购买马来西亚的汽车，这两种产品就完全可替代。

经济学家绘制了一个如图4-1所示的框架以了解行业的动态。从本质上讲，分析起始于对行业需求与供给基本条件的了解。这些基本条件将影响行业结构的情况，行业结构又会进一步影响行业行为，如产品开发、定价和广告战略，而行业行为又最终确定了行业绩效，如行业的效率、技术进步、盈利性和就业。

这里我们将集中分析决定行业结构的主要因素。

**1. 销售商数量及产品差异程度**　描述一个行业的出发点就是要确定有多少销售商在销售同类产品以及产品是否是同质的或是高度差异的。在不同的行业市场中，销售商的数目及其产品的差异性呈现出不同的特点。

（1）完全竞争　完全竞争的行业是由许多提供相同产品或服务的公司所构成的。因为各销售商提供的产品没有差别，所以各竞争者的价格将是相同的。在这种情况下，销售商要获得不同的利润率，只有通过低成本生产或分销来实现。

（2）垄断竞争　垄断竞争的行业由许多能从整体上或部分地区别出它们所提供的产品或服务并使其具有特色的公司（如餐厅、美容院等）所组成。在这样的行业竞争市场中，竞争者的数目较多，其中许多竞争者趋向提供与其他竞争对手存在差异的产品，从而能够更好地满足某些细分市场的顾客需要，并索取溢价。

（3）寡头垄断　在垄断行业中，少数几个大企业生产从高度差别化到标准化的系统产

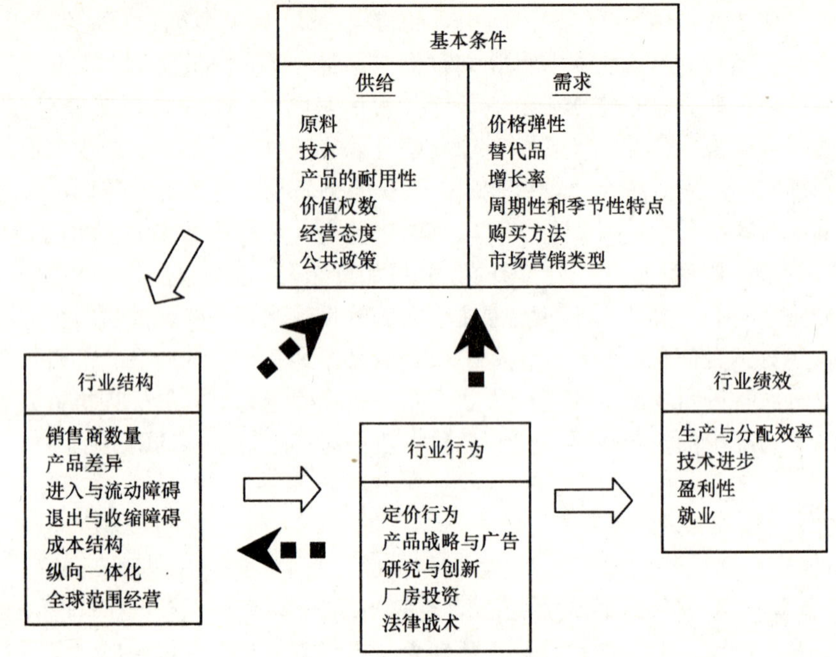


**图 4-1 行业结构分析模式**

品。在寡头垄断市场中，厂商的数目很少，因此每个厂商的竞争实力都非常强，如果各厂商提供的产品没有差异（如石油、钢材等），则各竞争者往往在服务与成本上寻求竞争优势；如果各厂商提供的是有差别的产品（如汽车、相机等），则各厂商力求在质量、特性、款式或者服务等方面与竞争者存在差别，并以此吸引顾客偏爱该属性从而为该属性索取溢价。

（4）完全垄断 完全垄断存在于只有一家厂商在某国或某一地区提供一定的产品或服务。该厂商的独家垄断可能是由规章法令、专利权、许可证、规模经济或其他因素造成的结果。由于缺少相关替代品，一个追求最大利润的大胆垄断者会抬高价格，少做或不做广告，并提供最低限度的服务，因为在没有相关替代品的情况下，顾主别无选择，只得购买其产品。

行业的竞争结构会随着时间的推移而变化。我们不妨来研讨一下索尼公司发明了随身听的例子。索尼开始是完全垄断，但很快有少数几家公司进入该市场，该行业就转化为寡头垄断。随着更多的竞争者提供各种型号的随身听，行业结构进入垄断竞争。当需求的增长慢慢下降时，某些竞争者退出该行业，市场又转变为一种寡头垄断。

**2. 进入与流动障碍** 各个行业是否容易进入的差别很大，如开设一家新餐馆比较容易，但是进入汽车行业就相当困难。主要的进入障碍包括对资本的要求、规模经济、专利和许可证条件、场地、原料或分销商、信誉条件等。其中一些障碍是某些行业所固有的，而另一些障碍则是那些负有责任的企业采取了单独的或联合行动所设置的。尽管一家企业进入了一个行业，当它要进入行业中某些更具吸引力的细分市场时，可能还会面临流动障碍。

**3. 退出与收缩障碍** 最理想的情况是企业能随意离开在利润上对它无吸引力的行业，但实际上它们也面临着退出障碍。退出障碍包括：对顾客、债权人或雇员的法律和道义上的

义务；由过分专业化或设备技术陈旧引起的资产利用价值低；缺少可供选择的机会；高度的纵向一体化；感情障碍，等等。许多企业只要能赚回可变成本和部分或全部固定成本，就会在一个行业里继续经营下去。然而，它们的存在削减了大家的利润。因此，减少其他企业的退出障碍是符合意欲继续留在该行业里的企业的利益的。为此，它们可以主动买下竞争者的资产，满足顾客义务等。即使某些企业不能退出，也可劝说它们缩小规模。当然，也存在着有些企业努力减少收缩障碍，以使苦恼的竞争者得到小小的安慰。两种最常见的收缩障碍是合同约定和顽固的管理限制。

**4. 成本结构**　每个行业都有驱动其战略行为的一定的成本组合。例如，轧钢厂需要高的制造和原材料成本，而玩具制造厂需要分配和营销成本。企业将把最大的注意力放在它们的最大成本上，并从战略上来减少这些成本。因此，拥有最现代化工厂的钢铁公司比其他钢铁公司有更多的优势。

**5. 纵向一体化的程度**　在某些行业，公司发现后向或前向一体化（纵向一体化）是很有利的。一个好的实例是石油行业，主要的石油生产者进行石油勘探、石油钻井、石油提炼，并把化工生产作为他们经营业务的一部分。纵向一体化常常可降低成本并能更好地控制增值流。另外，这些企业还能在它们所经营业务的各个细分市场中控制其价格和成本，在税收最低处获取利润。然而，纵向一体化也有某些缺点。例如，在价值链的部分环节和缺少灵活性的情况下，它的维持成本高。

企业可以依据以上因素对自己所处行业的结构特点进行分析，并由此识别出企业的竞争对手。

**6. 全球范围经营的程度**　一些行业的地方性非常强，而另一些行业则是全球性的，如石油、飞机发动机、照相机。全球性行业的公司，如果想要实现规模经济和赶上最先进的技术，就需要开展以全球市场为基础的竞争。

### 4.2.2　市场竞争观念与竞争者识别

一个企业识别竞争者似乎是一项简单的工作。可口可乐知道百事可乐是其主要竞争者；索尼知道松下是它的主要竞争者。然而，企业实际的和潜在的竞争者是广泛的。一个企业更可能被新出现的对手或新技术打败，而非当前的竞争者。例如，在胶卷业，柯达公司一直担心崛起的竞争者——日本富士公司，但柯达面临的更大威胁却是新发明的“摄像机”。由佳能与索尼销售的摄像机能在电视上展现画面，可转录入硬盘，也能删掉。可见，对胶卷业而言，更大的威胁是来自于新技术。

根据市场竞争观念，我们可以把企业及其竞争对手看作是一些力求满足相同顾客需要或服务的企业。这样，我们可以区分以下四种层次的竞争者。

**1. 品牌竞争者**　当其他公司以相似的价格向相同的顾客提供类似产品与服务时，企业将其视为竞争者。例如，被长虹视为主要竞争者的是价格、档次相似、生产同样彩电产品的康佳、TCL。

**2. 行业竞争者**　企业可把制造同样或同类产品的企业都广义地视作竞争者。例如，长虹可能认为自己在与所有彩电制造商竞争。

**3. 形式竞争者**　企业可以更广泛地把所有制造能提供相同服务的产品的企业都作为竞争者。例如，长虹公司认为自己不仅与家电制造商竞争，还与其他电子产品制造商竞争。

**4. 一般竞争者** 企业还可进一步更广泛地把所有服务于同一顾客群的人都看作竞争者。例如，长虹公司可以认为自己在与所有的主要耐用消费品生产企业竞争。

市场竞争观念开阔了企业的视野，使其看到还存在着更多的、实际的和潜在的竞争者，并激励其制订出更长远的战略性规划。

辨别竞争者可以通过产品—市场竞争分析表来把行业和市场分析结合起来考虑，见表4-1。

**表 4-1 牙膏产品—市场竞争分析表**

| 顾客细分 / 产品细分 | 儿　童 | 成年人 |
| --- | --- | --- |
| 普通牙膏 | 高露洁公司、美晨公司（黑妹）、好来公司（黑人）、狮王公司（狮王） | 高露洁公司、宝洁公司、联合利华公司、上海牙膏厂、好来公司（黑人）、狮王公司（狮王） |
| 含氟牙膏 | | 高露洁公司、宝洁公司、联合利华公司 |
| 中药牙膏 | | 奥奇丽公司（田七）、两面针公司 |
| 竹盐牙膏 | | LG 公司 |

## 4.3 竞争者的基本分析

### 4.3.1 分析竞争者的战略与目标

**1. 分析竞争者的战略** 企业最直接的竞争者是那些为相同的目标市场推行相同战略的人。一个战略群体就是在一个特定行业中推行相同战略的一组企业。在多数行业，竞争者可以区分为几个实施不同战略的群体。这些群体之间的战略差别通常表现在目标市场、产品档次、性能、技术水平、价格以及销售范围等方面。一个企业需要辨别、评估它所处的竞争战略群体，这是其最具威胁的对手所在群体；同时，也必须关注其他群体，因为竞争战略群体之间也存在着竞争、对抗。首先，某些战略群体所吸引的顾客群相互之间可能有所交叉；其次，顾客可能看不出不同群体的供应品有多少差异；再次，各个群体组别可能都想扩大自己的市场范围，特别是在规模和实力相当以及在各群体之间流动障碍较小的情况时，更是如此。

一个企业必须不断地观测竞争者的战略，因为战略决定着竞争者的基本经营方向与性质。富有活力的竞争者将随着时间的推移而修订其战略。例如，福特是早期的赢家，因为它成功于低成本生产；通用汽车超过了福特，因为它响应了市场上对汽车多样化的欲望；后来，日本公司取得了领先地位，因为它们供应的汽车省油。日本人下一步的战略是生产可靠性高的汽车。在美国的汽车制造商注重质量时，日本汽车商又将注意力转移至知觉质量，即汽车及部件更好看和感觉更好。很清楚的是，企业必须警惕顾客需求的变化和竞争者的战略变化，以满足这些新出现的需求。

**2. 分析竞争者的目标** 在辨别了主要竞争者及他们的战略后，我们必须继续追问：每个竞争者在市场上追求什么？每个竞争者的行为推动力是什么？

我们先提出一个有用的假设，竞争者都将尽量争取最大的利润。当然，在这个问题上，

企业对于长期与短期的利润的重视程度会有所不同。此外，有些企业的思想是围绕“满足”而不是最大化而改变的——它们建立目标利润指标，只要这些目标能够达到，它们便感到满足了。即使通过其他战略和努力会产生更多的利润，它们也不再行动了。另一个假设是每一个竞争者都有其目标组合：目前的获利可能性、市场份额增长、现金流量、技术领先和服务领先等。了解了竞争者的加权目标组合，我们便可了解竞争者对其目前的财务状况是否感到满意，它对各种类型的竞争性攻击会做出何种反应，等等。例如，一个追求低成本领先的竞争者对于其竞争者在制造过程的技术突破所做出的反应远比同一位竞争者增加广告预算所做出的反应要强烈得多。

把美国与日本的企业进行比较便可很好地说明竞争者的目标明显不同。美国企业多数按最大限度扩大短期利润的模式来经营，这因为其当前经营绩效的好坏是由股东们进行判断的，而股东们可能会失去信心，出售股票并使企业资本成本增加；日本企业则主要按照最大限度扩大市场份额的模式来经营，由于它们从银行获得资金而付的利率较低，因此，它们也满足于较低的利润收益。竞争者的目标是由多种因素确定的，其中包括规模、历史、目前的经营管理和经济状况。如果竞争者是一大企业的组成部分，我们便要知道它的经营目的是为了增长或赚钱，还是为了从母公司中榨取利润。如果一个业务单位不是其母公司的核心，进攻它就容易取得成功。有人认为，最难打垮的竞争者往往是业务单一且在全球经营的竞争者。另外，企业也必须监视它的竞争者的扩展计划。

## 4.3.2 评估竞争者的实力和反应

**1. 评估竞争者的优势与劣势** 各种竞争者能否执行他们的战略和达到其目标，取决于每个竞争者的资源和能力。企业需要评估每个竞争者的优势与劣势。通常可以通过以下步骤来完成相应的评估工作。

（1）了解竞争者的基本情况 一个企业应收集每个竞争者业务上的最近的关键数据，包括：销量、市场占有率、心理占有率、情感占有率、毛利、投资报酬率、现金流量、新投资、设备能力利用等内容。其中，“心理占有率”是指在回答“本行业中你最先想到的企业”这一问题时选择竞争者的顾客占总顾客的比重。“情感占有率”则是指在回答“本行业中你最喜欢的企业”这一问题时选择竞争者的顾客占总顾客的比重。有理由认为，较高的心理占有率及情感占有率，可以支持企业取得良好的市场表现。企业通过上述关键数据的收集与分析，可了解竞争者的基本情况。实际上，有些信息的收集是很困难的。例如，经营工业品的企业，就经常缺少为这个行业服务的综合性资料。

相关链接4-1

**日本企业获取竞争对手情报的方法**

日本人的竞争观念十分强烈，因而获取情报的观念也十分强烈，他们把从竞争对手那里获得情报的秘诀归结为以下诸条。

1）通过参加各种会议搜集。

2）从竞争对手处挖走关键人物来搜集。

3）通过咨询人员间接访问竞争对手。

4）通过设计顾问进行搜集。

5）询问竞争对手的前职员。

6）与竞争对手的基本客户交谈。

7）通过竞争对手的物料供应商侧面了解。

8）向商业经营部门渗透。

9）分析报刊上的招聘广告。

10）分析劳动雇用合同。

11）研究空中摄影照片（从空中拍摄竞争者照片是非法的，但可以从报刊、政府档案等公开途径获得）。

12）到相关信息部门查阅文件，从中搜集竞争对手有关新产品的情报。

13）查阅商业贷款记录。

14）衡量专用线路上路轨的锈渍程度。

15）以假身份参观工厂。

16）分析对方产品进行工艺还原，即反求工程。

17）购买对手的工业垃圾。

18）潜入内探。

资料来源：http://www.sinoci.com.cn/? thread-469-1.html。

（2）分析评价　企业可以根据所得资料综合分析竞争者的优势与劣势。在实际操作中，企业可以通过第二手资料、个人经历或传闻来了解有关竞争者的优势和劣势，同时，也可以通过向顾客、供应商和中间商进行第一手营销调研来增加对竞争者的了解。

所有这些资源信息及相关分析、评估可以帮助企业对向谁挑战做出决策。对于与竞争对手相比而发现的企业的劣势，可以针对最成功的竞争者开展定点赶超。在寻找竞争者的劣势时，企业还应设法辨认竞争者为其业务和市场所做的假想有哪些已经不能成立。如果我们知道竞争者已经在按照一个严重错误的设想来经营，我们就可以超过它。所谓的定点赶超，是以找出的竞争者在管理和营销方面的最好做法为基准，加以模仿、组合和改进，力争超过竞争者的过程。企业通过有效的定点赶超，可以和竞争者做得一样好，从而改变自己的竞争劣势。

**2. 竞争者的反应模式**　单凭对竞争者的竞争战略与目标以及竞争优劣势的分析，还不足以解释其可能采取的行动和对诸如降价、加强促销或推出新产品等企业举动的反应。此外，各个竞争者都有一定的经营哲学、某些内在的文化和某些起主导作用的信念对其可能的竞争行为有深刻的影响。因此，我们要深入了解某一竞争对手的心理状态，以求预见面对竞争时竞争者可能做出的反应。

理论上认为，竞争者在竞争中常见的一些反应类型如下。

（1）从容型竞争者　这一类型的竞争者对某一特定竞争者的行动没有迅速反应或反应不强烈。对竞争者缺少反应的原因是多方面的：①他们可能感到其顾客是忠于他们的。②对竞争者主动行动的反应迟钝。③可能没有做出反应所需要的资金。

（2）选择型竞争者　这一类型的竞争者可能只对某些类型的攻击做出反应，而对其他类型的攻击则无动于衷。例如，当竞争对手同时采用了降价销售以及加大广告宣传的营销策略时，只对降价策略做出针锋相对的还击，而对广告宣传攻势的加强不做反应。

（3）凶暴型竞争者 这类竞争者对向其所拥有的领域发起的任何进攻都会做出迅速、强烈的反应，以警告其竞争对手最好停止任何攻击。

（4）随机型竞争者 有些竞争者并不表露可预知的反应模式。这一类型的竞争者在任何特定情况下可能会也可能不会做出反击，而且无论根据其经济、历史或其他方面的情况，都无法预见竞争者会做什么反应。许多小公司都是随机性竞争者。

**肯德基推出低价现磨咖啡系列 错位竞争麦当劳等商家**

随着咖啡市场日益火爆，近年来，麦当劳、哈根达斯等品牌先后进入咖啡市场。肯德基将其现磨咖啡价格定在10元起，这样的价格刚刚好错开了现磨咖啡市场主要竞争对手麦当劳旗下“麦咖啡”的20元左右的价位（少部分15元以下）以及星巴克30元左右的价位。

事实上，随着咖啡市场在中国日益壮大，特别是星巴克在中国火爆起来后，麦当劳、肯德基等众多洋餐饮企业开始“觊觎”该市场。2009年，麦当劳将“麦咖啡”这一咖啡业务品牌引入中国内地市场，这一时间点虽然比星巴克入华迟了足足10年，但借助与麦当劳门店紧密结合的优势，麦咖啡在短短五年间门店规模已达到661家，成为麦当劳在中国的业绩新增长点。

作为后来者的麦咖啡除了价位上略低于星巴克、COSTA等咖啡品牌，也以主推专业咖啡师的方式突出品牌特点，很好地错开了与星巴克的竞争。麦当劳相关负责人向记者表示，目前麦咖啡在中国大陆的门店数已经超过800家，逼近星巴克目前在华门店数。

而肯德基早在2009年就开始测试咖啡产品，先在上海、北京等地的部分肯德基餐厅低调试水现磨咖啡，最终于2014年11月初在上海尝试大面积开卖现磨咖啡。随后，2015年1月12日起，肯德基在北京超过300家餐厅开卖现磨咖啡系列产品，并开始向全国肯德基餐厅推出。目前提供现磨咖啡的肯德基餐厅数量已经超过了600家。据悉，哈根达斯去年年底也进军咖啡市场，餐饮市场已然掀起一场“咖啡大战”。但肯德基却以现磨系列低价错开与麦当劳等竞争厂家直面竞争。

资料来源：http://gz. winshang. com/news-437909. html（有删改）。

## 4.3.3 选择竞争者

在获知良好的竞争情况以后，企业就可以很容易地制订其竞争战略。他们将更好地意识到市场上可与谁进行有效的竞争。一般来说，企业面临三种类型的选择：强与弱、远与近以及好与坏。

**1. 强与弱** 强与弱即在弱竞争者与强竞争者之间选择。大多数企业喜欢把目标瞄准软弱的竞争者，所谓“大鱼吃小鱼”。这样的选择取得市场份额的每个百分点所需的资金和时间较少，比较容易取得竞争优势地位。但是，这样选择的结果是企业在能力方面也许毫无进展。企业也可以选择与强有力的竞争者竞争，因为通过与他们竞争，企业不得不努力提升目前的竞争实力与水平。再者，即使强有力的竞争者也有某些劣势，与强有力的竞争者竞争可

能取得更大的市场回报。

**2. 远与近** 远与近即在近竞争者与远竞争者之间选择。大多数企业会与那些与其极度类似的竞争者竞争。例如，雪佛兰汽车要与福特汽车而不是与美洲豹汽车竞争。同时，企业应避免“摧毁”邻近的竞争者，否则，企业可能得到的结果是，虽然损害了其最近的敌手并取得了成功，但却引来了更难对付的更具实力的竞争者。波特曾经举了个令人哭笑不得的“胜利”的例子：鲍希和隆巴公司曾积极同其他软镜头生产商对抗并且取得了极大的成功，但是失败的对手们纷纷将其资产卖给露华浓、强生等较大的公司——鲍希和隆巴公司的“胜利”引来了“深海鲨鱼”。

**3. 好与坏** 好与坏即在所谓的“良性”与“恶性”竞争之间选择。波特认为每个行业都包含“良性”和“恶性”竞争者。一个企业应明智地支持好的竞争者，攻击坏的竞争者。良性竞争者有一些特点：遵守行业规则；对行业的增长潜力所提出的设想切合实际；依照与成本的合理关系来定价；喜爱健全的行业；把自己限制于行业的某一部分或细分市场里；推动他人降低成本，提高差异化；接受为它们的市场份额和利润所规定的大致界限。另一方面，恶性竞争者则违反规则：它们企图花钱购买而不是靠自己努力去赢得市场份额；它们敢于冒大风险；它们的生产能力过剩但仍继续投资。总的来说，它们打破了行业的平衡。在一个行业中，“好的”企业应尽力促成只有由良性的竞争者所组成的行业。它们通过谨慎的许可证贸易、有选择的报复行动和联合来塑造一个行业。因此，竞争者并不谋求互相倾轧，也不胡作非为。它们遵守规则，各自有些差别。它们力求挣得而不是购得市场份额。企业从良性竞争者处可得百利而无一害。良性竞争者的存在给予企业的战略利益有：增加总需求；导致更多差别；为效率较低的生产者提供了一把成本保护伞；分享市场开发成本和给一项新技术予合法地位；增强与劳工或管理当局讨价还价的能力；可以服务于吸引力不大的细分市场。

**必胜客和棒约翰的竞争角逐**

位于美国得克萨斯州达拉斯城的必胜客公司，是美国比萨饼行业的“老大”，有着40年的比萨饼生产历史，占有美国22%的比萨饼市场，拥有7 132家连锁店，多年来保持高速发展，这在美国是个奇迹。可是自1993年以来，必胜客却步步退却，市场份额正在逐步被棒约翰吞噬。棒约翰仅有14年的比萨饼生产历史，已在美国比萨饼业排行老四，这个后起之秀正以迅雷不及掩耳之势，将其业务拓展到全国各地。1998年其连锁店已达到6 000家，在很短的时间就夺得了五分之一的市场份额，对必胜客构成了巨大的威胁，与必胜客展开了激烈的直接对抗，导致必胜客节节败退。

必胜客最大的失误是其经营策略，他们确信，“姜是老的辣”，陶醉于行业“老大”的地位。而当棒约翰推出“更好的调料，更好的比萨饼”的战略决策之后，必胜客的决策者们几乎失去了理智，达到近似疯狂的地步。他们出巨资聘请所谓的厨房科学家、调料师和口味专家，在用料上不惜下血本，将每年1.5亿美元的广告费削减，一改过去多元发展的战略决策，开拓单一口味的比萨饼，声称“要让每一位美国人尝到无与伦比、鲜美异常的比萨饼”。他们甚至忘掉了什么时候为销售淡季，什么时候为销售旺季。结果，必胜客失误的策略使棒约翰乘虚而入，越来越多的消费者把眼光投向了棒约翰多格局、多品种的比萨产品。棒约翰大有取代必胜客之势。

棒约翰不像必胜客那样一味地追求口味，而是色香味形并举。棒约翰的经营策略其实早就成为人们传颂的佳话。因为在棒约翰的公司章程里意味深长地写着：棒约翰起源于1492年哥伦布寻找新大陆出航的地方，其下属所有雇员都是哥伦布航船上的船员，都必须穿船员服。在这里供职的所有雇员不会被看作战斗中的普通战士，而是被看作十字军东征的武士。任何人，只要进入棒约翰公司就只能进不能退。正如总裁契纳特所说："再过五年，我们将成为世界一流品牌，再过十年我们将引导世界潮流。"在1993年前，棒约翰还是一家名不见经传的小公司，而到了1998年其连锁店已达到6 000家，公司股票在5年内从每股5美元上升为现在的31美元左右。如今，契纳特本人的资产已达两亿美元，是美国少有的暴发户。

两家公司开始了白热化的战斗，他们就对方的口味、调料相互挖苦、诋毁，采取各种手段打击对方。必胜客上书美国商业规范局全国广告纠纷调解事务部（简称NAD），控告棒约翰侵犯了他们的商标权。经仔细研究，NAD认为棒约翰的经营行为没有构成侵权罪。1998年3月，必胜客再次上告，声称棒约翰利用广告伤害必胜客，NAD不得不再次进行调查。

1998年4月，必胜客在棒约翰的主要市场所在地大打广告，用醒目的大标题写着："误导、中伤、劣质，棒约翰的辣手！"棒约翰做出的反应却不是以牙还牙，而是将双方生产的产品配方全部公之于众，让消费者自己评判谁的产品好谁的产品劣。最后却印证了棒约翰的企业至理名言："更好的配料，更好的比萨饼"。正如棒约翰副总裁西尔·索诺斯基所说："必胜客每打出一张牌，就等于把一根绞索套在自己脖子上，而给我们一次机会。"最后，NAD宣布，"棒约翰在1998年3月打的广告有损必胜客的用材形象。"可是NAD却没有做出任何处罚决定。

为此，必胜客于1998年8月12日把棒约翰推上了被告席。必胜客义愤填膺，直到得克萨斯州法院做出裁决，宣布美国的比萨饼食品业在进行一场粗鲁的市场竞争，双方相互诋毁中伤达到了不可容忍的地步；并指出，两家公司争论的焦点仍是广告言辞，误导了消费者。最后判定棒约翰赔偿必胜客1 200万美元的伤害费，在广告中禁止使用"更好"的言辞。

资料来源：http://3y.uu456.com/bp-9fe9add1d15abe23482f4d77-17.html（有删改）。

## 4.4 企业市场竞争策略

所谓竞争策略是指企业依据自己在行业中所处的地位，为实现竞争战略和适应竞争形势而采用的各种具体行动方式。

### 4.4.1 不同地位企业的竞争策略

市场上处于不同地位的企业所采取的竞争策略及具体措施各不相同，详见表4-2。

表 4-2　不同地位企业的竞争策略

| 企业类型 | 竞争策略 | 具体措施 |
|---|---|---|
| 市场领导者 | 1. 扩大市场需求量，以获取更多的收益 | （1）吸引新的使用者<br>（2）开发新用途<br>（3）提高使用率 |
| | 2. 维护现有市场占有率，以抵御挑战者的争夺 | （1）创新。在产品、技术、服务等方面不断创新，以保持领导者的地位<br>（2）防御。保持原有产品或强势产品的市场占有率，不给主要竞争者留下可乘之机<br>（3）正面对抗。对竞争者的挑战及时做出反应 |
| | 3. 扩大现有市场份额，但要考虑成本效益 | （1）增加新产品<br>（2）提高产品质量<br>（3）增加开拓市场的费用 |
| 市场挑战者 | 攻击市场领导者、攻击同类型但表现欠佳的企业，攻击比自己弱小的企业，以期扩展市场份额，取代领导者 | （1）正面攻击。进攻竞争对手的强项<br>（2）侧翼攻击。进攻对手的弱项（如相对薄弱的地区、细分市场）<br>（3）包围进攻。全面攻击对手的市场<br>（4）迂回进攻。避开竞争者的现有领域，发展多样化的不相关产品，或开发新市场，或研究新技术代替现有产品<br>（5）游击进攻。以小规模、间断性的攻击骚扰对手，以找寻永久的立足点，最适合小企业 |
| 市场追随者 | 1. 紧密跟随 | 尽可能地在各个细分市场及营销策略方面模仿领导者 |
| | 2. 距离跟随 | 仅在主要市场和主要营销策略方面追随领导者 |
| | 3. 选择跟随 | 根据自己的情况，在某些方面紧跟领导者，以明显地获取好处，而在某些方面又自行其是 |
| 市场补缺者 | 专业化营销 | （1）用户专业化，如航空食品公司<br>（2）产品特色专业化，如动漫商店<br>（3）客户订单专业化，按订单为客户定制产品<br>（4）地理区域专业化 |

## 4.4.2　合作竞争新思维

**1. 合作竞争的含义**　合作竞争，就是使拥有不同优势的企业在竞争的同时也注重彼此之间的合作，通过优势互补，共同创造一块更大的蛋糕，营造更持久有力的竞争优势，同时实现“双赢”或“群赢”。当然，从竞争到合作，同样是优胜劣汰的过程，因为谁能在竞争中通过最佳方式获得最佳合作伙伴，从而最大限度地增强自己的竞争力，谁才是市场最后的胜利者。

传统意义上的竞争，往往是争抢同一块蛋糕，这种你死我活的输赢之争，不仅使企业外部竞争环境恶化，而且使企业错失许多良机。如今在网络经济时代，经济一体化的发展和全球竞争的加剧，使得企业很难仅靠自身的力量抗击来自全球范围内规模、实力不等的竞争者。同时现代社会科学技术飞速发展，信息传播加快，产品的寿命周期不断缩短，顾客的需

求日趋个性化、多样化，企业也将很难仅依靠自身的力量来维持长久的竞争优势。因而必须与其他企业紧密合作，使不同企业间的资本、人才、技术以及信息资源得以有效、灵活的组合，以充分利用市场机会，通过双赢策略在合作竞争中创造更大的利润空间。

20世纪90年代以来，许多曾是“冤家对头”的企业都开始摒弃前嫌、携手合作，通过两个或更多个相互独立的企业间在资源或项目上的合作，达到增强市场竞争能力的目的。随着信息技术的迅猛发展，企业间的这种合作关系越来越引人注目，如IBM在1999年，先与戴尔（Dell）公司达成了价值160亿美元的巨额交易，后又与网络存储设备制造商易安信（EMC）公司签订30亿美元的合作协议，并与亚洲最大的计算机公司宏基（ACER）集团签订了一项为期7年、总金额达80亿美元的战略联盟协议，主要内容是合作伙伴之间在技术、产品方面相互“取长补短”，以提高各自的竞争力。

可以说，时代的发展，已使单枪匹马的孤胆英雄时代成为了历史。竞争已不再是单个企业之间的较量，以合作竞争取代个体对抗将是时代发展的重要趋势。

**2. 合作竞争的具体形式**　世界范围内企业间合作竞争的运作模式多种多样，最主要的有以下几种。

（1）同行业企业间的联合　20世纪70年代，欧洲四家飞机制造公司为了与雄踞世界之首的美国波音、麦道两大飞机制造公司相抗衡，由原先的彼此间竞争走向联合组建欧洲空中客车公司，在德国生产机身，英国生产机翼，西班牙生产尾翼，最后在法国组装，把欧洲各国飞机制造业务的优势统一整合起来，形成了一股强大的攻势。至20世纪90年代初期，其规模已超过美国麦道公司，成为紧随波音之后的世界第二大飞机制造商，动摇了美国飞机制造业的世界霸主地位。为了维护美国飞机制造业的霸主地位，美国的波音、麦道两大公司又于1997年实现了合并，以对付欧洲空中客车公司。

（2）合作生产　合作生产就是合作企业间根据优势互补、共同发展的原则，相互利用对方的优势资源共同组织生产经营活动，以扩大规模，增加收入，提高效益。浙江纳爱斯公司凭借其品牌和销售网络的优势，进行外联合作，委托加工产品。例如，2001年，纳爱斯委托加工的企业达到29家，遍布全国19个省。通过委托加工的方式可以实现产地销售，减少了运费，进一步降低了成本，从而使得纳爱斯的低价策略有了保证。

（3）与上下游企业合作　在双赢思维模式下，企业可以与下游的分销商、经销商，或上游的供应商紧密合作，结成命运共同体。由于分销商贴近而且控制着消费终端市场，分销商的积极合作与努力，不仅可以为企业开拓广阔的市场，而且还可以帮助企业实现市场（顾客）零距离的愿望；他们会积极地宣传、推销合作伙伴的产品，及时地做好售后服务工作，主动积极地收集市场需求信息和用户反馈意见，以便合作伙伴能快速及时地抓住商机。宝洁公司就投资1亿元人民币用于分销商计算机系统建设和车辆购置，以使分销商管理和覆盖方式实现初级现代化。除此之外，宝洁公司还建立了多部门工作组向分销商提供有关财务、人事、法律、信息技术、储运等方面的专业指导，以全面提高分销商的管理水平和运作效率，从而提高分销商的竞争力。

企业与供应方紧密合作，不仅可以使企业的供应链关系得以稳定，而且还可以为企业节省大量的市场交易成本（采购成本）和管理、协调成本。更为重要的是，达成战略性共识和协作的合作伙伴还可以一同考虑如何缩短生产周期、降低生产成本和改进产品质量等问题，并齐心协力设法加以解决。

**强强联合，新生存法则**

在精彩纷呈的第四届全国药店博览会上，业内专家们共同为医药行业描绘出了一幅清晰的“黄金十年”发展路线图，昭示出未来十年药店发展中创新、整合和大健康的主旋律。在这个主旋律中，随着新医改的步步推进，强者恒强的市场格局越来越明显。新医改给品牌OTC企业和连锁药店经营模式都带来了挑战，也给工商双方从最初的博弈到竞合，再到现阶段的握手言和提供了一个现实理由。

对于制药工业百强企业来说，他们在基本药物目录、医保目录遴选等方面无疑占领绝对的优势，且在挂网招标、地方政策倾斜上也享有利好。他们是品牌连锁药店首选的合作伙伴。而作为正在快速发展的成长型企业，也是区域型药店青睐的合作者。

此外，基本药物制度正在越来越多的城市推行，基本药物目录和医保覆盖面的扩大，允许药店销售的品类也在悄然改变。今后，疗效确切、性价比高的品牌药将会成为药店的“当家品种”。

“2010年开始，快克药业就在积极寻求和国内各连锁企业的合作，同时计划和万家单店扩大合作内容和合作面。”海南快克药业有限公司总经理何天立告诉记者，从2009年下半年起，快克药业就开始联合终端药店，一方面进行渠道结构、数量的调整，开始渠道维价工程；另一方面在合理渠道政策的前提下，与更多的终端成为战略合作伙伴。

事实上，主动向药店伸出橄榄枝的绝不止快克药业。记者了解到，今年不少品牌企业都有意图加强终端维价工程，此外还包括增加对终端药店的增值服务，如改善陈列、扩大售卖机会、促销推动消费者购买、共同培育品牌等。

2010年7月8日，康美药业OTC事业部总经理李汉辉在接受采访时也透露，他目前正致力于把去年与广东一致、海王星辰的合作模式向全国拓展。“我们提出名厂和名店的合作模式，目前开拓了新合作伙伴，比如石家庄的新兴药房、湖南益丰、山东漱玉平民等，我们把他们定位为战略合作伙伴。”显然，凭借中药饮片“小包装”改革以及出色的资本运作，康美药业建立全新的上中下游产业链一体化模式大有拓展之势。

资料来源：http://pharma.dxy.cn/news/66/30/31/23963.htm（有删改）。

(4) 虚拟经营　虚拟经营是指企业在组织上突破有形的界限，虽有生产、行销、设计、人事、财务等功能，但企业内部没有完整地执行这些功能的组织。就是说，企业在有限的资源下，为取得竞争中最大的优势，仅保留企业中最关键的功能，而将其他的功能虚拟化——通过各种方式借助外力进行整合弥补，其目的是在竞争中最大效率地利用企业有限的资源。

虚拟经营在国外早已十分普遍，如耐克、锐步运动鞋根本就没有自己的工厂，其产品却畅销全球；飞利浦（电器）及一些服装生产商也在相当程度上采取这种方式，它们创造了品牌，企业却不拥有生产线。这些企业将其生产部分虚拟化，自己则专注于设计、行销的规划，他们把设计好的样品和图样交给劳动力成本较低的新兴国家的签约厂商，最后验收产品，贴上自己的商标。凭借此做法，使得企业不同产品的生产调整成本很低，可以很快地反映市场上的变化，从而创造出高弹性的竞争优势。

还有越来越多的企业开始借助外部的人力资源以弥补自身智力资源的不足。著名的惠普公司常年聘请许多来自不同领域的技术、管理专家组成公司的高级智力团，参加企业的发展筹划，并帮助解决生产经营过程中的具体问题，从而发挥了企业内外人才优势互补和集成的作用。

（5）策略联盟　策略联盟是指几家公司拥有不同的关键资源，而彼此的市场有某种程度的区隔，为了彼此的利益进行策略联盟，可以交换彼此的资源，以创造竞争优势。具体的做法有技术策略联盟、销售联盟、研究与开发（R&D）联盟等。我国 TCL 集团曾是国内最大的电话机生产商，1993 年进入家电领域，以其在通信业创下的品牌及销售网络与有生产优势的香港长城公司结成策略联盟，只用了三年多的时间，就在中国彩电业市场占有率上便仅次于两大行业巨头——长虹和康佳，居于第三位。2002 年，海尔与日本某企业达成协议，相互利用对方的营销渠道在各自国内销售对方的产品，这样做也为海尔进一步拓展日本市场创造了条件。

### 1. 竞争者优劣势分析表

竞争者优劣势分析表见表 4-3。

**表 4-3　竞争者优劣势分析表**（顾客、中间商）

| 竞争者 | 顾客对竞争者的评价 | | | | |
|---|---|---|---|---|---|
| | 顾客知晓度 | 产品质量 | 情感份额 | 技术服务 | 企业形象 |
| A | | | | | |
| B | | | | | |
| C | | | | | |

### 2. 良性竞争对手评估表

良性竞争对手评估表见表 4-4。

**表 4-4　良性竞争对手评估表**

| 评估项目 | 评估分数 |
|---|---|
| 遵守行业规则 | |
| 对行业和自身的假设实事求是 | |
| 具有明显的弱点而且有自知之明 | |
| 按照成本进行合理的定价 | |
| 局限于自己的细分市场而无扩张野心 | |
| 该企业的细分市场没有和自己的市场重合 | |
| 具有和自己的企业可协调的目标 | |
| 致力于提高自身产品的差异化 | |
| 不喜欢采用降低产品价格来占领市场 | |
| 满足现有的市场地位和利润水平 | |
| 有适度的退出壁垒 | |

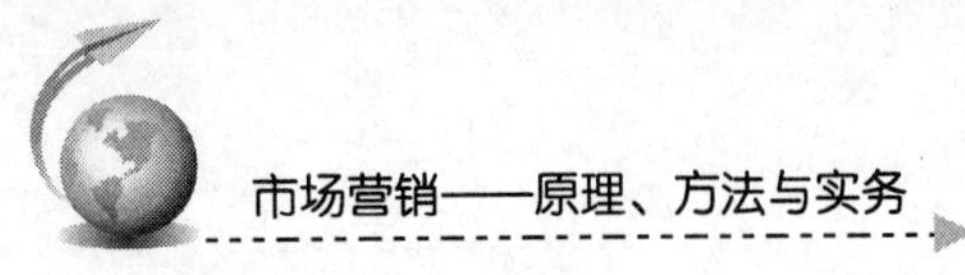


（续）

| 评估项目 | 评估分数 |
| --- | --- |
| 对研发和生产的再投入不大，以保持足量现金 | |
| 有一定的信誉、资源和能力 | |
| 仅有短期计划 | |
| 讨厌风险 | |

表 4-4 中左边是需要评估的项目，选择的一个竞争对手，在右边栏目里为其打分。（7 分表示完全符合；1 分表示完全不符合；按照从强到弱 7 个等级打分。）

将评估分数加总，看是否超过 60 分。若超过，那么该竞争对手可被视为良性的对手。

## 本章小结

**1. 竞争者分析的基本框架** 竞争状况是决定行业吸引力的一个重要因素。主要有五个方面：细分市场内竞争的激烈程度，进入、退出壁垒，替代产品，购买者的议价能力和供应商的议价能力。

**2. 识别竞争者** 行业是指一组提供同一种产品或相互可以完全替代的一类产品的企业。可以用图 4-1 所示的框架来分析行业结构，这种分析以对行业需求与供给等基本条件的了解为基础。这些基本条件将影响行业结构的情况，行业结构又会进一步影响行业行为，如产品开发、定价和广告战略等，而行业行为又最终决定了行业绩效。

市场竞争观念引导企业从市场竞争的角度去识别竞争者。这种观念认为应该区分四种层次的竞争者：品牌竞争者、行业竞争者、形式竞争者以及一般竞争者。

**3. 竞争者的基本分析** 对竞争者的基本分析包括辩别竞争者的战略与目标；评估竞争者的优势与劣势；分析竞争者的反应模式等。

**4. 合作竞争** 合作竞争是使拥有不同优势的企业在竞争的同时也注重彼此之间的合作，通过优势互补，共同创造一块更大的蛋糕，营造更持久有力的竞争优势，同时实现“双赢”或“群赢”。

**重要概念**

纵向一体化　品牌竞争者　行业竞争者　形式竞争者　一般竞争者　从容型竞争者　选择型竞争者　凶暴型竞争者　随机型竞争者　强竞争者　弱竞争者　近竞争者　远竞争者　“良性”竞争者　“恶性”竞争者　合作竞争

## 案例分析

### IBM 面临的挑战

IBM（International Business Machines Corporation）公司生产并销售计算机硬件和软件，提供基础设施服务，同时也提供全球咨询服务。它创建于 19 世纪 80 年代，但作为“IBM”家喻户晓则是在 1924 年，当时的总裁是老托马斯 · 沃森（Thomas J. Watson Sr.）。在老沃森领导 IBM 的 40 年间，他帮助公司建立了许多最成功且可持续的经营战术，如卓越的客户服务、专业精通的销售队伍，以及对大规模、用户个性化的商业解决方案的专注。老沃森还提出了公司的第一个口号“思考”(THINK),并迅速成为企业真言。

20世纪10—40年代,IBM迅速崛起。这主要归功于其在20世纪30年代的制表机销售,当时制表机支撑了美国社保体系的运行,还要归功于在两次世界大战期间的军事技术研发带来的销售额。

20世纪50年代,老沃森的儿子小托马斯·沃森(Thomas J. Watson Jr.)成为公司CEO。在他的领导下,IBM继续发展,开始了公司在计算机领域的创新之路。冷战期间,IBM同美国政府合作,以3 000万美元的造价建立了半自动地面防空计算机系统SAGE。1964年,公司推出了一个革命性的大型机系统——System/360,它使用可更换软件和外围设备。然而,为了获得成功,IBM不得不与自己的计算机产品线争夺客户,并按照新技术调整其现有系统。幸运的是,其冒险行动得到了回报,IBM构架成为行业标准。到20世纪60年代,IBM计算机销售量约占整个市场的70%,远远超过了早期的竞争对手通用电气、RCA,以及霍尼韦尔(Honeywell)。

随着个人计算机时代的来临,20世纪80年代成为IBM发展的关键期。1981年公司推出了首款个人计算机,它具有18KB的记忆容量,提供软盘驱动和可选择的彩色显示器。IBM同时在诸如Sears百货和ComputerLand计算机连锁等企业中开辟了新的销售渠道。然而,它将计算机零件生产外包给微软和英特尔等公司的决策标志其计算机业垄断时代的终止。20世纪80年代,个人计算机的沿革改变了消费者看待及购买技术的方式,这使得IBM的市场占有率和盈利均大大减少。它的销售额从20世纪80年代初的50亿美元下滑到1989年的30亿美元。这一下滑趋势一直持续到20世纪90年代初期,此时IBM面临来自康柏(Compaq)和戴尔(Dell)的竞争,不得不尝试将公司拆分成若干业务单元。这带来了灾难性的后果,1991—1993年,IBM公司的净亏损达到160亿美元。

新任CEO郭士纳(Louis Gerstner)使IBM重新专注于新的战略方向上,这为公司带来了转机。郭士纳重组公司的业务单元,去除大众产品,并将资源集中于高利润产业,如咨询业和中间软件。其后,IBM公司推出了标志性的ThinkPad,帮助公司重获先前丢失的市场份额。为了重塑品牌形象,公司将先前70个广告代理商的营销事务交由一家公司负责,创造了统一的信息传达。1997年,IBM的国际象棋系统深蓝(Deep Blue)击败了世界卫冕冠军,这一历史性事件吸引了无数人的目光,同时也帮助IBM提升了企业形象。

21世纪伊始,IBM的新任CEO彭明盛(Samuel Palmisano)带领公司在互联网泡沫破灭之后取得了新的成功,将ThinkPad部门出售给联想集团,放弃硬盘业务使得公司愈发远离硬件制造。此外,通过收购诸如普华永道(PricewaterhouseCoopers)等近100家企业的全部或部分业务,彭明盛亦将全球咨询和数据分析纳入公司业务范围。

现在,IBM公司致力于解决全世界最具挑战性的高科技问题,如优化水资源管理、缓解交通拥挤以及医疗健康合作解决方案。IBM最近一场名为“智慧的地球”(Smarter planet)的运动强调了公司迄今为止的若干重大成就,并探索了IBM的未来理念。彭明盛解释道:“我们正在探索先前无法解决的重大问题。我们能够解决交通拥挤和环境污染问题。我们能够使得国家电网系统更加高效。坦诚地说,这创造了极大的商业机遇。”

如今,IBM公司已成为全球最大且盈利性最高的信息技术公司,其销售额已逾1 030亿美元,在世界范围内拥有38.8万名员工,来自全球170多个国家,包括科学家、工程师、咨询顾问以及专业销售人员。它所拥有的专利多于美国任何一家科技公司。2000—2008年,

IBM 公司在研发上的投入逾 500 亿美元。IBM 公司将大约 30% 的年度研发预算用于长期研究项目中。

**思考与分析**

1. 很少有公司会像 IBM 一样有如此历史久远的大起大落。促使它最近成功的一些关键性因素是什么？它欲解决全球最具挑战性问题的计划能否成功？为什么？

2. 如今，谁是 IBM 最大的竞争对手？它们现有的战略会给自己带来什么风险？

**竞争对手分析**

【训练目的】了解如何对竞争对手进行分析。

【训练方案】3~5 人为一个小组，选择一个熟悉行业中的某个企业，收集相关材料，参考本章营销工具，分析其竞争者的优势、劣势并对竞争对手进行评估打分。

**复习与思考**

1. 有哪些影响行业竞争的基本力量？
2. 如何识别竞争者？
3. 如何评估竞争者的优势与劣势？
4. 你认为选择好的竞争者是否很重要？
5. 你如何理解合作竞争？

**1. 《竞争论》（美）迈克尔·波特（Michael E. Porter）. 刘宁，等译. 中信出版社，2009.**

**作者简价：** 迈克尔·波特是哈佛商学院终身教授，当今世界竞争战略和竞争力领域公认的第一权威，人称“竞争战略之父”，是当今最伟大的商业思想家之一。

**内容提要：** 该书提出了一系列的问题：企业如何在特定领域内参与竞争？多业务实体的战略原则是什么？地区与国家如何竞争？地域如何在真正意义上影响到战略？诸如全球化和互联网等新生事物会对竞争构成何种影响？企业如何将战略与社会事务融合到一起？

**2. 《蓝海战略》（韩）金，（美）莫博涅. 吉宓，译. 商务印书馆，2012.**

**作者简介：** W. 钱·金是欧洲工商管理学院（INSEAD）波士顿咨询集团布鲁斯·D. 亨德森战略和国际管理教席教授，是欧洲、美国和亚洲一些跨国公司的董事会成员或顾问，同时他也是达沃斯世界经济论坛的会员和欧盟的顾问成员。

**内容提要：** 《蓝海战略》为企业甩脱竞争提供了一套系统性的方法。在这本颠覆传统战略思维的著作中，作者展示了一套经过实践证明

的分析框架和工具，供企业成功地开创和夺取蓝海。作者还提出了成功制订和执行蓝海战略的六项原则。本书自2005年2月由哈佛商学院出版社出版以来，在世界范围内引起了极大的反响，迄今为止已经被译成24种语言，打破了哈佛商学院出版社有史以来出售国际版权的纪录。

## 网站推荐

1. 中国营销传播网 http://www.emkt.com.cn/
2. 销售与市场第一营销网 http://www.cmmo.cn/
3. 中国企划网 http://www.cnqihua.com/

# 第5章
# 营 销 调 研

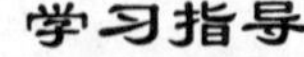

学习指导

学习目标

1. 了解市场营销调研的含义及重要性
2. 理解市场需求测量与未来市场需求预测
3. 掌握市场营销调研方法和步骤

任务驱动

**美国航空公司**

请结合本案例说明市场营销调研在企业经营中的重要性。

美国航空（American Airlines）是在飞机上安装电话的首批航空公司之一。如今这家公司正在评估许多新的服务创意，特别是为满足头等舱乘客长途飞行需要的一些创意。头等舱乘客通常是商务人士，他们搭乘头等舱的机票费用占总机票收入的大部分。这些创意有：①提供传送电子邮件的网络服务并能浏览某些网页。②提供24个卫星电视频道。③提供可以播放50张CD的音频系统，使每位头等舱的乘客能够自己选择喜爱的音乐享受旅途。这就要求营销调研经理了解头等舱的乘客对这些创意的评价，特别是对网络服务创意的评价；同时了解乘客为此项服务所愿意支付的价格。据估计，如果头等舱的乘客愿意为机上网络连接支付25美元的话，航空公司在未来10年仅从空中网络接入方面就可赚取700亿美元，美国航空公司则能够在合理的时间内收回成本。每架飞机安装机上网络联接系统大概需要支出9万美元。

资料来源：(美) 菲利普·科特勒 (Philip Kotler)·营销管理［M］. 王永贵，等译. 14版. 上海：上海格致出版社，2012.

## 5.1 营销调研及其意义

每个企业或多或少地都需要进行市场调研。现在，甚至许多非盈利性组织也开始运用市场调研的原理和方法为自己服务。

市场营销调研于1910年首先在美国出现，第二次世界大战后逐渐推广到世界各国。现代美国企业通常将销售额的0.02%～1%作为营销调研的预算，供企业市场营销研究部门使用或购买外部专业市场营销研究公司的服务。我国近年来随着经济体制改革深化，企业进入市场，无论是面对变幻莫测市场的企业，还是承担日益复杂的宏观调控任务的政府经济管理职能部门，都开始重视市场调研，并建立相应的研究机构；同时，社会上专门提供各种市场调研服务的公司也应运而生。

从最一般的意义上讲，市场营销调研是以营销管理和决策为目的，运用科学方法，对有关信息进行有计划、有步骤、系统地收集、整理、分析和报告的过程。

市场营销调研应用的范围很广，企业中常见的一些调研项目有：宏观环境调研、市场需求分析、销售分析、市场占有率分析、竞争产品研究、价格研究、广告研究、分销渠道研究、消费者购买行为分析等。

### 5.1.1 市场营销调研的概念和意义

**1. 市场营销调研的概念** 市场营销调研是指系统地设计、收集、分析和报告与某个组织面临的特定营销问题有关的数据和资料。每个营销者都需要进行市场营销调研。在调研开始之前，通常要进行调研设计，包括调研目标、主题，调研方法、步骤，调研的人员组织和调研时间计划；然后通过一定形式收集所需资料，并对收集的资料进行汇总、分析处理，最后得出解决某个特定问题的方案。营销调研的过程如图5-1所示。

方案设计 → 资料收集 → 情报分析 → 处理结论

图5-1 营销调研过程

**2. 市场营销调研的意义** 市场营销调研是营销活动中的基础性工作。在营销实践中，任何营销活动都是从营销调研开始的，市场营销调研是营销活动的起点。以顾客需要为出发点的现代营销观念要求企业必须首先了解顾客需要，然后有针对性地设计产品、制订营销组合和市场竞争战略，从而达到开拓市场、占领市场的目的。

市场营销调研对企业营销的意义表现在以下四个方面。

（1）市场营销调研为企业提供消费者需求信息，促进产品更新换代，促进新产品的开发和生产 随着科学技术的进步，市场上新产品不断涌现，产品的更新换代周期日益缩短。企业在市场营销调研中，一方面通过对商品销售量、增长变化趋势和产品普及率的分析，判断商品的市场生命周期，制订出产品的更新换代计划；另一方面，在营销调研中了解产品的使用情况，听取消费者对产品使用情况的意见，从这些信息中发现消费者的潜在需求，为改进产品、开发产品提供新的思路。

（2）市场营销调研是制订营销组合，扩大商品销售的重要依据 在公司的营销组合中，无论是目标市场的确定，还是四大策略的应用，都是在充分分析市场、了解消费者的行为后做出的。市场有其运行规律，消费者的购买也有活动规律。企业可以通过市场营销调研，研究市场结构，划分市场消费类型，准确地进行目标市场的选择定位；通过市场营销调研，了解消费者的购买时间规律、购买地域规律，有针对性地进行销售活动，扩大产品销售；通过市场营销调研，研究消费者的购买心理和动机，了解消费者对各种营销活动的反应，正确地做出营销组合决策。

营销实战 5-1

**中国“银发市场”商机巨大**

据美国《华尔街日报》网站报道，美国雅培制药有限公司驻上海的研究人员正忙着测试面向老年人的营养饮品的口味。金佰利公司则已在电视上投放得伴成人纸尿裤的广告，并正在扩大该产品的网络分销。阿里巴巴和京东等中国电子商务公司也在开展针对老年人的营销攻势。

中国婴儿潮时期出生的人现在正步入老年：联合国的数据显示，到 2030 年，中国 65 岁以上的人口预计将从 1.1 亿人激增至 2.1 亿人；到 2050 年，65 岁以上的人口将占总人口的四分之一。

报道说，中国老年人口的庞大数量使之成为一个巨大的市场。中国全国老龄工作委员会发布的《中国老龄产业发展报告》称，2014—2050 年间，中国老年人口的消费潜力将从约 4 万亿元人民币增长到约 106 万亿元人民币。

英国咨询机构明特尔集团研究部门主管马修·克拉布说，许多在中国做生意的企业之前主要关注奢侈装饰品和婴儿奶瓶等。与此同时，一些老人还在寻找更适合自己需求的产品。

报道称，考虑到中国老年人有节俭的习惯，许多公司将营销对象转向了他们的子女——在中国，成年子女承担着孝敬父母的巨大文化压力，因而这可能是一个非常有效的营销策略。

克拉布表示，该领域内的先行者大多关注的是改善健康状况或解决健康问题，但中国许多老年人身体健康、精神活跃，希望去旅游，因此满足这部分人强烈的旅行、休闲和娱乐需求为企业提供了发展空间。

报道说，一些银行也为老年人推出了量身定做的服务。2013 年，中国一家银行推出了一种中老年银行卡。在药店使用这张卡时，可直接与个人保险公司的报销支付系统连接。保险公司可实时决定是否进行赔付以及赔付金额，受益人则无须预付。

一些开发商积极建设养老院，中国领导人也正在放宽对私人企业注册和投资的限制。

资料来源：http://www.js.xinhuanet.com/2015-01/26/c_1114136649.htm（有删减）。

（3）市场营销调研有利于提高经营管理水平，增强竞争力　重视市场营销调研是企业经营管理由经验管理向科学管理转变的重要标志。在现代日益复杂的市场环境中，企业只有重视市场营销调研，才能使企业的管理真正地走向科学管理，才能使企业形成切合实际的管理方法，才能把先进的管理理念应用到实际之中；另一方面，只有进行市场营销调研，才能够真正地了解竞争对手，做出市场应对策略，提高企业在市场的竞争力。

（4）市场营销调研是我国公司走向国际市场的重要途径　2001 年末，我国正式加入 WTO，这为我国企业提供了更多的发展机遇，也向我们提出了挑战。在世界经济日益一体化的今天，要和国外一些先进的企业站在同一条起跑线上进行竞争，这对我国许多企业来讲是一个巨大的挑战。企业要在更大的范围内开展营销活动，这不仅仅是地域的简单扩大，而是市场营销规律发生了质的变化。要到我们不熟悉的消费者群体中开展营销活动，一个前提条件是必须了解这些消费者。韩国三星公司免费派其雇员到世界上某个国家进行长期旅游，但有一个前提条件，旅游者在期满时必须写出对当地市场切合实际的报告。我国公司要走向国际市场，只有重视市场营销调研，才能把挑战转化为机遇，使我国公司真正的国际化。

企业的营销活动都是在一定的市场营销环境中进行的，企业的各种经济行为都会受到营销环境的影响和制约。现代营销学认为，企业营销成败的关键就在于能否适应复杂多变的市场营销环境。营销管理者的一项重要任务就是研究营销环境，预测其发展变化，分析营销机会和威胁，据以制订营销战略和策略，并使企业的经营管理与市场营销环境的发展变化相适应。

### 5.1.2 市场营销调研的内容和程序

市场营销调研的主要作用是通过信息把营销人员和消费者、顾客及公众联系起来，这些信息用来辨别和界定营销机会和问题，制订、完善和评估市场营销方案，监控市场营销行为，改进对市场营销过程的认识，帮助企业营销管理者制订有效的市场营销决策。市场营销调研的内容及程序如下。

**1. 市场营销调研的内容** 市场营销调研的内容非常广泛，它要能满足营销决策者对市场信息的了解。我们常常会听到企业说："我们所面临的市场有多大？怎样把销售额提上去？我们应该向谁推销产品？"要找到这些问题的答案都必须进行营销调研。

市场营销调研的内容主要是以下六个方面：业务、经济形势与企业研究、定价、产品、分销、促销与购买行为。在对数百家公司的市场营销调研进行统计分析后发现，企业经常进行的市场营销调研专题大约有30种。其中80%以上的企业都做过的调研专题有以下10种。

1）市场容量估计。市场容量是支付能力下对某产品的需求总和，一般要与收入、目标对象数及消费意向等影响因素一起分析。

2）市场特征识别。市场特征识别是指有关市场结构、特征、用户情况、消费状况及经济发展等方面的调查分析。

3）市场份额分析。它是指衡量一个企业某产品的市场生命力和获利能力及企业产品在市场中的地位的分析。

4）销售分析。它是指分析市场销售现状、覆盖面、增长率、总需求是否饱和，销售增长前景与趋势，主要问题及潜伏危机等。

5）企业发展方向研究。这是最高管理层如董事会所关心的问题。

6）竞争产品研究。

7）一年短期市场预测。

8）新产品进入市场的接受状况与潜在规模分析。

9）一年以上长期市场预测。

10）价格研究。

**2. 营销调研的类型** 营销调研有探索型调研、描述型调研以及因果型调研三种类型。其中，探索型调研是为确认问题的性质而进行的调研，通常在问题不是十分清楚而进入详细的调查问询时使用，它回答诸如"什么是?"的问题，如"什么是最近一段时间销售不畅的原因？人们是否对我们的新产品感兴趣?"等等。探索型调研一般较简单，花费不多，不必制订严格的方案。描述型调研是揭示与描述问题的特征与性质的一种调研，它通常回答"是什么?"，如"购买我们产品的消费者是属于什么类型？购买竞争对手产品的是什么人？

购买者喜欢我们产品的什么特点?”等等。因果型调研是关于现象与影响因素之间呈何种对应关系的调研，它探寻前因后果，主要检验因果关系，如广告效果的调研，通常就是要发掘什么样的广告导致销售的变化和消费者态度的变化以及这种变化影响的程度，等等。

### 借势造势的“悦活果汁”

为推广旗下新产品“悦活果汁”，中粮创新食品有限公司（以下简称“中粮创新”）与开心网合作，将悦活果汁的品牌推广植入到用户游戏的过程中，举办线上的种植大赛吸引用户参与。“线上种植，虚拟榨果汁”这种新奇的玩法在白领阶层掀起了一股狂潮。从2009年5月16日开始仅半个月的时间，参与活动人数超过50万，虚拟榨果汁次数8 300多万，送好友果汁超过6 000万。开心网上的虚拟果汁受追捧，带动了线下真实产品的热销，尽管一瓶280毫升的悦活果汁标价5.8元，但仍有大批消费者追捧，中粮旗下的悦活果汁在一个月内销售业债提升了30%。我们不禁思考，在果饮市场竞争激烈的今天，悦活作为一瓶净含量小、价格贵的果蔬汁，凭借什么让顾客埋单呢?

**1. 锁定乐活一族** 悦活来源于“Lohas”。Lohas意为健康、可持续的生活，在中国将之称为“乐活”。由此，中粮创新将产品定名为“悦活”，而都市白领则成为悦活的目标群：他们向往乐活生活，年龄在25~40岁，受教育程度高，追求健康，对产品要求自然。中粮创新认为乐活式的生活将成为白领人群最向往的生活方式，于是将乐活主义贯彻到悦活的产品和文化理念中。所以，悦活的定位是引领生活态度和生活方式的果汁。

**2. 选准营销平台** 为了做到精准营销，中粮创新研究了目标群的生活习惯。城市白领每天接触时间最多的媒体就是网络。在办公室颇有人气的开心网，符合“悦活”的消费者定位，且用户黏性强，其插件几乎是为悦活量身定制的：用户亲自种地，体验收获乐趣；亲自榨汁，灌输无添加的理念；游戏道具场景卡又让网民了解了悦活的天然产地。营销平台基调与产品理念契合度一致，用精准的营销方式将效果最大化，是“悦活”与开心网合作成功的重要因素。

**3. 注重网络互动** 网络媒体的传播方式是用户主动参与，这与“悦活”的品牌主张不谋而合，活动一上线就受到大批用户的追捧。新建的悦活粉丝群仅一天半就超过了10万人，大家都在讨论如何收获最快，如何得到实际赠送的果汁等，与活动相关的各种话题受到追捧。

**4. 线上线下结合** 开心网上的虚拟果汁受追捧，带动了线下真实产品的热销。很多消费者在购买果汁时就能说出产地，这得益于游戏中的小细节。让消费者了解悦活果汁原料产地是此次推广的目的之一，了解中粮创新供应商甚至可以追溯到田间。通过三方多次协商，中粮创新选择将四个产地绘成场景卡来做游戏背景。不同的场景卡能让游戏中的果实提前成熟，用户也加深了印象。

在本次活动期间，几乎每位玩家的农场角上都竖立着“悦活”的标志，玩家们在自己的土地上竟相种植悦活果种，酿造蜂蜜，都极大程度地提升了“悦活”品牌的知名度。

资料来源:http://www.360doc.com/content/10/1109/08/2263118_67811570.shtml (有删改)。

### 3. 营销调研程序

营销调研程序包括四步：确定问题，制订调研计划，实施调研计划，解释和汇报调研结果，如图5-2所示。

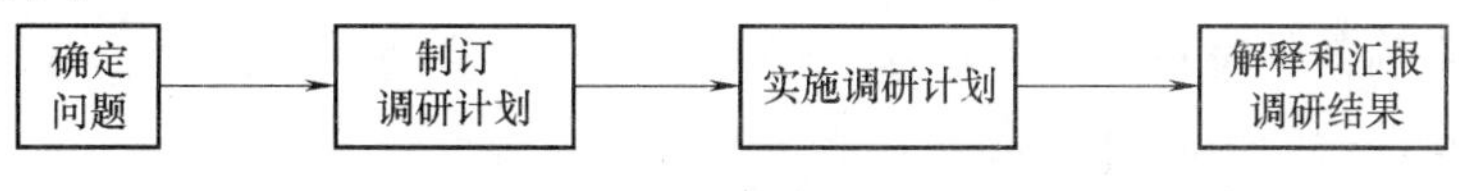


图5-2 营销调研程序

(1) 确定问题 确定问题及调研目标往往是整个调研过程中最困难的一步。管理者可能知道出了问题，但却不知道确切的原因在哪里。例如，一个大型连锁折扣商店的经理们仓促地认为商店销售额的下降是由于广告发布不当造成的，于是他们下令调查公司的广告。当调查结果显示目前的广告发布在信息内容及目标顾客方面都没有问题时，他们感到困惑了。最终的调研结果发现，原来是连锁店没有能够提供广告中承诺的价格、产品和服务。在经典的“新可乐”案例中，可口可乐公司将其要调查的问题限定得过窄，结果带来了灾难性的后果。

(2) 制订调研计划 这是整个调研过程中最复杂也是最重要的阶段，它包括以下几项活动。

1) 确定调研项目。确定调研项目应该考虑三个问题：①该项目的设置是否是实现调查目标所必须的。②该项目所需收集的资料是否能够取得。③取得该项资料所付出的代价是否值得。

2) 确定资料来源。市场调研的资料来源一般分为第一手资料和第二手资料。第一手资料（原始资料）是专为某项调研项目而通过实地调查或实验所取得的原始数据。第二手资料是运用他人已收集整理好的现成资料。一般来说，营销人员都会选用第二手资料，但要注意资料的时效性和适用性。

3) 确定调研方法。确定调研方法即确定收集第一手资料的方法，其主要工作包括：确定抽样方法、明确调查方法、设计调查问卷、确定调查资料的整理分析方法，这里的重点是根据调查目标设计调查问卷。

(3) 实施调研计划 营销调研的第三步就是将计划付诸实施。这一步包括收集、整理和分析信息。营销调研过程中的数据收集阶段是花费最多和最容易出错的阶段。调查者应密切关注现场工作以保证计划的正确执行；应整理和分析收集到的数据，分离出重要的信息和结论；需要对问卷表中的数据进行检查，以确保其准确性和完整性，并把数据编成代码，以便进行计算机分析；最后将结果列表，并计算平均值和其他统计值。

(4) 解释和汇报调研结果 在这一步中，调查者应解释调查结果，进行总结，并向管理者汇报。

## 5.2 营销调研的方法

### 5.2.1 案头调研的方法

通常，可以从收集第二手资料的案头调研开始营销调研工作，并据以判断调研问题是否已部分或全部解决，以免再去收集昂贵的第一手资料。

第二手资料主要有以下几种来源。

1）内部来源：财务会计、销售数字、库存、预算、年报、销售渠道等。

2）政府机构的各种资料：统计年鉴、经济信息、发展动态、产业结构、信息简报等。

3）各种公开发行的出版物：报纸、杂志、文献、简报等。

4）商业性咨询信息公司：产品销售实测、品牌份额、家庭消费、观念、趋势等。

5）互联网。

第二手资料容易获得，费用低，但采用率较低。因为二手资料不是为本调研专门收集的，故常常不能直接解决问题。有时，二手资料是过时失效的资料，采用率也会很低。另外，二手资料的可靠性比较差，可信度比较差，使用者常会怀疑数据收集过程的合理性和统计分析过程的科学性。

第二手资料的收集分析是为了进一步明确调研的问题，使研究的问题精细化，有些问题可能在第二手资料的分析中就可以得到解决，也有些问题可能在分析中解决了一部分，使问题更集中、准确，从而提高了原始资料收集的效率。

第一手资料调查与第二手资料调查的比较见表5-1。

**表5-1　第一手资料调查与第二手资料调查的比较**

| 调查方式 | 优　点 | 缺　点 |
|---|---|---|
| 第一手资料调查 | 针对性强 | 时间长，成本高，对调查人员的能力要求高 |
| 第二手资料调查 | 方法简便、快捷，节省时间，调查成本低 | 资料适用性不强，可能与调查目的有差距；资料的真实性和可靠性需进一步审查和评估，有错误的可能性，要注意资料的来源 |

### 5.2.2　实际调研的方法

通过实际调研，可以获得解决调研问题的原始数据资料信息。通常，实际调研费用大，时间长，投入的人力多。因此，企业必须组织专门的调研团队，仔细制订调研计划，确定调研方法。

实际调研的方法主要有问询法、观察法、实验法和抽样法四种。

**1. 问询法**　主要通过对被访对象不同形式的询问来收集第一手资料。具体方法主要包括以下三种。

（1）面谈　面谈即与被调查者就调研问题面对面交流。面谈除了可以记录语言交流外，还可通过察言观色（身体语言、语调、口气、情绪、情感以及描述方式等）了解到数字所无法提供的有用信息。面谈有着双向交流、灵活性强及能引导话题的特点，特别适用于对有经验人士的访谈。一般面谈要拟定谈话大纲，以充分利用宝贵的面谈时间。面谈也有它的缺点和局限性，如时间有限、成本高、样本数少、地区限制、问题少、当面理解与记录时存在误差，等等。

（2）电话问询　电话问询即与被调查者就调研问题通过电话进行交流。电话问询费用低，速度快，地区不限。同时有面谈的一些优点，如迅速及时、可达性好。但电话问询也有时间短、容易遭遇对方不合作等问题。电话问询的方法目前发展较快，利用计算机程序的手段，可以在短期内大量快速地进行采访，及时得到足够多的样本点数据。

（3）问卷调查　问卷调查是指用书面问卷的形式进行实际调查。这是最常用的实际调

研方法。问卷调查具有可送达性最好，不受地区限制，所要求回答的问题可以拟定得非常清楚、准确和详尽，不受记录者偏见与错误的影响，答题不受干扰，费用省等特点。但也有回收率低、时间长、易错（不交流）等问题。

问卷调查表的设计非常重要，所设计的问题一定要清楚明确，易于回答，每一问题都要有调查目的，要精选，要反复推敲。一般来说，问卷调查表要注意如下设计问题。

1）避开隐私性问题。有关个人或组织的隐私或商业秘密尽量不要提及，如收入、利润和权力等。如果一定要涉及，可以给出一个区间，相对模糊一点。

2）力避模糊用词。在问卷中的问题阐述要力避模糊用词，如“你经常看电视还是偶尔看一会儿？”这一问题里的“经常”“偶尔”和“一会儿”都是模糊词。

3）不要过分精确。例如“你四月份购买了多少啤酒？”“你最近看到过几次某某产品的广告?”这些都过于精确，被调查者难以记清这些问题。

4）不要出现组合问题。例如，“假如你有较强的经济实力，你是否会购买较大面积的住房?”这个问题有两处毛病，一是出现模糊词，如较强、较大；二是组合，一个问题的答案是建立在另一问题答案的基础上的，如果回答问题的基础不同，回答就无统计意义。

5）不要别有用心，有意引导。例如，“你对某某产品加价销售有何看法?”这样容易引起被调查者的反感。

6）不要咬文嚼字。例如，“你经常购买调制酒吗？”什么是调制酒，很多人并不知道。

7）不要过于技术专业化。例如，在计算机产品的调查中，过多地提问有关零部件的名称和参数，对多数普通用户来说是很难回答的。

8）要便于调查者统计整理。如果开放式问题过多，就很难进行统计。

9）要适合被调查者的特点。要注重被调查者的文化、知识范围、经验及经历等。

问卷设计很有讲究。除了问题本身准确等要求外，提问方式也是重要方面。为了便于被调查者回答，问题的设计常常会给出选择性的答案，这是封闭式的问题，被调查者只需选择打钩即可；另一种提问方式是开放式，也就是被调查者需要根据自己的观点和见解来回答，这种问题的回答需要花费一定的时间和精力，所以在实际调查中要控制数量，在普通的消费者调查问卷中，开放式问题一般以不超过两个为宜。封闭式问题和开放式问题的描述见表5-2。

问卷设计要仔细，一般先易后难。问题多少及答题时间长短要视具体情况而定。通常回答时间可以是10min，也有的长达90min。一般，拦截式问询填表最好不要超过15min。卷面设计要有趣，有逻辑次序，要让人看了第一题后有兴趣继续做下去，如果把难的问题放在前面，被调查者会产生畏难情绪，把它扔进废纸堆。问卷结构包括：①卷头说明词，主要是调查表名称、发表单位、调查目的、要求、保密及赠品等内容。②问卷主体主要是提出的各种问题，一般由易到难，由浅入深，提问巧妙风趣。③卷尾是被调查人的姓名、性别、年龄、职业、收入情况等被调查者的基本资料，感谢用语和填表时间也可以放在问卷的结尾。

**表5-2 封闭式问题和开放式问题**

| 封闭式问题：给出所有可供选择答案的提问 | | |
| --- | --- | --- |
| 名　称 | 说　明 | 例　子 |
| 是否式 | 一个问题有两个相互矛盾的答案供选择 | 您是否拥有私人小汽车?<br>□是　　　□否 |

（续）

| 名　称 | 说　明 | 例　子 |
| --- | --- | --- |
| 多项选择题 | 一个问题有两个以上答案供选择 | 您选购牛奶主要考虑的因素有什么？<br>□味道　□价格　□营养　□品牌　□质量 |
| 李克特量表 | 被调查者可以在同意和不同意的量度之间进行选择 | 通信资费应该进一步降低？<br>□坚决同意　□同意　□不同意也不反对　□不同意<br>□坚决不同意 |
| 开放式问题：所提问题没有可供选择的答案 | | |
| 名　称 | 说　明 | 例　子 |
| 语意差别 | 在两个语意相反的词之间列上一些标度，由被调查者选择代表自己意愿方向和程度的某一点 | 中国银行的服务：<br>热情 1，2，3，4，5，6，7 冷漠<br>全面 1，2，3，4，5，6，7 单一 |
| 重要性量表 | 对某一判定从绝对不重要到绝对重要进行重要性分等 | 手机的款式对我来说：<br>□绝对重要　□重要　□不重要　□绝对不重要 |
| 排序量表 | 对某些属性的选择进行排序 | 购买计算机时我考虑的主要因素是（①表示最重要，②次之，依此类推）：<br>□品牌　□价格　□性能　□售后服务　□…… |
| 完全自由回答 | 被调查者不受限制地回答问题 | 你对本公司的产品有何意见与建议 |
| 词汇联想法 | 列出一些词汇，由被调查者说出他头脑中出现的第一个词是什么 | 当你听到下面的词汇时，你脑海中出现的第一个词是什么：洗衣机、电冰箱、空调 …… |
| 语句完成法 | 提出一些不完整的语句，由被调查者来完成该语句 | 当你决定外出游玩时，最重要的考虑是：<br>________________ |
| 故事完成法 | 提出一个未完成的故事，由被调查者来完成 | 十一期间我游玩了杭州西湖，发现西湖更有人情味了，我想这大概是：________ |
| 看图说话 | 提出一幅图画，由被调查者说出其中的含义，或写上图中的对话 | 略 |

问卷的发放有多种形式，可以视被调查者的情况加以选择：①发给被调查人，让他们独立完成后当即收回。②边谈边由调查人填写。③邮寄，自行填写后寄回。

### 市场调研分析报告的基本结构

**1. 前言**　说明调研的目的。

**2. 背景分析**　利用第二手资料分析调研对象的基本行业、市场状况。

**3. 实际调研分析**　实际调研分析主要包括：购买者分析（购买者界定、购买规模及需求特点分析）；竞争者分析；中间商分析；企业以往营销策略效果分析；其他环境因素分析。

**4. 建议与结论**

**2. 观察法** 观察法是通过记录被调查者当前或过去行为的类型和过程、现状、追求的目标等方面，来收集原始资料的调研方法。观察法不要求被调查者配合交流，也不需要回答问题，有时被调查者并没意识到。有许许多多的行为与对象可以通过观察来获得有关营销信息，主要有：①事实行为，如消费者的购物类型（摄像机跟踪消费者的购物语言行为，如销售时的谈话、顾客抱怨及在人群中流传的赞扬与不满）。②情绪行为，如语调、脸部表情、身体动作。③地点与空间，如交通流量、顾客流量/时间。④口头记录，如对广告满意度的观察。

观察法具有写实的特点，可以不受干扰地反映真实情况，不易受主观思想、地位、金钱及偏见等影响。例如，超市要了解消费者购买所花费的时间，可以不问消费者，而只要观察其进出时间差即可；如观察儿童玩玩具，可以发现畅销玩具的特点或改进产品功能，儿童玩多久，2min 还是 20min，怎样玩，等等，都能提供很有价值的信息。

当然，观察法不易反映消费者内心世界的信息，行为与心理、动机、收入、受教育程度及职业等因素之间的关系比较模糊。

**3. 实验法** 实验法是在一个特定的环境中，通过改变某一种营销变量的强度来观察其他选定变量的对应变化程度。实验法允许营销者通过控制状态来分析变量之间的因果关系。例如，企业决定改变产品包装，但拿不定哪种包装最好，企业就可以采用实验法，把不同包装的产品分别放在不同的地方销售，几周后看哪个包装的产品销售量增长最大，则一般可以认为是最佳选择。价格变动、新广告及产品功能变化等都可以做实验，以了解各对应变量之间的因果关系，然后调整策略，再向市场全面推广。

**4. 抽样法** 抽样法是营销调研人员从总消费群体中抽取一小部分样本进行研究，然后得出关于总体的结论。样本是指从总体中挑选的能代表总体的一部分。在理论上，样本应具有代表性，以便调查者能准确地估量总体的思想与行为。

## 5.3 市场需求测量与未来市场需求预测

企业在市场营销过程中，有时面临许多营销机会，这就需要对市场机会进行认真的分析比较，从中做出最有利于自己的选择。评估市场吸引力有两个最主要的标准：市场规模（Market Size）和市场增长（Market Growth）。因此，营销管理者需要知道如何来估计市场规模及其未来的增长。例如，整个市场的规模有多大？不同地区市场的规模有多大？目标市场的规模又有多大？未来若干年内市场规模将增大到什么程度？企业未来的销售潜力如何？等等。

### 5.3.1 不同含义的市场

我们早就知道，“市场”一词是指某种商品的所有现实的和潜在的购买者。因此，一个市场的规模就取决于市场上该商品可能的购买者的数量。一般来说，所谓可能的购买者需要具备三方面的条件：有购买欲望、有支付能力、有接近商品的可能。

例如，对一家经营摩托车的公司来说，它要掌握的第一个数据是对摩托车具有兴趣的潜在消费者人数。最常用的调查方法是随机询问一些消费者：“你对拥有一辆摩托车有很强烈的兴趣吗？”如果 10 个人中有 1 个人回答“是”，我们就能推算出整个消费者群中大约有

10%的人是摩托车的潜在市场。换言之，潜在市场（Potential Market）是由那些对某种产品或服务具有一定兴趣的消费者构成的。

但是，仅仅有兴趣还不足以形成市场，这些潜在消费者还必须有足够的支付能力，能买得起摩托车，才能形成“有效市场（Available Market）”。显然，摩托车的价格越高，给这个问题以肯定回答的人数将越少。因此，市场规模是“兴趣”与“支付能力”这两个变量的函数。

市场规模还取决于“接近障碍”的大小，市场规模与接近障碍成反比。如果摩托车未能被送达某一具体地区，或者虽然送到了，但运送成本昂贵到令消费者止步的程度，那么，上述潜在购买者仍然不能成为现实的购买者。总之，有效市场是由那些既有购买欲望，又有足够的购买能力，并有可能接近某产品或服务的消费者构成。

在某些情况下，企业由于受到限制，只能向有效市场中的某一部分人出售其产品。例如，某个城市可能禁止向其居民（或不满20岁的青年）出售摩托车，那么，该摩托车公司“有资格的有效市场（Qualified Available Market）”就是由那些有购买欲望、购买能力、能够接近商品，同时还有资格购买的消费者构成。然后，企业还要在这个已被限定的有效市场中，进一步选择具体的更细小的部分作为自己的目标市场，进而在这一目标市场上与它的竞争者展开角逐。其中，购买了本企业产品的市场就成为公司“已渗透的市场（Penetrated Market）”。图5-3中显示了这些含义不同的市场。

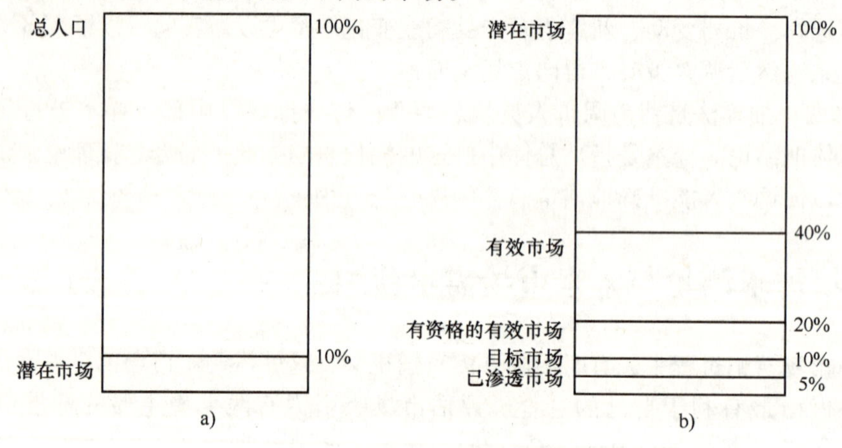


**图5-3　各种含义的市场**

a）总体市场　b）潜在市场

图5-3a表明潜在市场在整体市场中的比例，图5-3b则进一步表明了潜在市场中各种含义的市场所占的比例。

上述不同含义的市场对规划企业的营销过程非常有用。例如，某摩托车公司如果不满足现有的销售情况，它可考虑采取如下对策：①从现有目标市场上吸引更多的购买者。②扩大目标市场范围。③降低产品销售价格，以扩大有效市场的规模。④采取更强有力的广告宣传，使原来对摩托车不感兴趣的消费者产生兴趣，步入潜在购买者的行列。

## 5.3.2　市场需求的测量

掌握当前市场需求及本企业的销售情况，是企业制订营销方案和开展营销活动不可缺少

的前提。通常，需要测量的有市场总需求、地区市场需求、企业的实际销售额及市场占有率。

**1. 市场总需求的测量** 市场总需求（Total Market Demand）是指在一定行业营销投入水平及营销组合条件下，以及一定营销环境和一定时期、一定区域内，特定购买者群可能购买的某种产品或服务的总量。

估算市场总需求时，最重要的是不能将其看成一个固定不变的量，事实上，它是上述各条件变量的函数。在不做任何市场营销支出时，仍会有一个基本的销售量，我们称之为市场需求的最低量（市场下限）。随着市场营销支出的增加，市场需求水平也相应提高，提高的速率最初为递增，后变为递减，最后达到某一平稳水平。在这一平稳水平上，无论怎样增加营销投入，需求也不会再增加，这就是市场需求的上限，即市场潜量。

测量市场总需求的方法有多种，这里只重点介绍最常用的方法，其公式为

$$Q = nqp$$

式中 $Q$——市场总需求量；

$n$——市场上购买者数目；

$q$——平均每个购买者的年购买量；

$p$——产品的平均单价。

例如，一家生产CD盘的厂家要测算CD市场总需求量，如果每年有1亿消费者购买CD，平均每人年购买量为6张，CD平均单价5元，则市场总需求量为：$Q = 1 \times 6 \times 5 = 30$（亿元）。

**2. 地区市场需求的测量** 企业面临的难题之一，是如何选择最有利的地区市场投入它们的人力、物力和财力。因此，需要测算和比较各地区不同的市场需求量，其方法有两种：市场累加法和多因素指数法。市场累加法主要用于为工业用户提供产品的企业；多因素指数法主要用于提供生活消费品的企业。我们分别以下面两个不同的实例来加以说明。

（1）市场累加法 通过识别某一地区市场的所有潜在顾客并估算每个潜在顾客的购买量，然后计算出该地区的市场潜量。例如，一家矿山设备制造公司开发了一种新型仪器设备，售价10万元，公司认为每家采矿企业都会根据其规模大小购置一台或多台。问题在于怎样正确测算每个采矿企业所在地区的市场潜量，以及确定是否需要安排销售人员负责那个地区的销售工作（公司只能为市场潜量超过300万元的地区安排销售人员）。为此，这家公司可利用相关的行业年鉴、工商企业名录等资料，找出对这种设备可能感兴趣的企业的数量、地理位置、雇员人数、年销售额等数据，然后，根据这些资料即可推算出每个地区的市场需求潜量。

（2）多因素指数法 通过与地区购买力有关的各种指数来估算该地区市场潜量。例如，国内一家生产衬衣的公司想建立一个特许经销商系统为其销售产品，估计每年的总销售额能达到2亿元，企业将在每个年销售额超过12万元的城市设一个分店。于是，这家公司除在报刊上登广告招聘特许经销商外，还要有适当的方法审查申请者的资格，确定申请者所在城市是否有足够开设一家分店的市场潜量。常用的方法是考虑购买力指数。某地区（如i地区）的购买力指数为

$$B_i = 0.5y_i + 0.3r_i + 0.2p_i$$

式中 $B_i$——i地区购买力占全国购买力的百分比（购买力指数）；

$y_i$——i 地区个人可支配收入占全国的百分比；

$r_i$——i 地区零售额占全国的百分比；

$p_i$——i 地区人口占全国总人口的百分比。

上述公式中的 3 个系数就是 3 个要素的权数，权数的大小表明该因素对购买力影响的大小。如果根据统计资料，i 地区的 $y_i$，$r_i$，$p_i$ 分别为 7.64%，9%，7.7%，则可得出该地区的购买力指数为：$B_i = 0.5 \times 0.0764 + 0.3 \times 0.09 + 0.2 \times 0.077 = 0.0806$，即该地区购买衬衣的总额约占全国购买总额的 8.06 %。所以，由于衬衣公司估计在全国的年销售额为 2 亿美元，则此地区的销售额为 16.12 万元（2 亿元 ×0.080 6），显然大于 12 万元的最低限额，因此，在这个地区可开设一家特许经销店。当然，公司可能还要考虑其他公司有没有进入该地区市场销售衬衣的计划。

要注意的是，权数须有一定根据。这种方法主要适用于既非低档又非高档奢侈品的情况。若需要更精确的估算，则还要考虑其他因素，如市场竞争水平、当地促销成本、季节性波动、市场特点等。

**3. 估算实际销售额和市场占有率** 除了测量总的和地区的市场需求外，企业还需了解它所在行业市场上的实际销售情况。这意味着它必须了解竞争者，掌握竞争者的销售情况，知己知彼，方能在市场竞争中“百战不殆”。

各种行业协会通常收集和发表全行业的销售情况，当然并不具体列出每家公司的销量。企业可通过对照全行业的情况给自己以评价。假定某企业的年销售增长了 5%，但全行业的年销售增长了 10%，那么这家企业在本行业中的地位实际是下降了，即市场占有率下降了。

另一方式是向专业市场调研组织购买有关总销售和各品牌销售的具体资料，然后通过研究比较市场占有率，了解自己与竞争者相比的市场地位是升高还是降低。

### 5.3.3 未来市场需求的预测

**1. 需求预测的程序** 除了一些需求绝对水平或发展趋势相当稳定的行业，或不存在竞争关系（如公用事业）和处于完全垄断的市场，预测其产品的未来需求较容易外，在大多数产品市场上，总需求和企业销售都相当不稳定。因此，对未来需求的预测是否准确，就成为企业经营成败的一个关键。预测不准可能造成产品积压或脱销，或被迫降价销售，使企业蒙受重大损失。实际上，需求变化越大的产品，对预测准确性的要求也就越高，越需要慎重行事。

一般采用三段式程序进行销售预测。首先是宏观经济预测，根据经济周期、通货膨胀率、失业率、利率、消费者支出与储蓄比例、工商业投资、政府开支、净出口额等情况的变动，得出对国民生产总值的预测；其次是在此基础上做出行业市场预测，即在已知的环境和既定的营销支出下，预测该行业的总销售量；最后是根据本企业的市场占有率，做出企业销售预测，即预测企业的销售量。

宏观经济预测通常可向外部的营销调研公司或专业预测公司等机构购买有关资料。

**2. 企业销售预测的方法** 常用的销售预测方法有以下几种。

（1）购买者意向调查 即在营销环境和条件既定的情况下，预测顾客可能购买些什么。在顾客购买意向非常明显时，此法特别有效。这种方法多为耐用消费品和工业品采用。

某轿车企业进行消费者购买意向调查，可向消费者提出：“在未来 6 个月里你打算买汽车吗?”答案可有6种不同的选择（见表5-3）。假如某市50万有效消费人口，对其中1 000人进行汽车消费意向调查的结果见表5-4。根据对消费者的调查，可以计算出各种情况的消费者所占的比例，从而可以计算出购买期望值以及市场潜量。

**表5-3 购买概率量表**

| 量值 | 0.00 | 0.20 | 0.40 | 0.60 | 0.80 | 1.00 |
|---|---|---|---|---|---|---|
| 选择 | 肯定不买 | 略有可能 | 可能 | 很有可能 | 非常可能 | 肯定购买 |

**表5-4 消费者意向调查结果表**

| 量值 | 0.00 | 0.20 | 0.40 | 0.60 | 0.80 | 1.00 |
|---|---|---|---|---|---|---|
| 选择 | 肯定不买 | 略有可能 | 可能 | 很有可能 | 非常可能 | 肯定购买 |
| 比率(%) | 30 | 24 | 20 | 12 | 8 | 6 |

则购买期望值 $=0\times30\%+0.2\times24\%+0.4\times20\%+0.6\times12\%+0.8\times8\%+1\times6\%=0.324$，市场潜量 $=500\,000\times0.324=162\,000$（辆）。

当然，还要补充调查消费者目前和将来的个人财务状况和对经济前景的预期，然后，耐用消费品制造商即可根据这些调查结果安排自己的生产。在产业市场上，各种调查公司也做这类调查。采用此法预测的结果，大多同实际情况的偏差率在10%以内。

（2）综合销售人员意见法　即在无法对购买者进行询问的情况下，通过听取销售人员对未来需求的估计来进行预测。

当然，对销售人员的推算结果必须做一些必要的修正。销售人员可能有某种片面性，如天性乐观或悲观；由于近期的成功或挫折，使他们的推测可能走极端；由于所处地位的局限性，他们通常意识不到宏观经济的发展变化及其影响，以及企业整个营销计划对未来市场销售的影响。如果企业熟知每个销售人员在预测时常有的片面性，那么修正后的结果将是相当可信的。

（3）专家意见法　营销者有时可求助于企业外部的专家预测未来需求，这些专家包括分销商、供应商、营销咨询顾问及贸易协会成员等。

美国兰德公司的德尔菲（Delphi）法是由每位专家分别提出个人预测，然后由专项负责人员综合修正后发回各个专家再进行个人预测，专项人员再修正，如此循环往复，直到得出接近统一的结论为止，其特点是各个专家彼此不见面、不知名。

（4）时间序列分析　许多企业根据过去的销售业绩，预测未来销售发展趋势。这首先要通过统计分析方法，证明企业历年的销售数据确实具有连续性的因果关系，然后才可用做预测未来销售发展趋势的依据。

某种产品历年销售量（$Y$）的时间数列，可按趋势（Trend）、周期（Cycle）、季节（Season）和偶然事件（Erratic Events）四个主要因素进行分析。

1）趋势（T）。即人口、资金构成和技术等要素发展变化的基本情况。这可从过去的销售曲线的变化规律中推测出来，也可看作是过去销售曲线的自然延伸。

2）周期（C）。即经济周期波动的影响，剔除周期性的影响，对中期预测相当重要。

3）季节（S）。季节是指一年中销售变化的固有模式，如与日、周、月或季相关的规律

性变动。这种变动往往是与气候、假日、交易习惯，甚至顾客上下班时间相联系的。季节性模式常作为短期销售预测的一种依据。

4）偶然事件（E）。它包括暴风雪、火灾及其他偶然性的灾害、动乱等。这些因素都是可能遇到而又无法预测的，根据历史资料进行销售预测时，应剔除这些偶然因素的影响，以求得到较规范的销售行为模式。

总之，时间序列分析法就是根据上述四个要素（T，C，S，E）分析原始销售数列Y，再结合这些要素预测未来的销售。例如，某电视机商行今年售出12 000台新产品，现在预测明年10月的销售量。已知长期趋势是每年销售递增5%，因此，明年的总销售量估计为12 600（12 000×1.05）台。但由于经济环境的波动，预计明年的销售量只能达到正常情况下的90%，即11 340（12 600×90%）台。如果每月的销量相等，那么月平均销量应是945（11 340÷12）台。然而，10月份通常是销量高于平均值的月份，季节指数为1.3。因此，预计明年10月份的销售量可能达到1 228（945×1.3）台。此外，预期不会发生偶然事件，如颁布新法规、发生社会动乱等，所以对明年10月份销售量的最好预计是1 228台。

（5）需求统计分析　时间序列分析将过去及未来的销售变动都看作是时间的函数，而不是真正影响需求变化诸因素的函数。实际上，有许多因素在不同程度上影响产品销售，需求统计分析就是用来发现那些影响销售的最重要因素以及这些因素重要程度的一种方法。这里，最常见的影响因素是价格、收入、人口和促销。

需求统计分析法是将需求量（$Q$）看作一个因变量，然后设法将它分解为若干独立变量的函数，即 $Q=f(x_1, x_2, \cdots, x_n)$，运用多元回归分析的方法，可找到最主要的影响因素和最好的预测方程式。

例如，某软饮料公司运用统计分析方法，发现影响某地区软饮料需求量的最主要因素是年均温度和人均收入，它的表达方程式

$$Q=-145.5+6.46x_1-2.37x_2$$

式中　$x_1$——该地区年均温度，单位为°F$\left(1°\text{F}=\frac{5}{9}°\text{C}\right)$；

$x_2$——该地区人均收入，单位为千元。

例如，某地区年均温度为54°F，年人均收入为24千元，利用公式可得出该地区人均软饮料需求量：$Q=-145.5+6.46\times54-2.37\times24=146.6$（元）

而实际的人均购买额为143元。如果将此方程式用于其他地区的饮料销售预测也比较准确的话，那么，就可作为一个有效的预测工具。公司可通过预测下一年各地区的年平均温度和年人均收入，推断下一年的销售情况。

营销方法

**1. 市场调查表**

常用的市场调查表见表5-5。

表 5-5 市场调查表

____年____月____日

| 目的 | |
|---|---|
| 内容 | |
| 对象 | |
| 现状 | |
| 动向 | |
| 竞争对手动向 | |

总经理：________ 销售部经理：________ 调查人：________

**2. 市场调研计划表**

常用的市场调研计划表见表 5-6。

表 5-6 市场调研计划表

____年____月____日

| 调查区域 | |
|---|---|
| 调查目标 | |
| 考虑因素 | |
| 调查方法 | |
| 调查进度 | |
| 人员配备 | |
| 预算 | |

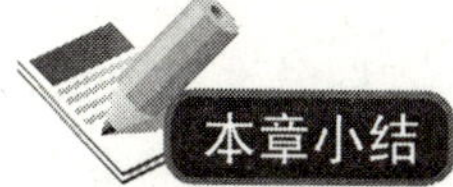


**1. 市场营销调研的概念、意义** 市场营销调研就是指系统地设计、收集、分析和报告与某个组织面临的特定营销问题有关的数据和资料。

**2. 营销调研的分类** 营销调研有探索型调研、描述型调研以及因果型调研三种类型。

营销调研的程序包括：确定问题，制订调研计划，实施调研计划、收集信息、分析信息，形成调研报告、提出结论。

实际调研的方法主要有问询法、观察法、实验法和抽样法四种。

**3. 市场需求测量** 市场需求测量帮助企业把握所面对的市场的规模和增长，从而使他们在进行营销决策时，更加心中有数。

**重要概念**

营销调研 案头调研 实际调研 第一手资料 第二手资料 问询法 观察法 实验法 市场总需求 潜在市场 有效市场 有资格的有效市场

**IDEO 的卓越营销**

IDEO 是美国最大的工业设计公司。该公司创造了一些工业时代公认的标志性设计，包括第一台笔记本电脑、第一只鼠标（为苹果公司设计）、Palm V 掌上电脑和 TiVo 数码摄像机等。除了这些高科技的产品外，公司还设计一些家庭用品，如为宝洁公司设计的 Swiffer 拖把（一种平面可转动的拖把）和佳洁士直立免挤压牙膏管。IDEO 的客户也包括 AT&T、美国银行、福特汽车、百事可乐、耐克、万豪国际（Marriott）酒店、卡特彼勒（Caterpillar）、美国礼来（Eli Lilly）医药、德国汉莎航空（Lufthansa）、Prada 和 Mayo Clinic 医疗中心。

IDEO 的成功源于公司以人为本的设计思想。该公司致力于设计能够提供超级体验和解决问题的产品，以赢得顾客的青睐。为了使消费者能够容易接受产品设计，IDEO 试图通过各种各样以人为本的研究方法深层次地理解消费者。这些研究帮助公司更好地理解消费者如何进行购买、如何与产品进行互动、如何使用甚至处理产品。这种以顾客为导向的产品设计思想与那些只是关注自己研究能力的高科技公司正好相反。“高科技公司的设计是从里到外，而我们的设计则是从外到里，这样我们就能够将顾客放在第一位。”IDEO 的技术部总经理戴维·布莱克利（David Blakely）这样说。

IDEO 利用观察研究技术“潜入”消费者行为之中。公司的“人性化因素”（Human Factors）小组跟随消费者，对消费者的购买或使用行为与过程进行摄影和录像，然后对这些消费者进行深度访问，并评价他们的体验与经历。第二种方法称为“行为路线图”（Behavioral Mapping），这种方法可以用照片记录人们在某个区域（如候机大厅、候诊大厅，或购物中心的餐馆）一天内的行为，从而体验如何改进。第三种方法称为“相机日志”（Camera Journals），这种方法采用参与式方法记录已知产品或类别的可视印象。IDEO 也邀请消费者“讲故事”（Storytelling），以分享消费者对某一产品或服务的经历，其中包括分享他们的故事、录像、趣闻甚至动画。

原型测试也为 IDEO 的成功做出了很大贡献。原型测试贯穿于产品设计整个过程之中，以致每个都可对进行测试、体验和对开发过程中的每个层面提出改进意见。IDEO 鼓励客户甚至高层经理参与到研究中以便他们能够了解消费者消费他们的产品或服务的实际感受。例如，IDEO 将 AT&T 公司的经理们分派到寻物游戏中，以便检测 mMode 手机中定位软件的效果。经理们很快意识到这个软件并不容易使用。其中一位经理不得不求助于他的妻子利用谷歌去寻找清单上的一个产品。IDEO 帮助 AT&T 重新设计了操作界面，使其对于一般的使用者来讲更加直观。

IDEO 与 Warnaco 服饰的服装设计人员一道陪同八位女性去商场购买内衣，以此来改进 Warnaco 的销售状况。这种“陪同购物”再现了大多数消费者并不愉快的购买经历。妇女们找不到内衣部位置，在琳琅满目的商品中无法找到合适的尺码，试衣间也过于狭小。IDEO 设计了一个由六个区构成的新商品购物环境，它包括宽敞的试衣间、为购物者提供相关时尚资讯的导购和改进的物品展示。Warnaco 在商场的帮助下实施了这个计划。

另一个例子。万豪聘请 IDEO 帮助其所开办的万怡酒店（Courtyard）吸引更多的年轻客人。IDEO 在酒店的休息室、大堂、餐厅采访了客人，并对客人进行了观察。研究结果显示，年轻客人不愿光顾的原因是酒店的公共场所活动单一、技术支持不够、食品选择有限。结果由万豪负责对万怡酒店的家具和装饰重新布置，使其更加温馨、舒适、令人动心。酒店大堂和休息室增添了一些先进的技术元素，如平面电视和免费的无线宽带。万豪酒店将自助早餐变成 24 小时的咖啡馆风格的自助餐馆，客人可以迅速享受美味的咖啡饮料和健康食点。庭院配备了户外立体扬声器和烤炉。经过整修万怡酒店提出一个新的口号："万怡，这是一个新的家。"（Courtyard. It's a New Stay.）

IDEO 以消费者为导向的设计方法为他们的客户，也为公司自己创造了无数的成功案例。IDEO 设计最重要的结果是为客户解决了实际问题。自从公司创办以来，已经发布了 1000 多项专利，2008 年公司创造了 1.2 亿美元收入。公司全方位地实现了目标。

资料来源：（美）菲利普·科特勒（Philip Kotler）. 营销管理［M］. 14 版. 王永贵，等译. 上海：上海格致出版社，2012.

**思考与分析**

1. 为什么 IDEO 能获得如此多的成功案例？在进行研究和产品设计时，什么是公司所面临的最严峻的挑战？

2. IDEO 为许多公司提供了解决方案，使其获得了声誉。那么 IDEO 应当为自己创造更高的品牌认知度吗？为什么？

## 营销实训

### 营销调研体验

【训练目的】掌握营销调研的主要操作方法。

【训练方案】以 8～10 人组成一个小组，以小组为单位演习，运用所学知识对本校学生每月的生活消费状况进行调研，具体操作：①设计抽样方法和样本容量。②设计调查表。③召开学生座谈会。④编写调研报告。

**复习与思考**

1. 什么是市场营销调研？它包括哪些内容？
2. 市场营销调研的一般步骤是怎样的？
3. 市场营销调研的方法有哪些？各有哪些优缺点？
4. 分析企业应如何进行市场需求测量。

## 延伸阅读

**1.《营销调研方法论基础》（美）小吉尔伯特·A. 丘吉尔（Gilbert A. Churc-hill Jr.），等. 王桂林，等译. 北京：北京大学出版社，2010.**

**作者简介：**小吉尔伯特·A. 丘吉尔，威斯康星大学教授，美国市场营销协会杰出营销教育家，获得营销科学学会（AMS）终生成就奖等多个奖项。

**内容提要：**该书是市场营销研究领域最经典的教材之一。全书按照营销研究的过程进行组织，包括问题的定义，研究设计与数据收集方法的确定，数据收集、分析与解释，提交研究报告等内容。

**2.《22 条商规》（美）里斯，特劳特（Al Ries）. 寿雯，译. 北京：机械工业出版社，2013.**

**作者简介：**阿尔·里斯，里斯伙伴主席，定位之父，营销史上的传奇大师，全球最顶尖的营销战略家。他被《广告时代》评选为“全球十大顶尖商业大师”；杰克·特劳特，定位之父，被摩根士丹利推崇为高于迈克尔·波特的战略家。他是全球最顶尖的营销战略家。

**内容提要：**该书为美国著名作家阿尔·里斯先生和杰克·特劳特集 20 多年经验，将定位理论归纳为 22 条可供操作的简明法则。其内容包括：领先法则、类别法则、观念法则、任职法则、聚焦法则、专有法则等 12 条法则。

网站推荐

1. 成功营销 http://www.vmarketing.cn/
2. 北大商学网 http://www.beidabiz.com/
3. 中华策划网 http://www.eman365.cn/

# 第6章 目标市场营销

1. 掌握目标市场营销的三步骤
2. 了解市场细分的含义，掌握市场细分的方法
3. 掌握不同目标市场营销策略的运用
4. 理解市场定位的含义，掌握市场定位的基本方法

**别克昂科拉：与198X对话**

别克昂科拉自2012年10月上市以来截至2014年5月，累计销量突破12万台。虽然同是紧凑型SUV产品，但别克昂科拉与市场上主流的产品相比，整车尺寸、车身长度、轴距都明显更小。在近年来国内SUV市场一线飘红的榜单中，别克昂科拉因其往往被跟主流紧凑型SUV在一起比较，在垂直行业网站上，并未获得一个完美的排名。但事实上，2012年昂科拉上市以来，其所针对的都市紧凑型SUV细分市场，引起很多其他品牌车型的关注与跟进。2014年上半年，别克昂科拉销量40 678辆，在主流合资品牌中排名第一。

在销量背后，别克昂科拉更特别的成功在于引起营销圈人的火热关注。在别克赋予昂科拉年轻、个性、时尚的“标签”之后，它问世22个月左右所产生的12万车主群体中，占比53%的车主为35岁以下（即80后）。这一“成绩”，证明了它定位年轻市场的准确性和别克昂科拉单一产品“基因塑造”的成功。而别克昂科拉的迅速走红，不仅在于它产品设计的针对性优势，更源于对年轻消费群体的洞察和把握。

在紧凑型SUV市场中，途观、现代ix35、日产逍客等产品以其较宽敞的整车尺寸，吸引更多高端两厢车用户，从而在市面上受到热捧。别克针对这几款车型的部分车主进行了采样调研，同时也进行其他层面不同品类的消费者调研，以此洞察不同类型的消费者对产品的评价和接受程度。通过一系列研究得出的结论是，别克昂科拉有非常多的意向客户都是80后年轻人群，所以别克锁定年轻人群作为昂科拉的主打人群。

伴随着别克昂科拉的上市，由LOWE睿狮上海创意代理为昂科拉打造的“年轻就去SUV”TVC开始在网络视频平台传播，由6位80后表达自己的态度宣言，这支TVC也以代号“我198X”给人留下深刻印象。

将首发TVC以“198X”为主定调，有人会觉得别克给昂科拉这样的定位是把市场缩窄，也是非常冒险的行为。而对于别克品牌来说，以80后为代表的年轻消费群是他们经过充分市场调研后锁定的昂科拉最精准投射人群：别克目前已形成高档舒适车型、高档轿跑车型和高档SUV车型三条产品线全面的布局，并对运动轿车以及SUV市场布局。那么在原有的产品布局基础上，怎样更准确针对未来用户，便是第一要务。

“随着市场用户的不断成长，我们发现80后人群占到汽车市场消费群体40%～50%，这是市场对品牌提出的要求。同时，他们需要更加多元化的车型，他们也需要接触到更加多元化的传播方式。”上海通用汽车别克品牌传播高级经理袁圆说。

除坚定定位细分人群作为主市场之外，昂科拉的品牌口号（slogan）“年轻就去SUV”因为直接指向年轻市场，一打出就非常鲜明和深入人心，同时对这款产品而言，更直接突出了品牌想要传递的产品定位和目标人群。

你认为别克昂科拉获得成功的原因是什么？

资料来源：http://www.vmarketing.cn/index.php?mod=news&ac=content&id=7691（有删改）。

所谓目标市场营销，就是企业在营销环境分析的基础上，结合企业目标及资源条件，通过对市场进行细分，选择自己的目标市场并进行有效的市场定位的战略过程。目标市场营销战略具体包括以下三个步骤：市场细分（Segmenting）、目标市场选择（Targeting）和市场定位（Positioning），即STP战略。

## 6.1 市场细分

市场细分是目标市场营销活动过程的一个重要基础步骤，对于企业正确制订营销战略目标和正确制订营销策略都具有十分重要的意义。任何企业的产品都不可能为市场上的全体顾客服务，而只能满足一部分顾客的某种需求，所以为了解决市场需求的无限性与企业资源的有限性之间的矛盾，企业首先必须进行市场细分。

### 6.1.1 市场细分的概念

市场细分是美国市场营销学家温德尔·斯密（Wendell R. Smith）于1956年在美国《市场营销杂志》上首先提出来的一个概念。所谓市场细分，就是指企业通过市场调研，根据市场需求的多样性和异质性，依据一定的标准，把整体市场即全部顾客和潜在顾客划分为若干个子市场的市场分类过程。每一个子市场就是一个细分市场，一个细分市场内的顾客具有相同或相似的需求特征，而不同的子市场之间却表现为明显的需求差异。

营销实战6-1

**阿迪达斯、耐克争开女子专卖店**

2014年12月1日，阿迪达斯宣布12月底将在成都开设两家女子专卖店，今年10月，阿迪达斯已经在北京开设了第一家女子专卖店。"吃螃蟹"的不止阿迪达斯。11月29日，中国首家、全球第二家耐克女子体验店在上海环贸iAPM开幕。

过去几年，国内运动用品市场哀鸿遍野，包括李宁公司在内的本土品牌，关店数量在千家以上，产品供过于求，库存高企，运动用品公司业绩一夜回到几年前。

市场独立观察人士马岗表示，中国运动用品市场的过剩，真相是结构性过剩，是男性运动用品的供过于求。传统专卖店里男性和女性产品同店陈列，在一般的运动门店，大约有七八成的消费者是男性，女性产品的种类和款式往往只占总量的30%~35%。男性消费者的需求基本上得到了满足，但是女性消费者的需求很多是被忽视的。

被忽视的需求意味着市场的机会。来自Frost & Sullivan的数据显示，2013年中国体育运动产品产业增加值突破2 000亿元人民币，而其中女性产品业务的年销售收入在近几年都保持着两位数的增长，领先于其他各个细分业务。近几年，越来越多的中国女性加入到运动健身的行列，女性消费群体成为中国运动产品市场不容忽视的潜在用户，女性运动产品细分市场已经显现出了巨大的增长空间。随着中国整体运动产品市场的增长趋于稳定，女性运动产品细分市场已经成为运动用品企业未来重要的发展契机之一。

阿迪达斯也证实了对中国女性运动用品市场潜力的判断，阿迪达斯称："女装品类是我们增长最快的品类之一，我们从中看到了极大的增长潜力。自2013年我们的女性产品市场营销活动开展以来，我们看到了女装品类销量的强劲增长，也显著提高了我们目标消费群体的品牌意识。"

资料来源：http://news.ppzw.com/article_show_212126.html（有删改）。

### 6.1.2　市场细分的作用

在当今人们生活水平不断提高、消费需求日益多样化、产品和服务市场越来越广的社会中，市场细分是一项很重要的市场营销策略。实践证明，工商企业科学、合理地进行市场细分，就可以更好地为顾客服务，开展有效的竞争，达到企业的盈利目标。具体地说，市场细分的作用有以下几点。

**1. 有利于企业发现最好的市场机会，确定目标市场**　市场机会是指市场上客观存在的未被满足或未被充分满足的需求。企业通过市场细分，不仅可以了解整个市场的总体情况，还可以较具体地了解各个消费者群的需求情况和目前满足程度及市场竞争状况，从而发现哪些消费者的需求已经满足，哪些满足不够，哪些尚待开发。满足水平较低的市场部分，就可能存在着很好的市场机会，抓住这样的机会，结合企业资源状况，确定适宜于自身的目标市场，并以此为出发点设计适宜的营销策略，就可夺取市场竞争优势。

**2. 有利于制订和调整市场营销策略，发挥最大的推销效果**　一般来说，企业为整体市场提供单一的产品、制订统一的营销策略比较简单易行，但其覆盖面大，信息反映较迟缓，

对市场所做出的反应不敏捷。市场细分后，每个市场变得小而具体，企业就可为非常明确的目标市场“量体裁衣”，制订恰如其分的营销组合策略，提供相宜的产品。这样可以增加企业的应变能力，发挥最大的推销效果。

**3. 有利于中小企业开发和占领市场** 市场细分的理论对中小企业来讲，尤为有利。因为中小企业一般资金有限，技术薄弱，在整体市场或较大的细分市场上缺乏竞争能力，而通过市场细分，则往往可以发现大企业未曾顾及或不愿顾及的某些尚未满足的市场需求，从而能够在这些力所能及的较小或很小的细分市场上推出相宜的产品，见缝插针，拾遗补缺，形成相对优势，在日益激烈的市场竞争中求得生存和发展。

**4. 有利于集中使用资源，提高企业的经济效益和社会效益** 通过市场细分，一方面企业能发现最好的市场机会，确定目标市场，从而集中使用人力、物力、财力为目标市场服务，将有限的资源用于能产生最大效益的地方，形成经营上的规模优势，取得理想的经济效益；另一方面，由于企业面对的是某一个或少数几个子市场，可及时捕捉需求信息，不断地发展新产品，满足更多潜在需求，提高消费者的满足度、满意感，树立良好的企业形象，获得一定的社会效益。

### 6.1.3 市场细分的标准

现代市场学所讲的市场细分，是依据市场需求的差异性来划分的，并在此前提之下加上必要的标准来进一步细分。既然市场细分的依据是市场需求的差异性，那么，造成市场需求差异性的主要因素，就是市场细分的标准。为了研究的方便和实际操作的需要，我们就消费者市场和生产者市场的细分标准分别加以叙述。

**1. 消费者市场的细分标准** 消费者的差异性是市场细分的基本标准。影响消费者需求的差异性的因素是多种多样的，大致可概括为四类，即地理环境标准、人口状况标准、消费心理标准和购买行为标准。每一类又包括一系列的细分因素，见表6-1。

**表6-1 消费者市场细分的标准**

| 细分标准 | 主要细分因素 | 具体特征（亚、子市场） |
| --- | --- | --- |
| 地理环境 | 国家区别 | 中国、美国、日本、德国、埃及等 |
| | 方位区域 | 东北、西北、华北、华东、中南、西南等 |
| | 城乡区别 | 城市、乡村；大城市、中等城市、小城镇等 |
| | 气候区别 | 热带、亚热带、温带、寒带等 |
| | 地形区别 | 山区、平原、丘陵、盆地、沿海等 |
| 人口状况 | 性别 | 男、女 |
| | 年龄 | 婴幼儿、儿童、少年、青年、中年、老年等 |
| | 家庭规模 | 1~2人、3~4人、5人以上 |
| | 家庭收入（人均年收入） | 1 000元以下、1 000~5 000元、5 000元以上 |
| | 民族 | 汉族、壮族、蒙古族等 |
| | 宗教 | 佛教、伊斯兰教、道教、基督教等 |
| | 职业 | 工人、农民、学生、教师等 |
| | 文化程度 | 文盲与半文盲、小学、中学、大学等 |

（续）

| 细分标准 | 主要细分因素 | 具体特征（亚、子市场） |
| --- | --- | --- |
| 消费心理 | 生活方式 | 事业型、朴素型、时髦型等 |
| | 性格 | 外向型、内向型、理智型、冲动型等 |
| | 品牌偏好 | 专一品牌忠诚、几种品牌忠诚等 |
| | 生活态度 | 紧跟潮流者、享乐主义者、主动进取者、因循守旧者等 |
| 购买行为 | 购买频率 | 高、中、低 |
| | 购买时间 | 白天、晚间；日常、节假日 |
| | 购买地点 | 方便商店、名店、大店、地摊等 |

（1）地理因素　处在不同地理位置的消费者，会产生不同的需要和爱好，并对企业的同一产品及市场营销手段产生不同反应。地理环境会对消费者需求产生重要影响，较为重要的地理因素有：国别、地区、城市规模、人口密度、气候等。

（2）人口因素　消费者的欲望、需求偏好和使用频率往往和人口因素有着直接的因果关系，而且人口因素较其他因素更易测量。人口因素主要包括性别、年龄、收入、职业、教育状况、民族、家庭结构、宗教信仰等方面。

相关链接6-1

**世界人口情况**

根据联合国经济和社会事务部2013年发布的《世界人口展望：2012年修订版》报告称，到2050年全球人口将从目前的72亿上升至96亿，印度将在2028年左右超过中国成为全世界人口最多的国家。印度和中国的人口总数预计在2028年都将为14.5亿左右。而后印度人口将继续增长，并在2100年达到15亿至16亿；中国的人口到2100年则将减少至11亿。2014年6月底，世界人口合计72.4亿，表6-2给出了截止到2014年6月世界上10个最大的国家的人口数。

表6-2　2014年6月世界人口排名

| 排　名 | 国　家 | 人口/百万 | 排　名 | 国　家 | 人口/百万 |
| --- | --- | --- | --- | --- | --- |
| 1 | 中国 | 1 364.07 | 6 | 巴基斯坦 | 185.15 |
| 2 | 印度 | 1 267.51 | 7 | 尼日利亚 | 178.41 |
| 3 | 美国 | 322.62 | 8 | 孟加拉国 | 158.45 |
| 4 | 印度尼西亚 | 252.87 | 9 | 俄罗斯 | 142.53 |
| 5 | 巴西 | 202.04 | 10 | 日本 | 127.03 |

资料来源：http://www.qianzhan.com/guide/detail/315/140930-a77820cd.html（有删改）。

（3）心理因素　心理因素是一个极其复杂的因素，消费者的心理需求具有多样性、时代性和动态性的特点。企业可根据生活方式、个性及社会阶层等心理因素进行市场细分。

营销实战 6-2

### 宜家对“千禧一代”和“婴儿潮一代”的洞察

千禧一代是指1980至1994年出生的“数字化原住民”。他们有着一定的影响力，变化不定，不像父辈或祖辈那样有着根深蒂固的传统理念。他们常常蜗居在小公寓中。他们看起来有无数种生活方式选择，但高失业率迫使他们改变自己的消费习惯和对“需求”的认知。这一代有着全新的家居生活需求和期望。而他们父辈的生活通常是一个唯一的核心家庭，一处永久的居所（和家具）、一份稳定的工作和信仰。对千禧一代而言，朋友就是家人，他们经常搬家，手中只有很少财富，非常注重体验。

这些洞察给了设计师灵感。最好的灵感当然来自亲身体验，如果你曾经在一间25$m^2$的公寓居住过，就会想着如何让产品足够小，功能足够多，以此来适应小公寓的居住空间。可能你需要的不是电视机，而是一台投影机将整个墙壁当成幕布，也会将空间分割成几个立体储物区块，尽可能地延展，让“螺蛳壳里做道场”尽得其妙。对应的设计会有衣橱用的侧面抽拉挂钩，可以悬挂第二天要穿的衣服。抽屉内置照明条一次看清所有东西，迅速找到心仪的物件。双层衣架可以同时挂两条裤子，免除翻找的烦恼。对应着浅衣柜，推拉式挂衣杆可以轻松拿到靠后的衣服，等等。

在不断的变化和流动性中，千禧一代的工作和生活的界线越来越不明显。家也是办公室，反之亦然。物质并不能为其带来满足感，相反他们渴望有意义、有故事内涵的品牌和与众不同的生活。这一代人希望世界上能有公司相信、展现并从事一些实实在在的事情。这也给了宜家很大的启示，需要将可持续发展作为重要任务，并且体现在其生产销售的全过程中。单是原材料的选择，人们已经能够看出宜家的特色在哪里，亚麻布、更优良的棉花、黄麻、回收PET塑料、木塑复合材料、竹子等一系列可再生的材料成为宜家设计师的首选，践行可持续发展的理念。

“婴儿潮”（生于1946~1964年）的一代人，如今已经成为“不服老的一代”（flat age），这些50岁以上的族群到2015年将有20亿之多。他们拒绝慢下来、拒绝满足现状、拒绝变老，与千禧一代有很多共同之处，很明显的共同点是决意减少家庭规模，以少量的物品和家具过简单的生活，以便更多地去体验生活，丰富人生，培养自己的兴趣和社交圈。因此对家居生活更注重生活品质和舒适度。

这些充满灵感的设计在商场展出给了消费者改善家居环境的冲动，哪怕只是些许的改变也能给家焕然一新的感觉。

资料来源：钱丽娜. 宜家设计 牛在转变视角[J]. 商学院，2014(09)。

（4）行为因素 行为因素主要指消费者在购买过程中对产品的认知、态度、使用等行为特点。主要的细分依据有寻求利益、使用率、消费时机、使用者状况等。

**2. 生产者市场细分标准** 生产者市场与消费者市场相比有所不同：①生产资料的购买者一般是产业用户。②其购买决策是由有关专业人士做出的，一般属于理性行为，受感情因素影响较少。因此，细分消费者市场的标准，虽基本适用于生产者市场，但应对这些标准赋予新的内容，并增加新的标准，见表6-3。

**表6-3 生产者市场细分标准**

| 细分标准 | 主要细分因素 |
|---|---|
| 最终用户 | 商品的规格、型号、功能、品质等 |
| 用户规模 | 大客户、中客户、小客户 |
| 地理位置 | 地区、气候、资源、自然环境、生产力布局、交通运输、通信等 |
| 购买行为 | 利益、使用状况 |

（1）最终用户　在生产者市场上，不同的最终用户（或产品不同的最终用途）对同一种产品追求的利益不同，因而会对商品的规格、型号、品质、功能等方面提出不同的要求。例如，钢材，有的用户需要线材，有的用户需要板材，有的用户则需要管材。企业要根据最终用户来细分市场，以便开展有针对性的营销。

（2）用户规模　在生产者市场上，大客户、中客户和小客户购买力的高低存在很大差异，购买行为也有很大区别。

（3）地理位置　每个国家或地区大都根据自然资源、气候和历史传统形成若干工业区。按用户地理位置来细分市场，便于企业将目标放在用户集中的地区，这样可大大节省推销人员往返于不同客户之间的时间，更加合理充分地利用销售力量；同时，可以更有效地规划运输路线，计划货物的运输。

（4）购买行为　如按用户追求的利益，可以分为注重质量、注重价格、注重服务等不同的用户。按用户使用状况可分为潜在用户、新客户、老客户等。

### 6.1.4　市场细分的方法

市场细分的标准和因素很多，而且各种因素相互影响，共同起作用。因此，采取一定的方法将有关因素综合考虑，才能正确细分市场。市场细分的方法很多，常用的有如下几种。

**1. 一元细分**　对一些通用性较大，挑选性不强的产品往往按一个影响因素划分市场，即一元细分。例如，按粮食品种来细分市场，可分为大米市场、玉米市场、绿豆市场等。又如按收入不同划分可分为高收入市场、中收入市场、低收入市场。

**2. 多元细分**　多元细分即按照两个或两个以上细分标准细分市场。多数产品的需求往往受多种因素的影响，即使同一年龄范围的消费者，由于收入的不同，性别和居住地不同，其需求也会有很大差异。多元细分的表现形式多种多样，常见的有以下几种。

（1）图上作业法　它是指选择两个或两个以上市场细分标准，用绘图的方法使它们有机结合，以此来细分市场。如服装市场细分，如图6-1所示。

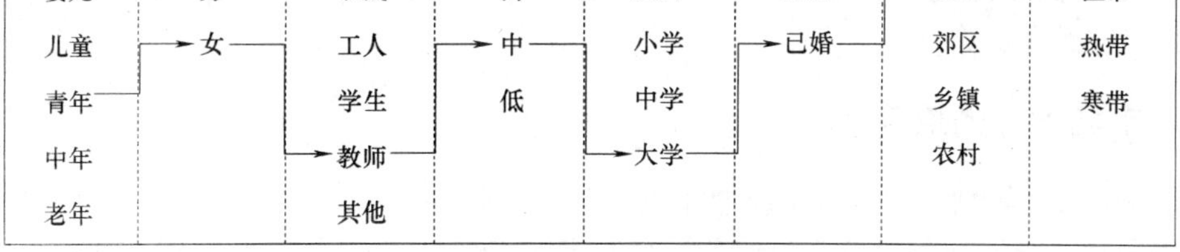

| 年龄 | 性别 | 职业 | 收入 | 教育 | 婚姻 | 住地 | 气候 |
|---|---|---|---|---|---|---|---|
| 婴儿 | 男 | 农民 | 高 | 文盲 | 未婚 | →城市→ | 温带 |
| 儿童 | →女 | 工人 | →中 | 小学 | →已婚 | 郊区 | 热带 |
| 青年 | | 学生 | 低 | 中学 | | 乡镇 | 寒带 |
| 中年 | | →教师 | | →大学 | | 农村 | |
| 老年 | | 其他 | | | | | |

**图6-1　服装市场的细分**

图中8个因素组成了一个服装的细分市场，箭头线所构成的是一个生活在温带城市已婚青年女教师的服装市场。从理论上讲，变动图中任何一项因素都可以形成新的细分市场。

（2）表上作业法　表上作业法即利用表格的形式，采用多项因素排列，选择细分市场。如生产洗发用品的企业，其消费者既有女性，又有男性，还有不同的年龄组，他们对洗发用品有不同的要求。在这种情况下，洗发产品细分市场见表6-4。

表6-4　某企业洗发产品细分市场

| 用途 | 头发性质＼年龄层＼性别 | 男性 | | | | 女性 | | | |
|---|---|---|---|---|---|---|---|---|---|
| | | 儿童 | 青年 | 中年 | 老年 | 儿童 | 青年 | 中年 | 老年 |
| 美容 | 干性 | | | | | | | △ | |
| | 中性 | | | | | | △ | | |
| | 油性 | | | | | | | | |
| 药用 | 干性 | | | | △ | | | | |
| | 中性 | | | | | | | | |
| | 油性 | | | | | | | | |

本例中，按照排列的各种因素，可以形成48个细分市场。企业可以从中选择一个或若干个细分市场作为经营对象。图中三角形表示企业选中的市场。

（3）三维坐标法　它是指选择多项主要细分标准，利用三维坐标形式来细分市场。例如，女性服装市场细分过程如图6-2所示。

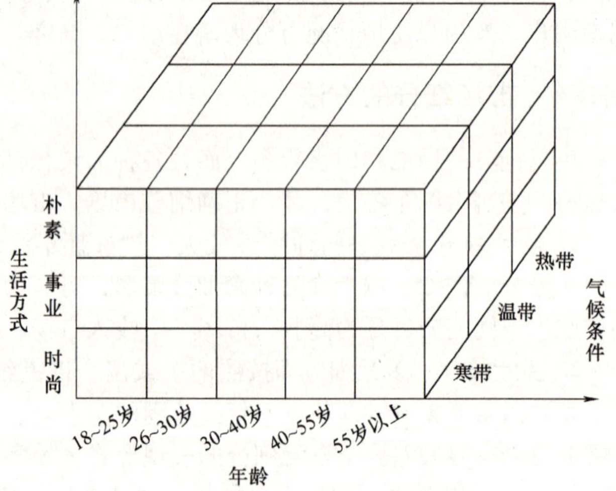


图6-2　女性服装市场细分过程

本例中，按照主要因素排列，可以形成45个细分市场。企业应结合市场潜力、竞争情况和企业优势，选择细分市场满足顾客需要。

**3. 完全细分**　完全细分即对市场所包括的购买者数目进行最大限度的细分，每个购买者都可能成为一个单独的市场。这是市场细分的最极端情况，同时也是最理想的情况，即企业向每位购买者提供不同的产品和营销计划。例如，波音公司面对少数几家大型航空公司，分别为其定制产品；又如服装店为每位顾客量体裁衣，家具厂为顾客定做家具等。

## 6.1.5　市场细分的原则

企业在进行市场细分的过程中应遵循以下基本原则。

**1. 差异性**　市场细分后，不同细分市场消费者的需求存在着明显区别，各细分市场都有其不同于其他细分市场的特征。而在每个细分市场内消费者的需求却具有类似性，有着共

同的特征，表现出类似的购买行为。例如，老年市场和儿童市场是不同的细分市场，两个市场消费者的需求差异很大，但在儿童市场内，每个消费者的需求差别就不大了。

**2. 可衡量性** 可衡量性是指市场细分的标准和细分后的市场是可以确切衡量的。市场细分的标准必须明确、统一，具有可衡量性。细分后市场的范围、容量、潜力等，也必须是可以衡量的，而且能取得购买潜力和购买特征的数据。

**3. 可进入性** 细分市场必须考虑到企业的经营条件、经营能力，使目标市场的选择与企业的资源相一致。企业能以某个细分市场作为目标市场，有效地集中营销能力、开展各种营销活动，同时，消费者能够接受企业的产品，并能通过一定途径购买到这些商品。

**4. 效益性** 细分出的市场需求要有一定的规模，使企业有利可图，并有一定的发展潜力。如果细分市场规模过小，市场容量有限，就没有开发的价值。

**5. 稳定性** 有效的市场细分所划分的子市场还必须具有相对稳定性。企业目标市场的改变必然带来经营设施和营销策略的改变，从而增加企业的投入。如果市场变化过快，变动幅度过大，将会给企业带来风险和损失。一般说来，目标市场越稳定，越有利于企业制订长期的营销策略，越有比较稳定的利润。

## 6.2 目标市场选择

市场细分的目的在于有效地选择并进入目标市场。所谓目标市场，就是企业决定要进入的那个市场部分，也就是企业拟投其所好，为之服务的那个顾客群（这个顾客群有颇为相似的需要）。在现代市场经济条件下，任何产品的市场都有许多顾客群，他们各有不同的需要，而且他们分散在不同地区，因此，一般来说，任何企业（即使是大公司）都不可能很好地满足所有的顾客群的不同需要。为了提高企业的经营效益，企业必须细分市场，并且根据自己的任务目标、资源和特长等，权衡利弊，决定进入哪个或哪些市场部分，为哪个或哪些市场部分服务，选择目标市场。

### 6.2.1 确定目标市场

**1. 目标市场应具备的条件** 为了选择适当的目标市场，必须对各个细分市场进行评估。一般来讲，企业的目标市场必须具备以下条件。

（1）有一定的规模 这是企业选择目标市场的首要条件之一。如果所选择的细分市场过于狭窄，没有一定的需求规模，企业就可能达不到它所期望的销售额和利润；而如果所选择的细分市场过于广阔，企业就会由于铺得过宽而使营销力量显得单薄。

（2）有一定的发展潜力 评估一个细分市场值不值得去经营开发，不仅要看它现有规模这一静态方面，而且还要看到它可能发展变化的动态方面。有的市场目前的规模虽然不大，但从长远来看，可能会迅速增长，有一定发展潜力，这样的细分市场值得去经营。

（3）有足够的吸收力 一个市场可能具有适当的规模和发展潜力，但它不一定就可以作为企业的目标市场，因为它很可能缺乏吸引力。所谓吸引力，主要是指长期获利能力的大小。决定某一市场是否具有长期吸引力，主要有五个因素：①同行业竞争者和细分市场内竞争者的威胁。②潜在进入者和转行的威胁。③替代品的威胁。④购买者（顾客）讨价还价的能力。⑤供应商讨价还价的能力和合作前景。企业必须充分估计这些因素对长期获利所造成的机会和威胁，以便做出明智的选择。

（4）符合企业的目标和资源　理想的目标市场还必须与企业的目标和资源联系起来考虑。有些细分市场虽然规模适合，也具有吸引力，但由于不符合企业的长远目标，也可能要被放弃。如果符合企业目标，但企业没有足够的资源，不具备相当的实力生产比竞争者更优的产品，那么也不能选择这一细分市场作为企业的目标市场。

**2. 确定目标市场的方式**

（1）市场集中化（如图6-3a所示）　这是指企业的目标市场，无论从市场的角度还是产品的角度考察，都集中于一个市场层面上。企业只生产经营一种产品，供应某单一的细分市场。这种模式一般适用于资金有限的小企业或初次进入市场的企业。

（2）产品专业化（如图6-3b所示）　这是指企业集中生产经营某一种产品，用这一种产品满足各细分市场的需求。

（3）市场专业化（如图6-3c所示）　市场专业化是指企业向同一顾客群供应性能有所区别的同类产品。假设一家电冰箱厂专以大中型旅游饭店为目标市场，根据它们的需求生产100L、500L、1 000L等几种不同容积的电冰箱，以满足这些饭店不同部门（如客房、食堂、冷饮部等）的需要。

（4）选择专业化（如图6-3d所示）　选择专业化是指企业决定有选择地进入几个不同的细分市场，为不同的顾客群提供不同性能的同类产品。采用这种策略应当十分慎重，必须以这几个细分市场均有相当的吸引力亦均能实现一定的利润为前提。

（5）市场全面化（如图6-3e所示）　市场全面化是指针对所面临的不同顾客群的多种需求，企业提供多种产品去加以满足。显然，这种策略只能是有雄厚实力的大企业才能采用。

在运用上述五种方式时，企业一般总是首先进入最有吸引力的细分市场，只是在条件和机会成熟时，才会逐步扩大目标市场范围，进入其他细分市场。

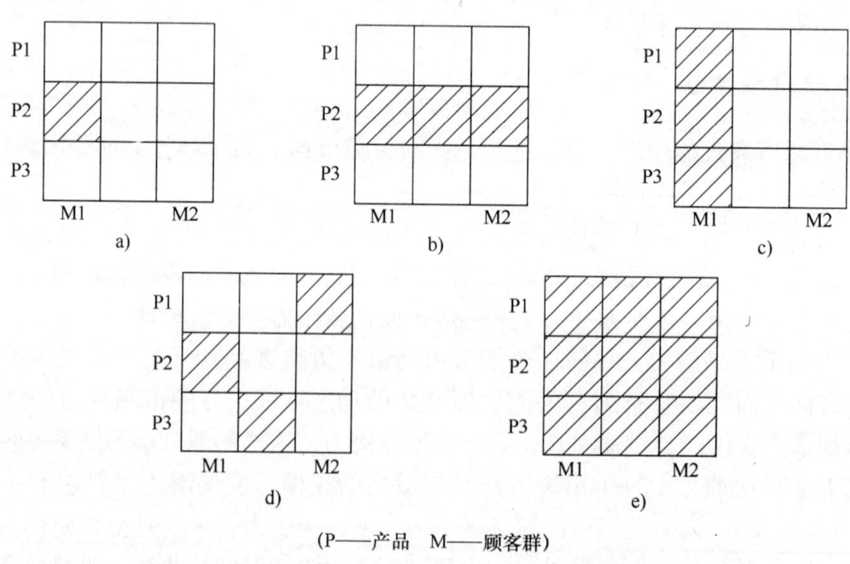


**图6-3　确定目标市场的方式**

a）市场集中化　b）产品专业化　c）市场专业化　d）选择专业化　e）市场全面化

### 6.2.2　目标市场选择策略

企业选择的涵盖市场的方式不同，营销策略也就不一样。归纳起来，有三种不同的目标市场选择策略可供企业选择：无差异性营销，差异性营销，集中性营销。

**1. 无差异性营销**　无差异性营销也叫无差异性市场策略，即企业将整体市场作为目标市场，只推出一种产品来迎合消费者群体中的大多数人。这是一种求同存异的策略，采用此策略的企业把整个市场看成一个整体，它只考虑需求的共性而不考虑差异，运用一种市场营销策略（产品、价格、分销、促销）吸引尽可能多的顾客，如图6-4所示。

图6-4　无差异性市场策略

无差异性市场策略的优点是产品单一，容易保证质量。同时，可以大批量生产，降低生产成本和销售费用。但是，它也有很大的局限性：①以一种产品想得到不同层次、不同类型的所有顾客的满意，长期为全体消费者所接受是不可能的。②同类企业均采用这种策略时，必然要形成激烈的竞争。

**2. 差异性营销**　差异性营销也叫差异性市场策略，即企业把整体市场划分为几个细分市场，针对不同细分市场的特征，设计不同的商品，制订不同的营销策略，满足不同的消费需求，如图6-5所示。

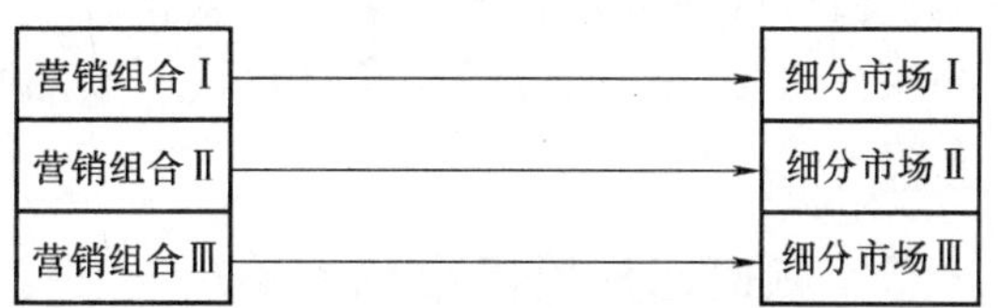


图6-5　差异性市场策略

差异性市场策略的优点是能满足不同消费者的需求，提高产品的竞争能力，从而扩大销售；同时，企业易于取得连带优势，有利于企业树立良好的市场形象，大大提高消费者和用户对该企业产品的信赖程度，提高企业信誉。但由于产品、促销方式及其他营销策略的差异化，增加了管理的难度，使生产成本、管理费用、销售费用大增。目前，只有力量雄厚的大公司采用这种策略。例如，日本日立、松下公司生产多品种、多型号、多规格的家电满足世界各地各种消费者的需求。

**网游音乐会**

国内大型网游开发商虽然正在逐渐重视游戏音乐的制作，但游戏音乐在国内发展仍然很缓慢，而在美国，已经有了成为一个独立产业的趋势。网游音乐是一片蓝海，北京市演出有限责任公司（以下简称“北演”）抓住了这一商机，2013年他们与暴雪公司联合在上海、北京共运作了两场网游音乐会，平均每场8 000个座位，场场爆满，吸引了来自全国各地的近万名暴雪游戏玩家到场观看，共计票房产出200万元。

音乐会上，由北演聘请的国内乐团不但演奏了暴雪公司旗下游戏《魔兽世界》《星际争霸2》和《暗黑破坏神3》等经典游戏中的曲目，来自暴雪公司全球音乐总监 RusseIl Brower 也携带暴雪旗下多款游戏音乐的作曲者 Neal Acree 共同担纲指挥，还邀请国内玩家几乎无人不知的技术工程师到场跟玩家见面，发布了很多新的视频和音乐片断。

由于明确和锁定了观看人群—游戏玩家这一小众市场，不但票房有了保障，商业模式也由此应运而生。

资料来源：郑洁．暴雪网游音乐会：瞄准小众市场中的商机[N]．中国文化报，2013(11)。

**3. 集中性营销** 集中性营销也叫集中性市场策略，是企业既不面向整个市场，也不把精力分散在不同的细分市场，而是集中力量进入一个或很少的几个细分市场，开发一种专业性产品，实行高度专业化的生产和销售，满足特定消费者或用户的需要，如图6-6所示。

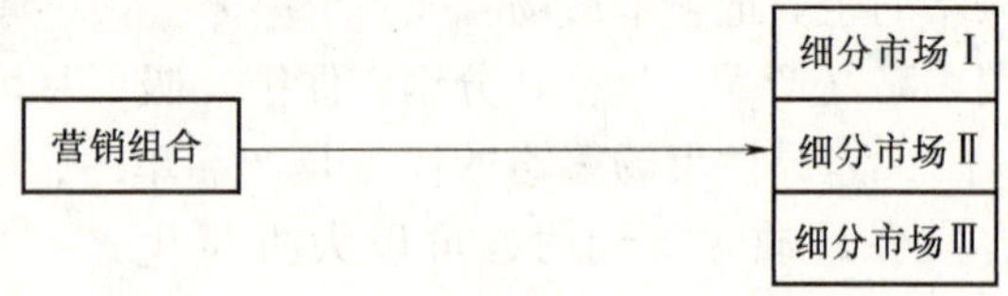


图6-6 集中性市场策略

采用这种策略的企业对目标市场有较深的了解，这是大部分中小企业采用的策略，即用特殊的商品和营销方案去满足特殊消费者的需要。采取这种集中性策略的企业，通常集中针对一个或为数不多的细分后的小市场作为它的目标市场。企业的出发点，是争取在小的市场范围当中获得比较大的占有率。

集中性市场策略的优点是可以节省费用，使企业集中精力创名牌和保名牌，但是也有缺点：实行这种策略对企业来说要承担较大的风险，因为选的市场面比较窄，把全部精力都放在这儿，一旦市场情况变化快、预测不准或是营销方案制订得不利，就可能导致重大的失败。

### 6.2.3 如何选择目标市场策略

一个企业究竟应当采用上述哪一种目标市场策略，取决于企业、产品、市场等多方面的条件。

**1. 企业资源** 如果企业实力雄厚、管理水平较高，根据产品的不同特性可考虑采用差异性或无差异性市场策略；资源有限，无力顾及整体市场或多个细分市场的企业，则宜于选择集中性目标市场策略。

**2. 产品性质** 产品性质是指产品是否同质，能否改型变异。有些产品，主要是某些初级产品，诸如大米、小麦、钢坯、煤炭等，尽管这些产品自身可能会有某些品质差别，但顾客一般并不太重视或不加以区别，即它们适应消费的能力较强，竞争主要集中在价格和服务方面，因而这类产品适宜实行无差异营销；而许多加工制造产品，诸如汽车、机械设备、家用电器、服装、食品等，不仅本身可以开发出不同规格型号、不同花色品种的产品，这种种不同还会带来品质、性能等方面的较大差别，消费者或用户对这类产品的需求也是多样化的，选择性很强，因此，经营这类产品的企业宜于采用差异性或集中性市场策略。

**3. 市场** 如果顾客的需求、购买行为基本相同，对营销方案的反应也基本一样，即市场是同质的，在此情况下可实行无差异性营销；反之，则应实行差异性营销或集中性营销策略。

**4. 产品生命周期** 处于引入期（介绍期）和成长前期的新产品，竞争者少，品种比较单一，宜于采用无差异目标市场策略，以便探测市场需求和潜在顾客。产品一旦进入成长后期或已处于成熟期，市场竞争加剧，就应改行差异性营销，以利于开拓新的市场，尽可能扩大销售，或者实行集中性营销，以设法保持原有市场，延长产品生命周期。

**5. 竞争对手的目标市场策略** 假如竞争对手采用无差异性营销策略，企业就应采用差

异性营销策略，以提高产品的竞争能力。假如竞争对手都采用差异性营销策略，企业就应进一步细分市场，实行更有效的差异性营销或集中性营销；但若竞争对手力量较弱，也可考虑反其道而行之采用无差异性营销策略。

一般说来，企业选择目标市场策略时应综合考虑上述诸因素，权衡利弊，方可做出抉择。目标市场策略应当相对稳定，但当市场形势或企业实力发生重大变化时也要及时转换。竞争对手之间没有完全相同的目标市场策略，一个企业也没有一成不变的目标市场策略。

## 6.3 市场定位

### 6.3.1 市场定位的含义

所谓市场定位，就是企业根据市场特性和自身特点，确立本企业与竞争对手不同的个性或形象，形成鲜明的特色，在目标市场顾客心目中留下深刻的印象从而形成特殊的偏爱，最终在市场竞争中获得优势的过程。

企业想要使自己或其品牌、产品在市场上形成鲜明的特色，就必须有效地迎合目标市场顾客的特定需求或偏好，所以，企业市场定位的过程实际上是一个有效迎合目标顾客特定需求的过程。

企业的市场定位，可以以产品定位为基础，即以自己的相关产品去迎合目标顾客的特定需求。并且，在产品定位的基础上，结合企业的资源条件及营销目标，实现品牌定位以及企业定位。

产品的特色或个性，有的可以从产品实体上表现出来，如形状、成分、构造、性能等；有的可以从消费者心理上反映出来，如豪华、朴素、时尚、典雅等；有的表现为价格水平；有的表现为质量水准等。企业在进行市场定位时，一方面要了解竞争对手的产品具有何种特色，另一方面要研究顾客对该产品的各种属性的重视程度（包括对实物属性的要求和心理上的要求），然后根据这两方面进行分析，再选定本企业产品的特色和独特形象，至此，就可以塑造出一种消费者或用户将之与别的同类产品联系起来而按一定方式去看待的产品，从而完成产品的市场定位。

### 6.3.2 市场定位的步骤

市场定位的关键是企业要设法在自己的产品上找出比竞争者更具有竞争优势的特性。竞争优势一般有两种基本类型：①价格竞争优势，即在同样的条件下比竞争者定出更低的价格。这就要求企业采取一切努力，力求降低单位成本。②偏好竞争优势，即能提供确定的特色来满足顾客的特定偏好。这就要求企业采取一切努力在产品特色上下功夫。因此，企业市场定位的全过程可以通过三大步骤来完成，即确认本企业潜在的竞争优势、准确地选择相对竞争优势和显示独特的竞争优势。

**1. 确认本企业潜在的竞争优势** 这一步骤的中心任务是要回答三大问题：①竞争对手的产品定位如何？②目标市场上足够数量的顾客欲望满足程度如何以及还需要什么？③针对竞争者的市场定位和潜在顾客真正需要的利益要求企业应该做什么，能够做什么？要回答这三个问题，企业市场营销人员必须通过一切调研手段，系统地设计、搜索、分析并报告有关

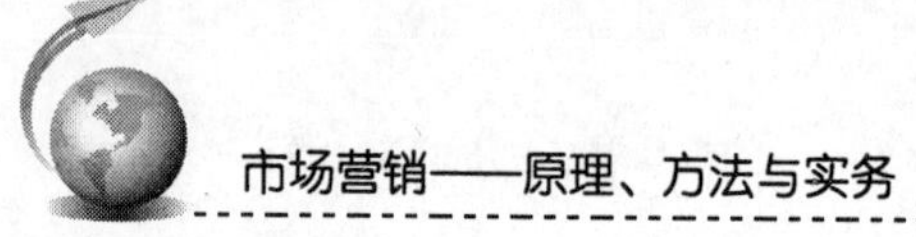


上述问题的资料和研究结果。通过回答上述三个问题，企业就可从中把握和确定自己的潜在竞争优势在何处。

**2. 准确地选择相对竞争优势** 相对竞争优势表明企业能够胜过竞争者的能力。这种能力既可以是现有的，也可以是潜在的。准确地选择相对竞争优势就是一个企业各方面实力与竞争者的实力相比较的过程。

（1）重要性 重要性即对目标顾客来说是最重要的。顾客倾向于记住和选择能满足自己迫切需求的，符合其态度、信念的产品。所以，凡是顾客在购买时最关心的因素均可以用于定位。

（2）独特性 独特性即能够与竞争产品区别开的重要特征。企业应认真分析竞争者的市场定位，并分析自己的产品有哪些独特性，哪些独特性是竞争者所没有的或是不足的，从而可以从中寻找自己与众不同的或优于竞争产品的特点。

（3）优越性 优越性即自己的产品具有明显比现有产品优越的长处。市场上有许多产品都能满足顾客的某种需求，一个产品的特点只有明显优于其他同类产品，才能有效地吸引顾客。例如，对于电视机来说，若仅凭低于其他品牌十几元的价格而强调价格的优势，显然是微不足道的。

（4）领先性 领先性即不易模仿性。通常那些在技术、管理和成本控制等方面有一定难度，不易被其他企业模仿或超越的竞争优势较适宜用于定位。

（5）沟通性 它是指企业选择的这种差异化是可以跟目标顾客沟通的，并且顾客是可以亲身体验到的。

（6）承担性 它是指企业定位选择的这种差异化是目标顾客的货币支付能力可以承担得起的。

（7）盈利性 它是指企业定位选择的这种差异化是同时能够给企业带来利润收益的。

**3. 显示独特的竞争优势** 这一步骤的主要任务是企业要通过一系列的宣传促销活动，使其独特的竞争优势准确地传播给潜在顾客，并在顾客心目中留下深刻印象。为此，企业首先应使目标顾客了解、知道、熟悉、认同、喜欢和偏爱本企业的市场定位，在顾客心目中建立与该定位相一致的形象。其次，企业通过保持目标顾客的了解、稳定目标顾客的态度和加深目标顾客的感情等努力来巩固与市场相一致的形象。最后，企业应注意目标顾客对其市场定位理解出现的偏差或由于企业市场定位宣传上失误而造成的目标顾客模糊、混乱和误会，及时纠正与市场定位不一致的形象。

**USP 定位**

USP 定位即根据企业向目标顾客提供的产品的独特利益来进行定位。所谓 USP（unique selling proposition，简称 USP）即独特利益，是其他竞争对手无法提供或者没有诉求过的，因此是独一无二的。独特卖点必须符合以下四个衡量标准：

- 必须有其价值命题。
- 价值命题应该限于一个或少数一两个。

- 价值命题应该能够反映目标市场的利益。
- 利益必须有独特性。

资料来源：http://www.doc88.com/p-2072067209395.html（有删改）。

### 6.3.3 市场定位的策略与方法

企业常用的市场定位策略主要有避强定位策略、迎头定位策略及重新定位策略。

**1. 避强定位策略** 避强定位策略是指企业力图避免与实力最强或较强的其他企业直接发生竞争，而将自己的产品做不同的定位取向，使自己的产品在某些特征或属性方面与竞争者有比较显著的区别。避强定位策略的优点是能够使企业较快速地在市场上站稳脚跟，并能在消费者或用户心目中树立起一种形象，市场风险较小，成功率较高。其缺点主要是：避强定位往往意味着企业必须放弃某个最佳的市场位置，从而有可能使企业处于最差的市场位置。

**2. 迎头定位策略** 迎头定位策略是指企业根据自身的实力，为占据较佳的市场位置，不惜与市场上占支配地位的竞争对手发生正面竞争而进行的与竞争者相似或相同的定位选择。企业采取迎头定位策略可能引发激烈的市场竞争，因此具有较大的风险性。迎头定位策略在企业实际中屡见不鲜。例如，百事可乐与可口可乐，富士与柯达，肯德基与麦当劳。

**3. 重新定位策略** 重新定位策略是指企业通过自己的定位努力，在打破现有市场定位体系下建立新的定位体系而获得优势地位。重新定位可能是由于市场的原因、顾客需求的变化、竞争的加剧以及企业的竞争优势改变等因素所导致。企业重新定位的目的就在于能够使企业获得新的、更大的市场活力。

企业市场定位的具体方法有很多，常见的方法有以下几种。

（1）强调第一 企业通过强调自己在市场上的明显的优势地位，来突出自己的特点，从而让目标顾客有深刻的印象。通常，人们对“第一”是会予以最高的重视的。也就是说，“第一”的定位选择，最容易让顾客记住。所以，可口可乐通过其“只有可口可乐，才是真正的可乐”来有效地强调自己与顾客的“初恋”，并以此展示自己的市场领先地位。

（2）比附定位 比附定位是以竞争者品牌为参照物，依附竞争者定位。比附定位的对象通常会是行业的领先者。比附定位的目的是通过与强势竞争对手的有效对比，提升自身的价值与知名度。“因为我们第二，所以我们更努力”就是巧妙地利用了强势竞争者的市场位置来提升自己的市场地位。

（3）使用者定位 使用者定位即按照产品与某类顾客的生活形态和生活方式的相互关联进行定位。成功运用使用者定位，可以将企业的产品个性化，从而树立自己独特的产品形象和个性。耐克以喜好运动的人，尤其是乔丹的热爱者为目标消费者，所以它选择了乔丹为广告模特。百事可乐定位于“新一代的可乐”，抓住了新生代崇拜影视偶像的心理特征，请世界级影视明星做广告代言人，从而使“百事”成为“年轻、活泼、时代”的象征。

（4）档次定位 企业及其产品的价值是产品质量、顾客心理感受及各种社会因素（如价值观、文化传统等）的综合反映。定位于高档次的产品，传达了产品（服务）高品质的信息，同时也体现了顾客对它的认同。因此，档次具备了实物之外的价值。事实上，“档次”可以给目标顾客带来自尊和优越感。高档次产品往往通过高价位来体现其价值。例如

一些名贵手表，价格高达十万几十万元人民币，在一些消费者眼中这些名贵手表就是财富与地位的象征。

（5）类别定位　它是指根据产品类别建立的品牌联想来进行定位。类别定位力图在顾客心目中造成该品牌等同于某类产品的印象，以成为某类产品的代名词或领导品牌，力求做到当顾客有了某类特定需求时就会联想到该品牌。例如，快餐使人想到麦当劳，运动饮料使人想到健力宝等。

**小米手机的使用者定位**

小米（MI）科技有限公司在智能手机市场上成为后起之秀，小米手机首先把目标消费群界定为25～35岁的人，这个人群数量庞大，消费能力强，易于接受新事物，喜欢新的尝试。在这个基础上，小米对客户再次细分，找到对手机作为工具使用偏爱的群体，即所谓的发烧友，他们代表了消费前沿，对消费具有示范作用，能引发群体跟风。目标客户的精准定位为小米找到了市场的空白点，利用客户对高品质、低价位的诉求，采用饥饿的心理疗法，差异化的品牌定位避开同质化竞争赢得了客户。

资料来源：李杰. 品牌审美与管理[M]. 北京：机械工业出版社，2014.

**1. 定位图**

定位图是一种直观的、简洁的定位分析工具，一般利用平面二维坐标图的品牌识别、品牌认知等做直观比较，以解决有关定位的问题。定位图的坐标轴代表消费者评价品牌的特征因素，图上各点则对应市场上的主要品牌，它们在图中的位置代表消费者对其在各关键特征因子上的表现的评价。如图6-7所示为啤酒品牌的定位图，图上的横坐标表示啤酒口味苦甜程度，纵坐标表示口味的浓淡程度，而图上各点的位置反映了消费者对其口味和味道的评价。例如百威（Budweiser）被认为味道较甜，口味较浓，而菲斯达（Faistaff）则味道偏苦及口味较淡。

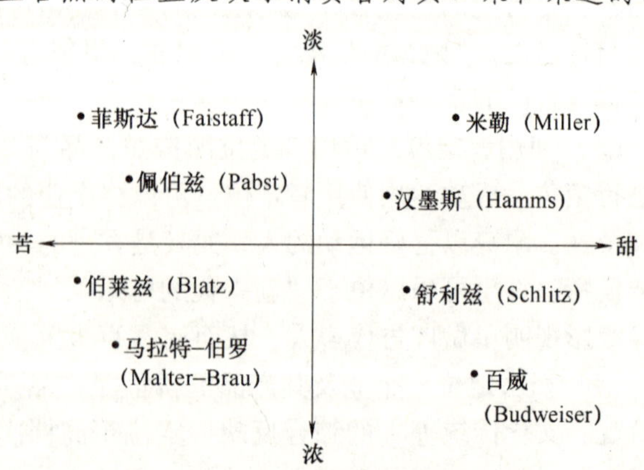

**图6-7　啤酒品牌的定位图**

通过定位图，可以显示各品牌在消费者心目中的印象及品牌之间的差异，可在此基础上做定位决策。定位图应用的范围很广，除有形产品外，它还适用于服务、组织形象甚至个人等几乎所有形式的定位。

**2. 定位图的制作步骤**

（1）确定关键的特征因子　定位图

一般是两维的，这样是为追求其直观性。首先要通过市场调查了解影响消费者购买决策的诸因素及消费者对它们的重视程度，然后通过统计分析确定出重要性较高的几个特征因子，再从中进行挑选。在取舍时首先要剔除那些难以区分各品牌差异的因子（如汽油的价格因子），其次要剔除那些无法与品牌形成竞争的因子，最后一步就是在剩下的因子中选取两项对消费者决策影响最大的因子。有时对于相关程度甚高的若干个因子可将其合并为一综合因子以作为坐标变量，如可将运动鞋的舒适、耐用两特征因子综合为品质因子。

（2）确定诸品牌在定位图上的位置　在选取关键因子后，接着就要根据消费者对各品牌在关键因子上的表现来确定各品牌在定位图上的坐标。在确定位置之前，首先要保证各个品牌的变量值已量化，特别是一些主观变量（如啤酒口味的浓淡程度），必须要将消费者的评价转化为拟定量的数值，只有这样才便于在图上定位。

## 本章小结

**1. 目标市场营销**　目标市场营销是企业在营销环境分析的基础上，结合企业目标及资源条件，通过对市场进行细分，选择自己的目标市场并进行有效的市场定位的战略过程。目标市场营销包括市场细分、目标市场选择和市场定位三个步骤。

**2. 市场细分**　市场细分是企业通过市场调研，根据市场需求的多样性和异质性，依据一定的标准，把整体市场即全部顾客和潜在顾客划分为若干个子市场的市场分类过程。每一个子市场就是一个细分市场，一个细分市场内的顾客具有相同或相似的需求特征，而不同的子市场之间却表现为明显的需求差异。市场细分可以为企业寻找更多、更好的市场机会。

**3. 目标市场选择**　目标市场是企业在市场的细分并对其评价的基础上，企业决定要进入的市场，即企业决定所要销售和服务的目标客户群。企业选择目标市场，首先要确定目标市场的覆盖范围。接着，要制订进入目标市场的市场策略。通常，可以有三种基本的策略选择：无差异性营销策略、差异性营销策略和集中性营销策略。

**4. 市场定位**　市场定位就是企业根据市场特性和自身特点，确立本企业与竞争对手不同的个性或形象，形成鲜明的特色，在目标顾客心目中留下深刻的印象从而形成特殊的偏爱，最终在市场竞争中获得优势的过程。

**重要概念**

目标市场营销　市场细分　地理细分　人口细分　心理细分　行为细分目标市场　无差异性营销策略　差异性营销策略　集中性营销策略　市场定位　产品定位

## 案例分析

### 宝洁公司的市场细分策略

宝洁公司始创于1837年，总部位于美国俄亥俄州辛辛那提市，是世界上著名的日用消费品公司之一。宝洁公司在全球80多个国家设有工厂或分公司，所经营的300多个品牌的产品畅销180多个国家和地区，其中包括美容美发、居家护理、家庭健康用品等。自1988年宝洁公司登陆中国以来，一直是中国最大的日用消费品公司。飘柔、舒肤佳、玉兰油、帮宝适、汰渍及吉列等品牌在各自的产品领域内都处于领先的市场地位。同时，中国宝洁是宝洁全球业务增长速度较快的区域市场之一。目前，宝洁大中华区的销售量和销售额已位居宝洁全球区域市场中的第二位。宝洁公司所取得的重大成就与它采取差异化多品牌营销策略是密不可分的，其产品市场细分的策略亦不容忽视。

（1）宝洁公司的地理细分　地理细分要求把市场细分为不同的地理区域单位，如国家、省、地区、县、城镇和街道，企业可以决定在一个或一些地理区域开展业务，或者面向全部地区，但要注意地区之间的需要和偏好的不同。宝洁公司的地理细分主要表现在产品技术研究方面。例如，宝洁公司把日本、东南亚的消费者头发拿到化验室，经过精心细致的化验，发现东方人的发质与西方人不同，如较硬较干，于是，宝洁公司专门开发了营养头发的潘婷，满足亚洲消费者的需要，潘婷上市后成为宝洁公司在世界范围内销售业绩上升最快的洗发水品牌。又如，汰渍洗衣粉在日本的配方，是根据在日本进行的清洁机构的调查基础上研制出来的。同样是汰渍洗衣粉，由于比利时和欧洲其他地方水中矿物质的含量是美国的两倍，宝洁公司就研制出软化硬水的成分来满足顾客的需求。汰渍产品开发项目小组负责人表示：我们从全世界收集意见和技术。

宝洁公司进军中国市场选择在广州抢滩登陆。选取广州作为最先的目标市场，将其在大陆市场的总部设在广州，然后逐渐向沿海地区（上海等地）扩展，是别具匠心的，因为广州地处珠江三角洲腹地，地理位置得天独厚，是中国的14个沿海开放城市之一，投资环境优越，投资政策优惠。并且广州地区是国内消费水平和购买力居高的代表性区域，而宝洁产品一向以高价位、高品质著称，二者不谋而合。1988年，宝洁在广州成立了中国第一家合资企业——广州宝洁有限公司，为投资中国市场的历程打下坚实的基础，宝洁在广州的投资回报超过了世界各地。

（2）宝洁公司的人口细分　人口细分是将市场以人文统计变量（如年龄、代沟、家庭、性别、收入、职业、教育、宗教、种族、社会阶层）为基础划分的不同的群体。人文统计变量是区分消费者群体最常用的依据，因为消费者的欲望、偏好和使用率经常与人文统计变量有着密切的联系，另外人文统计变量比其他类型的变量更容易衡量。

消费者的年龄和受教育程度对价格的容忍程度有负面的影响。年龄较大、受教育程度越高的消费者对价格涨落的容忍度相对较低，而年龄较小、受教育程度较低的消费者对价格涨落的容忍度相对较高。另外，青年消费者有着求新、好奇、透支消费、追求名牌、注重自我等比较个性化、先导性的消费习惯，年龄较大的消费者则注重商品的实用性。男性消费者的价格容忍程度高于女性消费者，女性消费者对价格较为敏感。

宝洁公司以高价位、高品质的形象进入中国市场，最初洗发水价格是当时国内品牌的3~5倍，价格稍贵，但其高品质的形象、新颖的包装使其具有竞争力。宝洁正是看中了年轻人富有个性色彩的生活画面和先导消费作用，广告画面多选用年轻男女的形象。宝洁的市场定位为青年消费群体，其高份额的市场占有率充分证明了定位的正确性。

收入是进行市场细分的一个常用人口变量，收入水平影响消费者需求并决定他们的购买能力。宝洁的洗衣粉初打入中国市场时，调研发现中国消费者对洗衣粉的功效要求不高，用量是西方国家的1/10。市场细分如下：碧浪定位于高价市场，为5%的市场占有率，汰渍定位于中价市场，为15%的市场占有率，在中国收购和合资的当地品牌熊猫、高富力、兰香定位于低价市场。

近年来，宝洁日化产品在中国的高端市场趋于饱和，进而转向中低端市场。宝洁从主要精力放在创新产品、投放广告方面向降低产品成本方面转型，例如，力推一款2.2元汰渍洗衣粉，历史性地推出9.9元的日常护理洗发液。宝洁在高端市场趋于饱和情况下，推行低价位策略明显考虑了低收入者的消费水平，从而与国内知名品牌争夺庞大的农村市场及低端市场。

（3）宝洁公司的心理细分　心理细分即是根据购买者的社会阶层、生活方式或个性特点，将购买者划分成不同的群体，在同一人文统计群体的人可能表现出较大差异的心理特征。人们对各种商品的兴趣爱好往往受到其生活方式的影响，实际上，他们消费的商品也正是反映出了他们的生活方式。宝洁公司实施全球化战略，意味着无论顾客在世界的哪个位置，他们必须满足其需要，满足对同类产品的不同需求。宝洁做到了这一点并使其成为企业成功的秘诀之一。宝洁强调：不仅要在不同的国家销售产品，还要根据不同国家消费者的需要研制开发新产品。

宝洁注重各国的文化差异，广泛地开展市场调研活动并从中获得不同国家的市场特征，总结教训调整策略。20世80年代，帮宝适在日本的销售失败是最好的证明。当时帮宝适是按美国人的喜好设计的，吸湿性较差，而日本父母更愿意使用吸水性强的尿布，以使婴儿保持干燥状态。宝洁照搬美国的营销战略，当年损失上百万美元。宝洁明白这一点后引入了一种吸水性更强的尿布——Uta尿布，以满足日本父母的要求。宝洁又将尿布改进得更薄，装在一个更小的包装袋出售，以适应日本家庭壁橱空间很小的特点，受到日本妇女的青睐，年销售额很快达到10亿美元高峰。

宝洁为其产品设计理想的中文名称，防止产品名称直译让人难以理解。其中文名称都结合了产品功效特点且形象动人，如飘柔、海飞丝、舒肤佳、激爽、佳洁士等，听起来朗朗上口，容易激发顾客的联想。配上高品质的形象，宝洁无形中提升了消费者对其产品的信赖度。

（4）宝洁公司的行为细分　行为细分是指按照消费者的购买行为细分市场，包括消费者进入市场的程度、使用频率、偏好程度等变量。按消费者进入市场的程度，通常可以划分为常规消费者、初次消费者和潜在消费者，依次可以划分为若干不同的细分市场。一般而言，资金雄厚、市场占有率较高的企业，特别注重吸引潜在购买者，企业通过营销战略，特别是广告促销策略及优惠的价格手段，把潜在消费者变为企业产品的初次消费者，进而再变为常规消费者。而一些中、小企业，特别是无力开展大规模促销活动的企业，主要注重吸引常规消费者。宝洁公司在广告方面投入的资金是庞大的，处在日化行业的霸主地位上，宝洁实行全球化的营销战略。广告方面的支出使宝洁公司的产品家喻户晓，加上其高品质的形象、中高档的价位为其赢得一批潜在消费者，最终转化为常规消费者。

不同的消费者对同一产品追求的利益是不同的，偏好也不尽相同。产品的不同功效会满足不同消费者的利益需求。在美国市场上，宝洁拥有8种洗衣粉品牌，6种肥皂品牌，4种洗发水品牌和3种牙膏品牌。以洗发水为例，4个品牌皆有不同的定位，比如飘柔的“柔顺头发”，潘婷的“健康且富含维生素B5”，海飞丝的“有效祛除头屑”，维达沙宣的“使头发柔亮润泽”。通过这种将一个品牌和一种特殊产品的特性和功能联系起来的方式，宝洁不仅成功地加强了品牌在顾客心中的印象，而且在洗发水市场上取得良好的声誉，这有助于将来引进新产品的推广。

资料来源：高云燕. 宝洁公司的市场细分策略[J]. 科技情报开发与经济，2007(17).

**思考与分析**

1. 宝洁公司是如何进行市场细分的？

2. 宝洁公司的目标市场选择策略是什么?

3. 你如何评价宝洁公司的目标市场营销战略?

营销实训

**知名品牌目标市场探究**

【训练目的】了解知名品牌的目标市场营销。

【训练方案】在全国很多城市都有时装品牌"ZARA"的身影，以3~5人为一个小组，调查分析"ZARA"的目标市场、市场定位和市场进入策略。

**复习与思考**

1. 什么是市场细分?为什么要进行市场细分?

2. 市场细分的客观依据是什么?

3. 简述市场细分的程序和方法。

4. 简述目标市场的确定和目标市场的策略。

5. 你认为下述企业是怎样进行市场定位的?海尔，亚马逊，格兰仕，IBM，麦当劳，联想。

延伸阅读

**1.《定位》(美)艾·里斯(Al Ries)，杰克·特劳特(Jack Trout). 王恩冕，译. 机械工业出版社，2012.**

**作者简介：**艾·里斯，里斯伙伴主席，定位之父，营销史上的传奇大师，全球最顶尖的营销战略家。他被《广告时代》评选为"全球十大顶尖商业大师"；杰克·特劳特，定位之父，被摩根士丹利推崇为高于迈克尔·波特的战略家。是全球最顶尖的营销战略家。

**内容提要：**本书提出了被称为"有史以来对美国营销影响最大的观念"——定位，改观了人类"满足需求"的旧有营销认识，开创了"胜出竞争"的营销之道。本书阐述"定位"观念的产生，剖析"满足需求"无法赢得顾客的原因，给出如何进入顾客心智以赢得选择的定位之道，揭示了现代企业经营的本质(争夺顾客)，为企业阐明了获胜的要诀(赢得心智之战)。

**2.《首席品牌官日志》徐浩然，刘晓午. 中国经济出版社，2014.**

**作者简介：**徐浩然，北京大学博士后，全面品牌管理主要创始人，全国品牌社团组织联席会主席，国内首位民企首席品牌官，国内首个品牌评价国家标准起草人，国内首家省属品牌学会会长。刘晓午，品牌专家、财经评论家，央广财经评论员、CCTV证券资讯频道评论员、中国经营报评论员，"中国品牌学习俱乐部"首席品牌专家，中国人民大学卓越EMBA客座讲师。

**内容提要：**以中国首部原创性品牌管理理论——"全面品牌管理"

理论为指导，第一次运用日志式案例分析的方法，对中国及全球热度最高的品牌案例和事件进行了专业品牌分析与分享，总结了贴近实战的多种品牌管理模型和打法。一天一个案例，教你如何在中国玩转品牌。品牌案例包括苹果、可口可乐、特斯拉、星巴克、联想、华为、万科和远东等知名公司。

## 网站推荐

1. 中国经营网 http://www.cb.com.cn/
2. 中国策划专家网 http://www.666-666.net/
3. 中华策划协会网 http://www.chinaapt.org/

# 第7章 产品策略

学习目标

1. 理解整体产品及产品组合的概念
2. 掌握产品生命周期各阶段的特点及营销策略
3. 了解新产品开发的概念及其开发程序
4. 掌握品牌、商标及包装的基本知识及策略

学习指导

任务驱动

**耐克：以技术创新引领行业未来**

2012年耐克公司全球销售总收入超过233亿美元，继续保持全球体育用品第一品牌的位置。“我们会给世界上最优秀的运动员配备前所未有的创新技术，通过向全球各地选手提供此类技术，使新技术实现商业化”。技术革新和高质量的产品已经成为耐克参与市场竞争的基石，耐克公司的创新产品正满足着不同消费者的需求，引导着全球体育用品业的发展再推广。

1982—2004年，耐克公司共申请199项专利，年平均申请专利约8项。2005—2009年，耐克公司共申请专利603项，年平均专利申请达到117项。2010—2012年间，耐克公司共申请专利781项，年平均专利申请252项。专利申请数量的快速发展，表明耐克公司在技术研发方面的投入越来越大。早在1981年，耐克公司在研发方面的投入已经达到400万美元，对于美国制鞋企业来说已经是天文数字。不断推陈出新是耐克公司一贯的作风，公司不断鼓励设计师们从各个领域，尤其是仿生学，寻找创作灵感，并根据工作需要不定时地安排设计师们到世界各地度假旅游以汲取灵感。随着绿色环保标准的不断提高，耐克公司在制造工艺中逐渐摒弃胶水粘合剂等有毒材料，重视环保材料的开发使用。环保材料的设计使得产品成本大幅增加，然而却迎合了消费者的环保需求，销量反而增加。同样，随着智能手机的普及和移动互联的快速发展，耐克公司抓住了消费者了解和交流运动数据的兴趣，让运动数据与移动设备实现对接。

随着信息技术、网络技术的不断发展，耐克公司也在不断探索利用哪些新技术和如何利用这些新技术实现产业升级和技术结构调整。2006 年推出 Nike + iPod 运动包，在鞋底置入微型计速传感器。2010 年耐克设计了 Nike + GPS 应用，将 GPS、重力感应等传感器芯片集成到运动产品和智能手机中。2012 年，耐克发布了智能健身腕带，运用加速度测量技术将手腕动作信息分享到 Nike + 社区或智能手机上。同年 12 月，耐克与被称为企业孵化器的科技之星（TechStars）公司合作启动了“耐克 + 加速器”项目，鼓励创业团队利用 Nike + 的平台开发出更加创新的应用。耐克的设计重点逐步由实体层面转向信息层面，数字界面、软件、智能化及交互使用成为耐克产品的共同特征。耐克的系列数字产品体现了吸收新技术发展成果，不断激发创新点的理念。

结合案例，谈谈产品创新的重要性。

资料来源：王磊，司虎克. 以技术创新引领行业未来[N]. 北京体育大学学报，2014-8-37(8)。

产品是企业市场营销组合中的一个最主要因素。在现代市场上，企业间的激烈竞争都是以产品为中心进行的，企业的其他营销要素都是围绕产品策略展开的。

产品是市场营销组合中最重要也是最基本的因素，即第一要素。任何企业在制订市场营销战略计划时，首先要考虑的就是产品策略问题，因为产品是市场营销活动的中介，只有通过它才能使生产者和消费者之间实现交换的目的；其次，企业只有提供满足消费者需求的产品和服务，才能实现获取利润的目标；此外，市场营销组合中的其他三个要素：价格、渠道、促销，都是以产品策略为基础的。因此，产品策略直接影响和决定着其他市场营销组合的因素，关系着企业市场营销的成败。

## 7.1 产品与产品组合

### 7.1.1 产品及产品整体概念

**1. 产品的基本概念** 什么是产品？人们从不同的角度给予产品不同的定义。一般来说，对产品的理解存在广义和狭义之分。

狭义的产品是指某种为销售而生产出来的、满足人们需要的有形实体，如汽车、服装、牙刷、电视机等。这一定义强调产品的物质属性，是对产品的一种狭义认识，是属于生产观念的传统看法。这种理解将非生产劳动的非物质形态的产物，以及不仅仅是满足生存需要的产物都排除在外了。在科学技术高速发展、商品极大丰富、市场竞争日趋激烈的市场环境下，狭义的产品概念已不能适应需要了。

在现代市场营销中，产品概念具有极其宽广的外延和深刻的内涵。产品是指能够通过交换满足消费者或用户某一需求或欲望的任何有形物品和无形的服务。有形物品包括产品实体及其品质、款式、特色、品牌和包装等；无形服务包括可以给顾客带来附加利益和心理满足感的售后服务、保证、产品信誉、企业形象等。这种概念是从现代营销的角度定义的，是产品整体的概念。

**2. 产品整体概念** 从市场营销学角度出发，产品的概念是一个整体概念。产品是指能够提供给市场以满足顾客需求的任何东西，即所谓的“整体产品”。产品可以包括实物、服务、体验、事件、人员、地点、所有权、组织、信息和创意等一切有形的和无形的东西，或者是它们的组合。关于产品的整体概念，营销学界曾用3个层次来表述，即核心产品、形式产品和延伸产品（附加产品），这种研究思路与表述方式已沿用了多年。近年来，菲利普·科特勒等学者认为用以下5个层次来表述产品的整体概念则更加准确，如图7-1所示。

（1）核心产品　核心产品是指向顾客提供的基本效用或利益，即产品的使用价值，是构成产品的最核心的部分。顾客购买某种产品，并不是为了占有或获得产品本身，而是为了获得满足某种需要的利益或效用。比如，人们购买空调不是为了获取装有某些电器零部件的物体，而是为了在炎热的夏季满足凉爽、在寒冷的冬季满足温暖的需求。顾客购买的不是物质实体，而是购买最有效的利益，因此，营销人员向顾客销售的任何产品，都必须具有反映顾客核心需求的基本效用或利益。

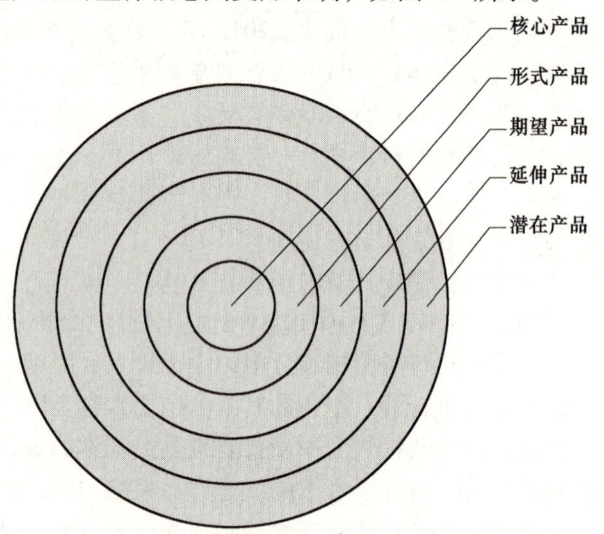

图7-1　整体产品概念的五个层次

（2）形式产品　形式产品是指核心产品借以实现的形式，或目标市场对某一需求的特定满足形式。形式产品由5个特征所构成，即品质、式样、特色、品牌及包装。即使是纯粹的劳务产品，也具有类似的形式上的特点。产品的基本效用必须通过特定形式才能实现，市场营销人员应努力寻求更加完善的外在形式以满足顾客的需要。

（3）期望产品　期望产品是指购买者在购买该产品时，期望得到的与产品密切相关的一整套属性和条件。比如，顾客购买电冰箱时期望该冰箱能在省电的情况下，保持食物的新鲜，使用安全可靠等。

（4）延伸产品　延伸产品是指顾客购买形式产品和期望产品时，附带获得的各种利益的总和。主要包括产品说明书、产品保证、送货、安装、调试、维修、零配件供应、技术培训等。

在竞争激烈的市场中，企业对延伸产品的精心管理是企业提高竞争力的保证。尤其是在产品的性能和外观相似的情况下，产品竞争力的高低往往取决于延伸产品。国内外许多企业的成功，在一定程度上应归功于他们更好地认识了服务在产品整体概念中所占的重要地位。许多情况表明，新的竞争并非凭借各公司在其工厂所生产的产品，而是取决于公司能否正确发展延伸产品，即依靠附加在产品上的包装、服务、广告、顾客咨询、资金融通、运送、仓储及其他具有价值的形式。能够正确发展延伸产品的公司，必将在竞争中赢得主动权。

（5）潜在产品　潜在产品是指现有产品包括所有附加产品在内的，可能发展成为未来最终产品的潜在状态的产品，指出了现有产品的可能演变趋势和前景，如彩色电视机可能发展为计算机终端机等。

产品的5个层次，非常清晰地体现了以消费者为中心的现代营销观念。这一概念的内涵与外延都是以消费者需求为标准的，由消费者的需求决定的。可以说，产品整体概念是建立在“需求=产品”这样一个等式基础之上的。没有产品整体概念，就不可能真正贯彻现代营销观念。

### 7.1.2 产品组合

**1. 产品组合及其相关概念**

（1）产品组合的含义　产品组合（Product Mix）是指企业提供给市场的全部产品线和产品项目的组合或结构，即企业的业务经营范围。产品组合包括 4 个变量：产品组合的宽度、长度、深度和关联度。企业为了实现营销目标，充分有效地满足目标市场的需求，必须设计一个优化的产品组合。

产品线（Product Line）是指具有相同使用功能，能满足同类需求，但其型号、规格、款式、档次不同的一组密切相关的产品，亦称为产品系列或产品大类。比如，以类似的方式发挥功能、售给相同的顾客群、通过同样的销售渠道出售、属于同样的价格范畴等。

产品项目（Product Item）是衡量产品组合各种变量的一个基本单位，指同一产品线或产品系列内的每一个具体的产品。它是产品目录中经特别设计的不同功能、尺寸、规格、型号、颜色、用途等特点的产品，如同一品种有 3 个品牌即为 3 个产品项目。例如，百货公司经营金银首饰、化妆品、服装鞋帽、家用电器、食品、文教用品等，这就是产品组合；而其中“家电”、“鞋帽”等大类就是产品线，每一大类里包括的具体品牌、品种为产品项目。

（2）产品组合的因素　企业产品组合通常从宽度、长度、深度和关联度四个维度进行分析。

1）产品组合的宽度。产品组合的宽度（Product Mix Width）又称产品组合的广度，是指一个企业拥有的产品线的数量。产品线数量越多，说明企业产品组合的宽度越宽。产品组合的宽度反映了一个企业市场服务面的宽窄程度以及企业承担投资风险的能力。加大企业产品组合的宽度，可以扩大企业的经营范围，充分、合理地利用好企业的各项资源，提高经济效益，降低经营风险。在表 7-1 中我们可以看到，宝洁为中国市场提供许多产品，有洗发护发用品、个人清洁用品、护肤用品与化妆品、妇女保健用品、口腔护理用品、织物与家居护理产品、剃须用品、婴儿护理用品、纸巾类用品及家居用品，共计 10 个系列。所以，宝洁的产品组合宽度为 10。

2）产品组合的长度。产品组合的长度（Product Mix Length）是指企业产品线中的产品项目数量的总和。其中，总长度是所有产品线中的产品项目数量总和，而平均长度是平均每条产品线的产品项目数量总和。在表 7-1 中，宝洁在中国市场的产品组合的总长度是 30，平均长度则是 30/10 =3。增加产品组合的长度，可使产品线更加丰满，同时，也给每个产品系列增加更多的变化因素。

3）产品组合的深度。产品组合的深度（Product Mix Depth）是指产品线中每个产品项目所具有的花色、口味、规格等不同种类的数量。在宝洁的产品组合里，佳洁士牙膏包括佳洁士茶爽牙膏、佳洁士双效洁白牙膏、佳洁士舒敏灵牙膏、佳洁士多合一牙膏、佳洁士防蛀薄荷牙膏、佳洁士清新牙膏、佳洁士盐白牙膏、佳洁士防蛀含氟牙膏以及佳洁士草本清新牙膏 9 个种类之多。不考虑规格的差异，佳洁士牙膏的深度为 9。同样的办法，我们可以计算出所有产品项目的深度，累加在一起，就得到产品组合的总深度。总深度用总长度去除就可以得到产品组合的平均深度。增加产品组合的深度，可使各产品线有更多的花色品种，适应顾客的不同需要，扩大总销售量；增加产品组合的深度，可适应不同顾客的需要，吸引更多的买主。

4）产品组合的关联度。产品组合的关联度（Product Mix Consistency）又称产品组合的密度或相关性，是指产品组合的各个产品线在最终使用、生产条件、分销渠道或其他方面相关联的程度，这种相关联的程度越高，产品组合的相关性就越大。显然，相关性的高低同观察的角度不同有关：在生产上看上去相关性很高，有可能在消费上来看相关性很低。产品组合相关性的高低，可决定企业在多大领域内加强竞争地位和获得更高的声誉。增加产品组合的相关性，可以充分发挥企业现有的生产、技术、分销渠道和其他方面的能力，提高企业的竞争力，增强其市场地位，提高经营的安全性。

必须注意，企业所面对的市场环境因素是动态多变的，各种因素的变化必然会对企业产品的营销产生正负不同的影响。因此，企业要经常对自己的产品组合进行分析、评估和调整，力求保持最适当、合理的产品组合。

**宝洁公司的产品组合**

宝洁公司的产品组合见表 7-1。

**表 7-1　宝洁（中国）公司的产品组合**

| 产品线 | 产品项目 |
| --- | --- |
| 洗发护发用品 | 飘柔、潘婷、海飞丝、沙宣洗发护发系列、伊卡璐、塞巴斯汀、伊卡璐丝焕、威娜 |
| 个人清洁用品 | 舒肤佳香皂、玉兰油香皂、舒肤佳沐浴露、玉兰油、沐浴乳、激爽香皂、激爽沐浴露、卡玫尔沐浴露 |
| 护肤用品与化妆品 | 玉兰油护肤系列、SK-Ⅱ、海肌源 |
| 妇女保健用品 | 护舒宝卫生巾、朵朵卫生巾 |
| 口腔护理用品 | 佳洁士牙膏、佳洁士牙刷、欧乐-B |
| 织物与家居护理产品 | 碧浪、汰渍洗衣粉 |
| 剃须用品 | 吉列系列、德国博朗 |
| 婴儿护理用品 | 帮宝适纸尿片 |
| 纸巾类用品 | 得宝纸巾 |
| 家居用品 | 金霸王电池 |

资料来源：http://www.pg.com.cn/Products/。

**2. 产品组合调整策略**　对企业现行产品组合进行分析和评估之后，找出存在的问题，就要采取相应措施，调整产品组合，以求达到最佳组合。产品组合的调整策略有以下几种。

（1）扩大产品组合　扩大产品组合即扩展产品组合的宽度或深度，增加产品系列或项目，扩大经营范围，生产经营更多的产品以满足市场的需要。当市场需求不断扩大，营销环境有利，企业资源条件优化时，就需要扩大企业产品组合以争取更大发展；或者当企业预测到现有产品线的销售额和利润率在未来可能下降时，就必须及时考虑在现有产品组合中增加新的产品线，或加强其中有发展潜力的产品线。

（2）缩减产品组合 缩减产品组合即降低产品组合的宽度或深度，剔除那些不获利或获利能力小的产品线或产品项目，集中力量生产经营一个系列的产品或少数产品项目，提高专业化水平，力争从生产经营较少的产品中获得较多的利润。当市场不景气或原材料、能源供给紧张，企业费用水平太高时，缩减产品线反而能使企业的总利润增加。

**为拓产品线汇源进军运动饮料市场**

以 1.18 亿元的价格并购三得利食品后不久，汇源果汁又将目光投向了运动饮料市场。2014 年 4 月，汇源推出首款可补充活力的果汁饮料。

目前，汇源在果汁行业所占的市场份额较高，市场再提升的空间相对有限，扩充产品线成为比较棘手的问题。AC 尼尔森的统计数据表明，汇源果汁的销量占果汁品类市场份额的 56%，零售市场份额的 50%；中浓度果汁品类占市场份额的 45.2%，零售市场份额的 38.5%。绝对是果汁市场的领导者。相比之下，果汁以外的其他饮料产品销售额占比为 18.5%，下滑 14.3%。可见，2013 年汇源果汁的营收依旧由中高浓度果汁支撑。

汇源集团一直试图为汇源寻找果汁以外的新增长点。在以 1.18 亿元的价格并购三得利食品后不久，汇源果汁又将目光投向了运动饮料市场。据悉，国内功能饮料人均消费量仅是全球水平的 1/10，未来市场空间较大。但是国内运动饮料市场呈现出一家独大的局面，红牛占据 80% 的市场份额，其他如健力宝、佳得乐、脉动及后来者启力、乐虎等市场份额都较小。据不完全统计，2013 年，整体饮料市场将近 2 000 亿元，行业整体增长在 10% 左右，但功能饮料的增幅是 3 倍于整体行业的速度。根据 AC 尼尔森的零售数据，功能饮料市场这两年一直保持着超过 30% 的增幅。其中，2012 年市场同比增长 38%，2013 年同比增长 36%。品牌专家表示，这次汇源进军功能饮料市场，也正是看好了其在市场上的高增长性。

汇源此次推出的飞能（Freenergy）活力补充饮料，其目标受众为喜欢运动健身、把运动当作生活一部分的人群，首发上市共推出西柚、水蜜桃、青柠三种口味。作为汇源首款活力补充饮料，其果汁含量为 10%，产品中含有多种天然维生素和电解质。其中，电解质可快速补充身体因流汗流失的钠、钾，而天然果汁和 B 族维生素能够提供人体所需的维生素，提升人体代谢及抗氧化能力，使人在运动后能快速补充营养，恢复体力。

汇源方面表示，公司未来仍将聚焦果汁主业，但会在一元化的前提下推行多元化发展，拓展非果汁业务，丰富产品线。

资料来源：袁远. 为拓产品线汇源进军运动饮料市场[N]. 中国贸易报，2014-5-15(007)。

## 7.2 新产品开发

新产品开发是企业未来生命的源泉。在现代社会，消费者的需求不断变化，技术也在迅速发展和传播，产品生命周期则相应缩短。不仅顾客需要新产品，为了保持或提高销量，企业也需要积极寻找、发展新产品。

### 7.2.1 新产品的概念及种类

市场营销学使用的新产品概念，不是从纯技术角度理解的。一种产品只要在功能或形态上得到改进，与原有产品产生差异，并为顾客带来新的利益，即可视为新产品。它包括以下4种基本类型。

**1. 全新新产品** 全新新产品即应用科技新理论、新原理、新技术、新结构、新材料等制造的前所未有的全新新产品。

**2. 换代新产品** 换代新产品又称革新产品，是为适合新用途，满足新需要，在原有产品的基础上采用新技术而制造出来的性能有显著提高的新产品。例如，黑白电视机革新为彩色电视机，盘式录音机革新为盒式录音机。

**3. 改进新产品** 改进新产品是采用各种新技术，对现有产品的性能、质量、规格、型号、款式等做一定的改进的新产品，如新款式的服装。

**4. 仿制新产品** 仿制新产品是指市场上已有的，企业为了竞争的需要而仿制的新产品，又称为企业新产品。

企业在其内部的环节获得新产品的过程就是新产品开发的过程。企业的新产品开发活动必须根据市场需求变化和市场供求关系的新特点来进行，并采用市场细分化的营销新策略。企业新产品开发要按照市场需求和购买行为的差异性，努力发现新的需要、新的用户、新的机会，主动开拓新市场，从而保证企业市场经营的成功。

### 7.2.2 新产品开发的必要性

企业之所以要大力开发新产品，主要有以下原因。

**1. 产品生命周期的现实要求企业不断开发新产品** 企业同产品一样也存在着生命周期。如果不开发新产品，当产品走向衰落时，企业也同样走到了生命周期的终点。相反，若企业能不断开发新产品，就可以在原有产品退出市场时，利用新产品占领市场。一般来说，当一种产品投放市场时，企业就应当设计新产品，任何时期都有不同的产品处在周期的各个阶段，从而保证企业利润的稳定增长。

**2. 消费需求的变化需要不断开发新产品** 随着生产的发展和人们生活水平的提高，需求也发生了很大变化，方便、健康、轻巧、快捷的产品越来越受到消费者的欢迎。消费结构的变化加快、消费选择更加多样化、产品生命周期日益缩短，一方面给企业带来了威胁，企业不得不淘汰难以适应消费需求的老产品；另一方面也给企业提供了开发新产品适应市场变化的机会。

**3. 科学技术的发展推动着企业不断开发新产品** 科学技术的迅速发展导致许多高科技新型产品的出现，并加快了产品更新换代的速度。科技的进步有利于企业淘汰过时的产品，生产性能更优越的产品，并把新产品推向市场。企业只有不断运用新的科学技术改造自己的产品，开发新产品，才不至于被排挤出市场。

**4. 市场竞争的加剧迫使企业不断开发新产品** 现代市场上企业之间的竞争日趋激烈，要想保持竞争优势只有不断创新、开发新产品，才能在市场上占据领先地位。竞争中没有疲软的市场，只有疲软的产品。定期推出新产品可以提高企业在市场上的信誉和地位，提高竞争力，并扩大市场份额。

**三星率先进入智能手表市场**

三星在移动设备领域一直被看作是苹果的追随效仿者。可穿戴式设备曾被三星的竞争对手们视作是打败它的新机会。但当大多数的手机厂商们仍在这一领域的门外徘徊观望时，三星的智能手表率先走进了市场。

2013 年夏末，三星正式发布了 GALAXY Gear 智能手表，这款 1.63in（1in = 2.54cm）大小屏幕的手表自带摄像头、支持 S 语音功能，续航 25h 以上，满足用户的日常使用。例如，消费者在双手手提购物袋时接打电话，只需对着 GALAXY Gear 讲话即可，无须触摸屏幕。此外，用户还可以利用 GALAXY Gear 的 S 语音功能编写短信、新建日历备忘、设定闹钟、查看天气等。这款手表在全球 140 多个国家和地区开始销售。

这也意味着这家韩国电子巨头，不再是从前智能手机领域效仿苹果公司的快速追随者，而是试图在移动终端的下一个蓝海市场率先占领高地，在技术与品牌营销的双驱动下，从追随者向领导者转变。

资料来源：李杰. 品牌审美与管理[M]. 北京：机械工业出版社，2014:162。

### 7.2.3 新产品开发的程序

为了提高新产品开发的成功率，必须建立科学的新产品开发管理程序。不同行业的生产条件与产品项目不同，管理程序也有所差异，但一般企业研制新产品的程序如图 7-2 所示。

**1. 新产品构思** 构思是为满足一种新需求而提出的设想。在产品构思阶段，营销部门的主要责任是：寻找，积极地在不同环境中寻找好的产品构思；激励，积极地鼓励公司内外人员发展产品构思；提高，将所汇集的产品构思转送公司内部有关部门，征求修正意见，使其内容更加充实。最高管理层是新产品构思的主要来源。新产品构思的其他各种来源包括发明家、专利代理人、大学和商业性的研究机构、营销研究公司等。

**2. 筛选** 筛选的主要目的是选出那些符合本企业发展目标和长远利益，并与企业资源相协调的产品构思，摒弃那些可行性小或获利较少的产品构思。筛选应遵循如下标准。

（1）市场成功的条件 它包括产品的潜在市场成长率、竞争程度及前景、企业能否获得较高的收益。

（2）企业内部条件 企业内部条件主要衡量企业的人、财、物资源，企业的技术条件及管理水平是否适合生产这种产品。

（3）销售条件 销售条件是指企业现有的销售结构是否适合销售这种产品。

（4）利润收益条件 它是指产品是否符合企业的营销目标，其获利水平及新产品对企业原有产品销售的影响。

这一阶段的任务是剔除那些明显不适当的产品构思。筛选新产品构思可通过新产品构思评审表进行。

在筛选阶段，应力求避免两种偏差：一种是漏选好的产品构思，对其潜在价值估价不足，失去发展机会；另一种是采纳了错误的产品构思，仓促投产，造成失败。

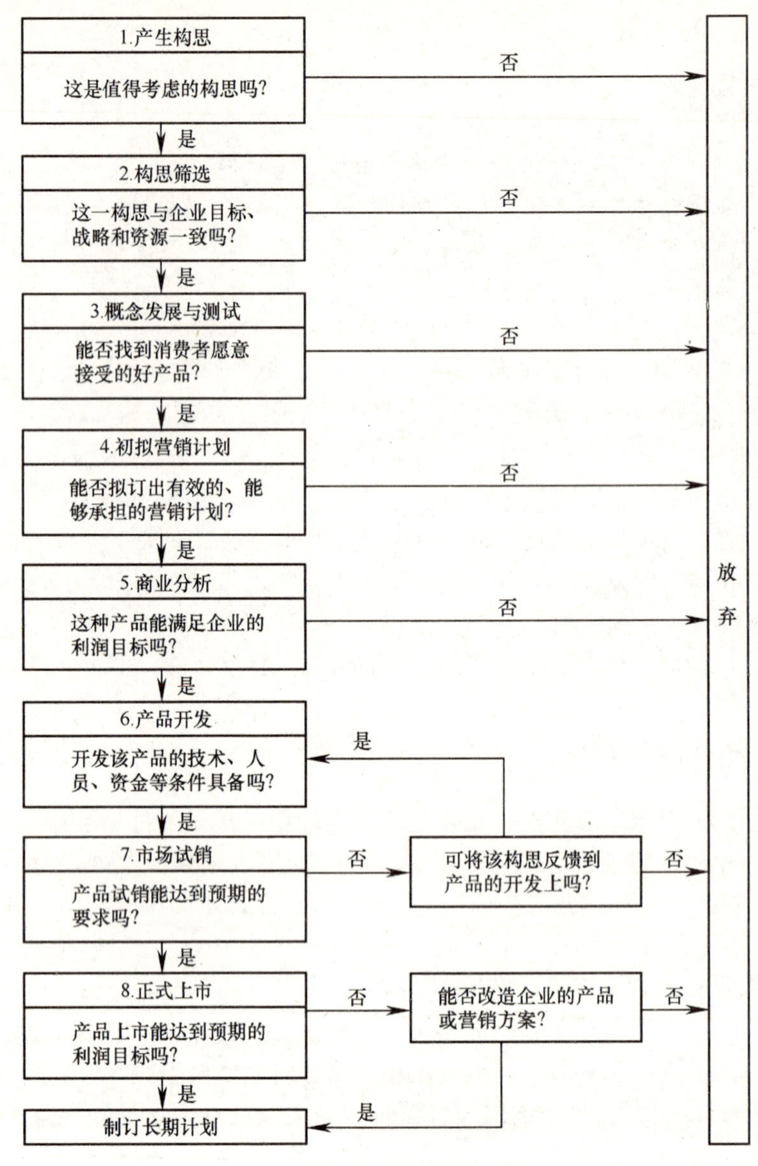


图 7-2　新产品开发流程图

**3. 产品概念的形成与测试**　新产品构思经筛选后，需进一步发展更具体、明确的产品概念。产品概念是指已经成型的产品构思，即用文字、图像、模型等予以清晰阐述，使之在顾客心目中形成一种潜在的产品形象。

一个产品构思能够转化为若干个产品概念。每一个产品概念都要进行定位，以了解同类产品的竞争状况，优选最佳的产品概念。选择的依据是未来市场的潜在容量、投资收益率、销售成长率、生产能力以及对企业设备、资源的充分利用等，可采取问卷方式将产品概念提交目标市场有代表性的消费者群进行测试、评估，产品概念的问卷可以包括以下问题：你认为这种产品与一般产品相比有什么优点？该产品是否能够满足你的需求？与同类产品比较，你是否偏好此产品？你能否对产品属性提供某些改进的建议？你认为价格是否合理？产品投入市场后，你是否会购买（肯定买、可能买、可能不买、肯定不买）？问卷调查可帮助企业确立吸引力最强的产品概念。

**4. 初拟营销规划** 企业选择了最佳的产品概念之后，必须制订把这种产品引入市场的初步市场营销计划，并在未来的发展阶段中不断完善。初拟的营销计划包括3个部分：①描述目标市场的规模、结构、消费者的购买行为、产品的市场定位以及短期（如3个月）的销售量、市场占有率、利润率预期等。②概述产品预期价格、分销渠道及第一年的营销预算。③分别阐述较长时期（如3~5年）的销售额和投资收益率以及不同时期的市场营销组合等。

**5. 商业分析** 商业分析即从经济效益分析新产品概念是否符合企业目标。它包括两个具体步骤：预测销售额和推算成本与利润。

预测新产品销售额可参照市场上类似产品的销售发展历史，并考虑各种竞争因素，分析新产品的市场地位、市场占有率等。这时，公司可能会用到一些运筹学中的决策理论。比如，在一个假设的营销环境下，对几种不同销量和产量下的盈利率进行估计，运用不同的准则（如乐观准则、悲观准则和最可能准则）模拟计算出可能的报酬率及其概率分布。对那些为全球市场开发的新产品来说，做这些工作更加复杂，因为需要考虑的潜在顾客和市场范围更大。

**6. 新产品研制** 新产品研制主要是将通过商业分析后的新产品概念交送研发部门或技术工艺部门试制成为产品模型或样品，同时进行包装的研制和品牌的设计。这是新产品开发的一个重要步骤，只有通过产品试制，投入资金、设备和劳力，才能使产品概念实体化，并发现不足与问题，再经过改进设计，才能证明这种产品概念在技术、商业上的可行性如何。应当强调，新产品研制必须使模型或样品具有产品概念所规定的所有特征。

**7. 市场试销** 新产品试销应对以下问题做出决策。

1）试销的地区范围。试销市场应是企业目标市场的缩影。

2）试销时间。试销时间的长短一般应根据该产品的平均重复购买率决定，再购率高的新产品，试销的时间应当长一些，因为只有重复购买才能真正说明消费者喜欢新产品。

3）试销中所要取得的资料。一般应了解首次购买情况（试用率）和重复购买情况（再购率）。

4）试销所需要的费用开支。

5）试销的营销策略及试销成功后应进一步采取的战略行动。

**8. 商业性投放** 新产品试销成功后，就可以正式批量生产，全面推向市场。这时，企业要支付大量费用，而新产品投放市场的初期往往利润微小，甚至亏损。因此，企业在此阶段应对产品投放市场的时机、区域、目标市场的选择和最初的营销组合等方面做出慎重决策。

### 7.2.4 新产品的采用与扩散

**1. 消费者采用新产品的程序** 人们对新产品的采用过程，客观上存在着一定的规律性。美国学者罗吉斯调查了数百人接受新产品的实例，总结归纳出人们接受新产品的程序和一般规律，认为消费者接受新产品一般表现为以下5个重要阶段。

（1）认知 这是个人获得新产品信息的初始阶段。新产品信息情报的主要来源是广告或者其他间接的渠道（如商品说明书、技术资料等）。人们在此阶段获得的情报还不够系统，只是一般性了解。

（2）兴趣 在此阶段消费者不仅认识了新产品，并且发生了兴趣。在此阶段，消费者会积极地寻找有关资料，进行对比分析，研究新产品的具体功能、用途、使用等问题。如果满意，消费者将会产生初步的购买动机。

(3) 评价　在这一阶段，消费者主要权衡采用新产品的边际价值，如采用新产品获得的利益和可能承担的风险，从而对新产品的吸引力做出判断。

(4) 试用　试用是指顾客开始小规模、少量地试用新产品。通过试用，顾客评价自己对新产品的认识及购买决策的正确性。企业应尽量降低失误率，详细介绍产品的性质、使用和保养方法。

(5) 采用　采用是指顾客通过试用收到了理想的效果，放弃原有的产品，完全接受新产品，并开始正式购买、重复购买。

**2. 顾客对新产品的反应差异与市场扩散**　在新产品的市场扩散过程中，由于社会地位、消费心理、产品价值观、个人性格等多种因素的影响制约，不同顾客对新产品的反应具有很大的差异。

(1) 创新采用者　创新采用者也称为“消费先驱”，通常勇于革新冒险，性格活跃，其消费行为很少听取他人意见；他们经济宽裕，社会地位较高，受过高等教育，易受广告等促销手段的影响，是企业投放新产品时的极好目标。

(2) 早期采用者　早期采用者一般是年轻消费者，他们富于探索，对新事物比较敏感并有较强的适应性，经济状况良好，对早期采用新产品具有自豪感。这类消费者对广告及其他渠道传播的新产品信息很少有成见，促销媒体对他们有较大的影响力，但与创新采用者比较，他们持较为谨慎的态度。

(3) 早期大众　这部分消费者一般很少有保守思想，并接受过一定的教育，有较好的工作环境和固定的收入；对社会中有影响的人物，特别是自己所崇拜的“舆论领袖”的消费行为具有较强的模仿心理；不甘落后于潮流，但由于经济条件所限，购买高档产品时持非常谨慎的态度，他们经常是在征询了早期采用者的意见之后才采纳新产品。研究他们的心理状态、消费习惯，对提高产品的市场份额具有很大的意义。

(4) 晚期大众　晚期大众是指比较晚地跟上消费潮流的人。他们的工作岗位、受教育水平及收入状况往往比早期大众略差，对新事物、新环境多持怀疑态度或观望态度，往往在产品成熟阶段才加入购买。

(5) 落后的购买者　这些人受传统思想束缚很深，思想非常保守，怀疑任何变化，对新事物、新变化多持反对态度，固守传统消费行为方式，在产品进入成熟期后期以至衰退期才能接受。

新产品的整个市场扩散过程，从创新采用者至落后购买者，形成了完整的“正态分布曲线”，这与产品生命周期曲线极为相似，为企业规划产品生命周期各阶段的营销战略提供了有力的依据。

## 7.3　产品生命周期

### 7.3.1　产品生命周期的概念及其阶段划分

产品生命周期（Product Life Cycle）是产品从投放市场开始，经过投入期、成长期、成熟期和衰退期直至退出市场的整个过程。由于产品在产品寿命周期的不同阶段，具有不同的特点及市场状况，企业必须根据实际情况调整、安排自己的营销策略。

**1. 产品生命周期的不同阶段** 根据产品市场状况的变化，通常将产品生命周期分为4个不同阶段，即产品投入期、成长期、成熟期和衰退期。如果以产品在市场上的销售收入及利润的变化来反映产品的寿命周期过程，可以得到产品寿命周期曲线，如图7-3所示。

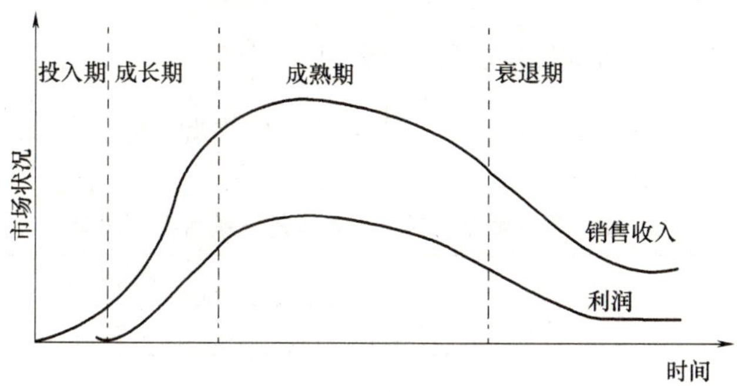


**图7-3 产品生命周期曲线**

（1）投入期 投入期又叫发生期、介绍期，是新产品投入市场的初期阶段。由于新产品刚投放市场，市场对新产品不了解，需求量很少，所以这一阶段销量很少；同时，由于生产、技术方面的原因，生产规模也相对较小，产品质量有可能不稳定，生产成本高；加上企业要加大投入、进行广告宣传、铺设渠道网络等，导致企业在这一阶段可能亏损。

（2）成长期 成长期又称发展期。如果新产品可以成功渡过投入期，便进入成长期。成长期是产品销售量（额）和利润迅速增长的阶段。在这一阶段，越来越多的消费者开始熟悉并接受新产品。同时，由于产量扩大并形成规模，企业单位生产成本和销售成本都在下降，利润大幅增长。进入成长期，特别是在成长期后期，由于看到新产品市场迅速扩展并有利可图，越来越多的竞争者也开始加入进来。

（3）成熟期 成熟期又叫饱和期、稳定期。进入这一阶段，产品绝对销量达到最大。但由于市场需求趋于饱和，销售的增长速度缓慢并开始下降。产品已经是标准化生产。同时，竞争者利用各种手段争夺消费者，竞争不断激化，降价成为非常普遍的选择。因为企业在增加促销等费用的同时，还必须降低价格，企业利润不断下降。

（4）衰退期 经过成熟期，产品很快进入衰退期。这时，由于新产品或替代产品的不断出现，产品已经逐渐被人遗忘，市场需求不断变小，产品的销售量（额）以及利润迅速下降，利润到后来可能成为零或负值，产品也将由此退出市场。

**2. 划分产品生命周期的方法**

在实际中，并不是所有的产品都有产品生命周期，且产品生命周期各阶段的划分也并无一定的标准。所以，为了使产品生命周期理论有实际运用价值，通常按以下几种方法对产品生命周期的不同阶段做大致的划分。

1）类比法。类比法即根据类似产品的产品生命周期情况，进行对比、分析和判断。例如，可以参照黑白电视机的产品生命周期情况来判断、分析彩色电视机的产品生命周期发展阶段。

2））按销售增长率进行划分。按销售增长率进行划分即通过预测销售增长率的数据，利用一定的标准来区分产品寿命周期的各个阶段。例如，当预测销售增长率达到 10 % 以上时，可以认为产品已经进入成长期。

3）按产品普及率进行划分。一般，当产品普及率≤ 4 % 时，产品应在投入期；而成长期的产品普及率为5% ~50%；普及率51% ~90%为成熟期；普及率为91%以上时则进入衰退期。通常，这种方法特别适用于判断家用电器产品所处的寿命周期阶段。

### 7.3.2　产品生命周期各阶段的营销策略

由于产品在不同阶段具有不同特点，所以企业必须由此确定不同的营销目标，并设计不同的营销对策（见表7-2）。

表 7-2　产品生命周期不同阶段的营销目标与对策

| | | 投入期 | 成长期 | 成熟期 | 衰退期 |
|---|---|---|---|---|---|
| 特点 | 销售 | 低 | 迅速增加 | 高峰 | 减少 |
| | 成本（单位顾客） | 高 | 平均 | 低 | 低 |
| | 利润 | 亏损 | 增加 | 高 | 减少 |
| | 顾客 | 领先采用者 | 早期采用者 | 中间采用者 | 滞后采用者 |
| | 竞争者 | 极少 | 逐渐增加 | 多，逐渐减少 | 减少 |
| 营销目标 | | 迅速让市场接受，打开销量 | 最大限度地占有市场份额 | 稳定市场份额，获取最大利润 | 减少支出，榨取最后收益 |
| 营销对策 | 产品 | 提供基本产品 | 提供产品的扩展品、服务及保证 | 品牌和式样的多样化 | 逐步淘汰衰退产品 |
| | 价格 | 成本加成定价 | 市场渗透价格 | 可以与竞争者抗衡或战胜竞争者的价格 | 降价 |
| | 渠道 | 选择性分销 | 密集型分销 | 更密集广泛的分销 | 有选择地减少无利的分销网点 |
| | 促销 | 加强促销，吸引试用 | 适当减少促销 | 增加促销、鼓励品牌转换 | 将促销降低到最低水平 |

**1. 投入期的营销对策**　产品在投入期的营销策略应该以帮助企业迅速渡过这一阶段为基本目的。

在这一阶段，企业可以综合考虑自己的产品、价格、渠道及促销策略。通常，企业可以先为市场提供一种基本产品、通过特定的渠道向高收入顾客促销，使市场尽快出现第一批购买者。站在价格与促销策略制订的角度，就价格、促销分成高低两个不同水平，企业可以有4 种不同选择，如图 7-4 所示。

（1）快速撇脂　采用这种对策，企业可以以高价格及高强度的促销，迅速推出新产品，以求迅速打开市场、尽快扩大市场销量，取得较高的市场份额。这种对策主要适用于知名度不高、但确有特点因此市场潜在规模大的新产品；它面对的顾客应该具有较高的购买能力且愿意按价购买。另外，由于面对竞争者的潜在威胁，企业必须迅速建立顾客的品牌偏好。

| 价格 \ 促销 | 高 | 低 |
|---|---|---|
| 高 | 快速撇脂 | 缓慢撇脂 |
| 低 | 快速渗透 | 缓慢渗透 |

图 7-4　投入期的 4 种营销对策

（2）缓慢撇脂　采用这种对策，企业用高价格及少量的促销推出新产品，以求用尽可能少的支出获得尽可能大的收益。这种对策通常适用于市场规模小、已经有一定知名度的新产品，同时，企业面对的顾客愿意支付高价，而潜在的竞争威胁不太大。

（3）快速渗透　企业用低价格及大量的促销推出新产品，以求迅速占领市场，取得较大的市场份额。这种对策通常适用于市场规模大、顾客对新产品不太了解，同时，企业面对的顾客对价格十分敏感，而潜在的竞争威胁非常严重。企业希望通过取得高的市场占有率拥有大的销售规模，并以规模的扩大和生产经验的积累而大幅降低成本。

（4）缓慢渗透　采用这种对策，企业用低价格及少量的促销推出新产品，以求通过低价提升销量，通过少量促销节省成本。这种对策通常适用于市场规模很大、已经有一定知名度的新产品，同时，企业面对的顾客对价格敏感，而潜在的竞争威胁不太大。

**2. 成长期的营销对策**　进入成长期，企业的营销对策以维持其市场增长并尽可能大地拥有市场份额为主要目的，主要采取以下对策。

1）不断完善产品质量，增加新的产品功能、款式及特色，并保证产品品质不下降。

2）积极寻找新的市场，并尽可能多地迅速进入新的细分市场。

3）通过各种促销手段，有效地对目标顾客建立有利于自己的品牌偏好。

4）如果需要，可以通过适当地降低价格吸引对价格敏感的购买者。

5）在成长期后期，慎重扩大生产规模及新增投资。

**3. 成熟期的营销对策**　成熟期具有“既大又长”的显著特征，即进入成熟期产品销售将达到最大规模且经历的时间跨度最长。因此，企业在成熟期的基本营销对策应该以保持高的销售水平并尽可能延长这一时期为主要目的。

（1）调整市场　企业通过各种方式寻找新的细分市场和营销机会，尽量为企业获得新的销售来源。例如，企业可以通过发掘没有用过本产品的新顾客、设法提升现有顾客的产品使用量与使用频率、为产品重新定位以吸引更多的顾客群以及设法争夺竞争者的顾客等方式来调整自己的市场，从而有效地延长成熟期。

（2）调整产品　企业通过调整自己的产品来满足更多顾客的需要，从而扩大产品销售。主要的做法可以有提高产品质量、增加产品功能以及改进产品款式。

（3）调整营销组合　除产品调整以外，企业还可以通过调整营销组合的其他环节来满足不同顾客的需要，从而也达到扩大销售、延长成熟期的目的。

**4. 衰退期的营销对策**　进入衰退期，产品已成“昨日黄花”，被大多数顾客放弃。产品的市场销量急速下降、企业利润不断减少，并有可能将无以为继，最终退出市场。进入这一阶段，企业的正常选择应该是“有计划地撤离”，即有计划地主动将衰退产品撤离市场，以“四世同堂”的方式保证企业有新产品替代旧产品来满足顾客需求，保证企业利润目标的有效实现。

## 7.4　品牌与包装策略

### 7.4.1　品牌及相关概念

**1. 品牌**　品牌是用以识别某个销售者或某群销售者的产品或服务，并使之与竞争对手的产品或服务区别开来的商业名称及其标志，通常由文字、标记、符号、图案和颜色等要素或这些要素的组合构成。就其实质来讲，它代表着销售者对交付给购买者的产品特征、利益和服务的一贯性的承诺。品牌包括品牌名称与品牌标志。

品牌名称是指品牌中可以用语言称谓表达的部分，如李宁、耐克、麦当劳等。

品牌标志是指品牌中可被认出、易于记忆但不能用言语称呼的部分。

一个品牌可从以下 6 个方面透视。

（1）属性　属性是品牌最基本的含义，品牌首先代表着特定的商品属性，如“奔驰”代表着工艺精湛、制造优良、昂贵、耐用、速度快，公司可用一种或几种属性做广告，多年来“奔驰”的广告一直强调“全世界无可比拟的工艺精良的汽车”。

（2）利益　品牌体现了特定的利益。顾客不是在买属性而是买利益，这就需要属性转化为功能性或情感性的利益。就“奔驰”而言，“工艺精湛、制造优良”可转化为“安全”的利益，“昂贵”可转化为“令人羡慕、受人尊重”的利益。

（3）价值　品牌体现了生产者的某些价值感。

（4）文化　品牌可能代表某种文化。“奔驰”蕴涵着“有组织、高效率、高品质”的德国文化。

（5）个性　不同的品牌会使人们产生不同的联想，这是由品牌个性所决定的。“奔驰”让人想到一位严谨的老板，“红旗”则让人想到一位严肃的领导。

（6）用户　品牌暗示了购买或使用产品的消费者类型。

当受众可识别品牌的六个方面时，称之为深度品牌，否则只是一个肤浅品牌。品牌最持久的含义是其价值、文化、个性，它们构成了品牌的实质。

**2. 商标**　商标是一个法律概念，是经过政府有关部门注册获得专用权而受法律保护的一个品牌或品牌的一部分。

现代商标作为一种产权，不但受到各个国家法律的保护，而且在国际上还受到以《保护工业产权巴黎公约》（1883 年）为基础的国际工业产权制度的保护。

**3. 品牌资产**　品牌资产是一种超越商品或服务本身利益以外的价值。它通常通过为消费者和企业提供附加利益来体现，并与某一特定的品牌联系在一起。若某种品牌能给消费者提供的超过商品或服务本身以外的附加利益越多，则该品牌对消费者的吸引力越大，因而品牌资产价值越高。如果该品牌的名称或标志发生变更，则附着在该品牌上的资产价值将全部或部分丧失。品牌给企业带来的附加利益最终源自对消费者的吸引力和感召力，即品牌的知名度、认知度、联想度、消费者忠诚度和品牌形象。

品牌资产作为企业财产的重要组成部分，具有以下特征。

1）无形性。品牌资产与厂房、设备等有形资产不同，它不能使人通过感觉器官直接感受到它的存在与大小，所以品牌资产是一种无形资产。这种无形性，一方面增加了人们对其直接把握的难度，这也是我国部分企业不重视品牌资产的原因，另一方面决定了其所有权的获得与转移也与有形资产存在差异。有形资产通过市场交换的方式取得所有权，而品牌资产通过品牌或商标的使用者申请注册，由法定注册机关予以确立。

2）在利用中增值。就有形资产而言，投资就会增加资产存量，利用则会减少资产存量。但品牌作为一种无形资产，其投资与利用往往交织在一起，品牌资产的利用并不一定会减少品牌资产，若利用得当，会增加资产。如因品牌扩张，就会提高品牌影响力。

3）难以准确计量。品牌资产的计量较有形资产的计量相比，难度较大，甚至无法准确计量。其原因一方面是由品牌资产构成的特殊性决定的，品牌资产需要通过消费者对品牌的认知度、联想度、忠诚度和品牌本身的品质形象来透视，而这些因素又是相互联系、影响，彼此交错的，难以截然分开；另一方面，反映品牌资产的品牌获利性受多种因素的影响，这也增加了计量的难度。

4）波动性。由于品牌的知名度、联想度、消费者忠诚度和品牌形象不是一开始就形成的，而是品牌经营者长期经营的结果，如果经营得法，其资产就会增加，否则就会减少，所以品牌资产会随着品牌经营状况而波动。

5）它是评价营销绩效的重要指标。由于品牌反映了企业与消费者的关系，所以企业要开展积极的市场营销活动，履行企业对消费者的承诺。品牌资产的高低反映了企业市场营销的总体水平，是评价营销绩效的重要指标。

相关链接 7-2

**2014 年 BRANDZ 全球最具价值品牌排名**

2014 年全球最具价值品牌排名见表 7-3。2014 年 BRANDZ 最具价值中国品牌排名前十名见表 7-4。

表 7-3　2014 年 BRANDZ 全球最具价值品牌排名前十位

| 排名 | 英文品牌名 | 中文名 | 地区 | 行业 | 品牌价值/亿美元 | 一年价值变动(%) |
|---|---|---|---|---|---|---|
| 1 | Apple | 苹果 | 北美 | 技术 | 1 242 | 19 |
| 2 | Microsoft | 微软 | 北美 | 技术 | 630 | 11 |
| 3 | Google | 谷歌 | 北美 | 技术 | 566 | 19 |
| 4 | Coca-Cola | 可口可乐 | 北美 | 饮料 | 561 | 2 |
| 5 | IBM | IBM | 北美 | 技术 | 479 | -5 |
| 6 | McDonald's | 麦当劳 | 北美 | 餐饮 | 399 | 1 |
| 7 | General Electric | 通用电气 | 北美 | 多元化经营 | 371 | 9 |
| 8 | Samsung | 三星 | 亚洲 | 技术 | 350 | 19 |
| 9 | Toyota | 丰田 | 亚洲 | 汽车 | 313 | 22 |
| 10 | Louis Vuitton | 路易·威登 | 欧洲 | 奢侈品 | 299 | 5 |

资料来源：http://www.forbeschina.com/list/more/2217（有删改）。

表 7-4　2014 年 BRANDZ 最具价值中国品牌排名前十名

| 排　名 | 品　牌 | 品牌价值/百万美元 | 排　名 | 品　牌 | 品牌价值/百万美元 |
|---|---|---|---|---|---|
| 1 | 工商银行 | 2 562.19 | 6 | CCTV | 1 716.65 |
| 2 | 国家电网 | 2 415.62 | 7 | 中化 | 1 425.39 |
| 3 | 中国石油 | 1 795.86 | 8 | 中国一汽 | 1 236.75 |
| 4 | 中国移动通信 | 1 789.28 | 9 | 腾讯 | 1 206.39 |
| 5 | 中国人寿 | 1 745.36 | 10 | 联想 | 1 168.25 |

资料来源：http://brand.icxo.com/htmlnews/2014/06/24/1453628.htm（有删改）。

**4. 品牌设计** 品牌设计要求如下。

1）简洁醒目，易读易懂，使人在短时间内留下印象，易于理解记忆并产生联想。“美加净”“佳洁士”，其品牌易记易理解，被誉为商品品牌的文字佳作。“M”这个普通的字母，对其施以不同的艺术加工，就可以形成表示不同商品的标记或标志：棱角圆润、鲜艳金黄色拱门形的“M”是麦当劳的标记，给人以亲切之感，已出现在全世界 73 个国家和地区的数百个城市的闹市区，是人们喜爱的快餐标志；而棱角分明、双峰突起的“M”是摩托罗拉产品的标志，突出了自己在无线电领域的特殊地位和高科技形象。

2）构思巧妙，暗示属性，品牌应是企业形象的典型概括，反映企业个性和风格，产生信任。Benz（本茨）先生作为汽车发明人，以其名字命名的奔驰车，100 多年来赢得了顾客的信任，其品牌一直深入人心。那个构思巧妙、简洁明快、特点突出的圆形汽车方向盘似的特殊标志，已经成了豪华、优质、高档汽车的象征。

3）富有内涵，情意浓重，品牌可引起顾客强烈兴趣，诱发美好联想，产生购买动机。“红豆”是一种植物，是美好情感的象征，同时，“红豆”也是江苏红豆集团的服装品牌和企业名称，其英文是“The seed of love”（爱的种子）。提起它，人们就会想起王维的千古绝句和牵动人心的相思之情。红豆服装正是借助“红豆”这一富有中国传统文化内涵、情意浓重的品牌“红”起来的。

4）避免雷同，超越时空。品牌运营的最终目标是通过不断提高品牌竞争力，超越竞争对手。如果品牌的设计与竞争对手雷同则将永远居于人后，达不到最终超越的目的。

在我国，由于企业的品牌意识还比较淡薄，品牌运营的经验还比较少，品牌雷同的现象非常严重。据统计，我国以“熊猫”为品牌名称的公司有 311 家，“海燕”和“天鹅”两个品牌分别由 193 家和 175 家公司同时使用。除重名以外，还有品名极其相似的品牌。

**5. 品牌策略** 品牌策略是产品策略的一个重要组成部分，企业品牌策略的主要内容如图 7-5 所示。

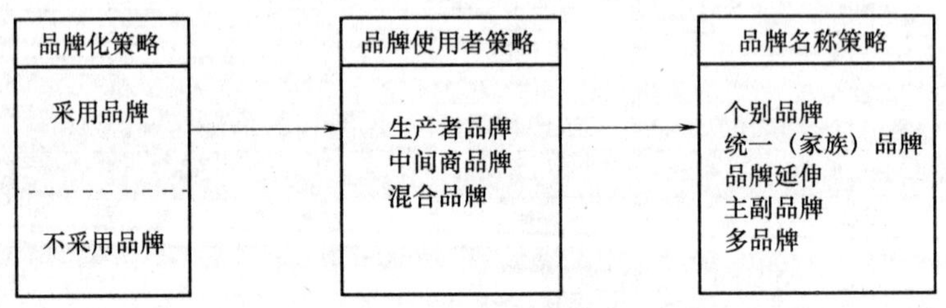


**图 7-5 品牌策略流程图**

（1）品牌化策略 企业首先要决定是否给产品建立一个品牌。并不是所有的产品都必须使用品牌，但市场上大多数产品都是使用品牌的。使用品牌，特别是运作比较成功的品牌，给企业带来的益处是不可低估的。可口可乐的老板曾宣称：“即使我的工厂在一夜间烧光，只要我的品牌还在，我就能马上恢复生产。”有时企业的品牌价值大大超过了企业拥有的有形资产的价值。

（2）品牌使用者策略 品牌使用者策略就是品牌归属问题决策。对此，企业有以下三种可供选择的策略。

1）使用自己的品牌，这种品牌就称为制造商品牌或生产者品牌。

2）使用中间商品牌，也称私人品牌，即企业将产品售给中间商，由中间商使用他们自己的品牌将产品转卖出去。例如我国的一些服装厂接受美国最大零售商西尔斯百货公司的订货，用该公司的品牌在美国销售。

3）使用混合品牌，即企业对部分产品使用自己的品牌，而对另一部分产品使用中间商品牌。

（3）品牌名称策略　产品走向市场必须有一个名字，企业如何为产品命名，一般有以下几种策略可供选择。

1）个别品牌策略，即不同的产品使用不同的品牌。例如，五粮液酒厂生产的白酒有“五粮液”“五粮醇”“尖庄”“五粮春”“浏阳河”等不同品牌。

2）统一品牌策略，即企业所有的产品都使用同一个品牌，如春兰、长虹、飞利浦等公司的产品都使用其各自公司的同一个品牌。

3）分类品牌，即在企业对所有产品进行分类的基础上，不同类别的产品使用不同的品牌。例如，法国欧莱雅集团公司拥有不同价位的产品线，兰蔻等走高端路线，美宝莲、欧莱雅等则走大众路线。

4）主副品牌策略。通常可以以名称作为主品牌，同时给各产品打一个副品牌，以副品牌来突出产品的个性形象。例如，“海尔——小神童”洗衣机，副品牌“小神童”传神地表达了“体积小、计算机控制、全自动、智能型”等产品特点和优势，但消费者对它的认可，主要是基于对海尔品牌的信赖。

5）品牌延伸策略，也称品牌扩展，是指企业利用已经成功的品牌推出改良产品或新产品。耐克品牌最初从运动鞋起步，后来逐步扩大到运动服和其他运动产品；百事可乐公司在饮料市场获得成功后，又向市场推出了同一品牌的运动鞋、运动衣、牛仔裤等。这样做可以降低广告宣传费用，有利于新产品投入市场，也有利于企业创名牌。

6）多品牌策略，是指同一个企业在同一种产品上设立两个或多个相互竞争的品牌。例如美国的宝洁公司，它在洗发水、清洁剂等产品上都同时使用多个品牌。多品牌策略可以使企业产品在商场中占有较大的货架空间，形成强有力的竞争态势；还可以满足消费者不同需求，扩大企业销售；也有利于企业内部品牌之间的竞争，提高经营效率。但也可能导致每个品牌的市场份额较少而无利可图。

### 7.4.2　包装决策

包装（Packaging）是为产品提供容器或包裹物及其设计装潢的行为。大多数有形产品在从生产领域转移到消费领域的过程中，都需要有适当的包装。因此，包装是整个产品生产的重要组成部分。产品包装一般包括以下内容。

（1）首要包装　首要包装是产品的直接容器或包装物，它保证产品的正常存在及其功能的正常发挥。例如，饮料的瓶子、牙膏的软管等。

（2）次要包装　次要包装是保护首要包装的包装物。例如，装牙膏软管的纸盒等。

（3）运输包装　运输包装是为了便于储存、识别和运输产品所需要的装运包装。例如，装运牙膏的大纸板箱。

（4）标签　标签是打印或贴在包装上，随包装一起出现的说明产品的信息。一般情况下，标签上包括包装内容和产品所包含的主要成分、品牌标志、产品质量等级、生产厂家、生产日期和有效期、使用方法等内容，有些标签为了促销还印有相关的彩色图案或实物照片。

**1. 包装的作用**

（1）保护产品 良好的包装可以使产品在流通过程中以及在消费者保存产品期间不致损坏、变质、散落，从而保护产品的使用价值。例如，用复合铝箔袋抽氧充氮密封包装茶叶，可以有效防止茶叶香味散发和因接触空气而氧化变质。

（2）促进产品销售 设计良好的包装可以美化、宣传介绍产品，吸引更多的消费者购买产品；并且，有效的包装可以帮助企业做好产品定位，开拓更多的市场范围。例如，正是由于小袋真空包装的出现，使四川特产涪陵榨菜名扬四海，远销到世界各国。

（3）增加产品价值 良好的包装不仅可以促进销售，还可以提升产品档次，提高产品附加价值。在可比较的情况下，市场上包装精美的产品肯定可以卖出更好的价格。

（4）方便产品的经营和消费 有个性的产品包装可以成为产品特色的一个重要组成部分，并由此与竞争产品相区别，从而便于市场识别、选择；同时，良好的包装可以方便产品储运、陈列、买卖以及方便消费者选购、使用。

**2. 包装设计的基本原则** 企业在进行包装设计时，应注意以下原则。

（1）包装应与商品的价值或质量相适应 因为包装是产品营销的诸多要素之一，所以产品包装必须注意与其他产品要素相互呼应、协调。包装应能显示商品的特点或独特风格。“一等产品、二等包装”或者“二等产品、一等包装”都有可能不利于产品的销售。通过调查分析，有人认为包装成本应该控制在产品本身价值的13%～15%。

（2）包装美观大方，独具特色 包装有可能成为消费者实际接触产品的第一印象，所以设计时要充分考虑消费者的审美习惯，以美观大方的包装让消费者愉悦，并愿意购买产品。同时，包装还必须有自己的个性，独特的包装才可能吸引消费者的注意。

（3）包装要方便储运、陈列，方便消费者选购、携带和使用 包装的美学功能不能忽视，包装的实用价值更要被高度重视。通常，在保证安全的前提下，包装要尽可能小巧、适当。这样既节省储运费用，更便于储存、运输、陈列；同时，包装要尽可能提供不同的规格和分量以方便消费者选购，通过不断改进包装技术方便消费者的使用。

（4）包装上提供的信息要准确、真实包装上关于产品成分、性能、使用方法、分量、规格、有效期限等说明信息一定要符合实际，具体、真实、准确，不应使消费者由此发生误解。

（5）符合法律规定，尊重消费者的宗教信仰、风俗习惯 包装设计中，一定要注意不得违背国家的有关法律法规，要尊重不同人群的宗教信仰和风俗习惯，切忌运用有损消费者宗教感情和容易触及消费者忌讳的包装设计，可以用不同的包装满足不同目标市场的需要。

（6）保证安全 包装的安全性要求是包装的基础设计原则。从某种意义上说，没有包装的安全，其他原则就无从谈起。包装的安全性，首先表现在通过合理的包装设计及包装材料的使用，保证产品安全地储运、陈列以及安全地携带、使用；其次，安全的包装有利于环境保护，绿色无害、便于回收。

**3. 包装的具体策略**

（1）类似包装策略 类似包装策略即企业对其生产的各种产品，在包装上均采用相同或相似的图案、色彩，体现共同、一致的特征。类似包装策略可以帮助企业很好地树立企业整体形象，节约包装成本。这种策略比较适用于产品属性相近的产品，而当不同产品差异较大时不宜使用。

（2）差异包装战略　差异包装战略即企业对其生产的各种产品，在包装上都分别使用不同的包装，即在设计上采用不同的风格、色彩和包装材料。差异包装策略可以有效地突出不同产品的个性，使企业的产品丰富多彩，并且，由于产品之间的关联更弱，可以尽可能地避免某一商品失误对企业产品整体的负面影响。当然，这种策略也相应地会增加包装成本，加大包装难度。

（3）等级包装策略　等级包装策略即企业对不同等级的产品分别设计、使用不同的包装。企业采用这种策略，使包装水平与产品质量水平相对应、匹配，可以更好地适应不同的购买力水平，满足不同消费者的需要。

（4）配套包装策略　配套包装策略即企业将几种相关的产品配套放在同一包装物内的包装。这种策略可以使消费者更加便捷地选购、携带与使用商品，同时，也有利于更多、更广地销售企业的产品，特别有利于新产品的销售。但在实际运用时，要注意根据消费者的需求及购买能力，合理、适当地搭配产品，切忌勉强行事。

（5）再使用包装策略　再使用包装策略又称复合用途包装策略。使用这种包装策略，消费者在使用完包装内的产品之后，还可以将包装物作其他用途。这种策略，由于包装的可再利用，可以更好地刺激、吸引消费者的购买，从而促进产品的销售。同时，包装的重复使用使产品形象有更长的时间与消费者接触，可以更好地宣传产品，加深消费者的印象。

（6）附赠品包装策略　附赠品包装策略即在包装上或包装内附有赠品吸引消费者购买或重复购买。这种策略，可以以奖券、实物等作为赠品来刺激消费者，比较适用于儿童食品与用品及一些日用品的销售。

（7）更新包装策略　更新包装策略即企业根据自己对市场的研究，通过改变包装设计、包装材料的方法，使用新的包装。更新包装策略可以使顾客产生新鲜感，甚至可以改变产品在消费者心中的形象、地位，从而提升消费者对产品的好感，扩大产品销售。

**1. 新产品构思评审表**

新产品构思评审表见表7-5。

表7-5　新产品构思评审表

| 产品成功的必要条件 | 权重（A） | 公司能力水平（B） | | | | | | | | | | | 得分数（A×B） |
|---|---|---|---|---|---|---|---|---|---|---|---|---|---|
| | | 0.0 | 0.1 | 0.2 | 0.3 | 0.4 | 0.5 | 0.6 | 0.7 | 0.8 | 0.9 | 1.0 | |
| 公司信誉 | 0.20 | | | | | | | ★ | | | | | 0.120 |
| 市场营销 | 0.20 | | | | | | | | | | ★ | | 0.180 |
| 研究与开发 | 0.20 | | | | | | | | ★ | | | | 0.140 |
| 人员 | 0.15 | | | | | | | ★ | | | | | 0.090 |
| 财务 | 0.10 | | | | | | | | | | ★ | | 0.090 |
| 生产 | 0.05 | | | | | | | | | ★ | | | 0.040 |
| 销售地点 | 0.05 | | | | ★ | | | | | | | | 0.015 |
| 采购与供应 | 0.05 | | | | | | | | | | ★ | | 0.045 |
| 总计 | 1.00 | | | | | | | | | | | | 0.720 |

分数等级 0.00 ~0.40 为“劣”；0.41 ~0.75 为“中”；0.76 ~1.00 为“良”。目前可以接受的最低分数为 0.70。表 7-5 第一栏是某新产品成功的条件；第二栏是按照这些条件在进入市场时的重要程度分别给予不同的权重；第三栏是对某新产品成功打入市场的能力给予不同的评分；最后汇总，即 $A \times B$，得数相加，表示这个产品投放市场是否符合本企业的目标和战略的综合评分。

**2. 波士顿矩阵**

这是美国波士顿咨询公司提出的一种模式（如图 7-6 所示）。市场增长率是指整个市场的增长率，在此我们以销售增长率大于 10% 为高，低于 10 % 为低；相对市场占有率是指自身的市场占有率同最大竞争对手的占有率之比，我们相对市场占有率大于 1 为高，低于 1 为低。

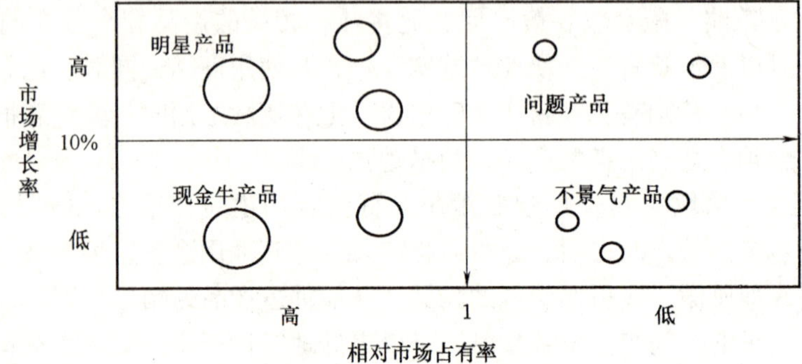


**图 7-6　波士顿矩阵**

该矩阵有四个象限。每个企业的产品可分为四类。

（1）问题产品　问题产品即市场增长率较高、相对市场占有率低的产品。

（2）明星产品　明星产品即市场增长率较高，相对市场占有率也较高。

（3）现金牛产品　现金牛产品即相对市场占有率较高，但是市场增长率低。

（4）不景气产品　不景气产品即市场增长率及相对市场占有率都比较低。

采用波士顿矩阵可以帮助企业分析现有产品组合是否合理，圆圈代表现有产品的位置，圆圈的大小代表销售量的大小。一般而言，明星产品与现金牛产品多且销售量大，产品组合较合理。企业对各类产品可能采取不同的策略。要投入大量的资金扶持明星产品，促使其快速良好地发展，以便成为企业未来的主要利润来源。要保持现金牛产品的市场占有率，以便赚取更多的利润。对于衰退期的现金牛产品，可以以获取短期利润为目的进行榨取经营。要勇于放弃短期利润，提高有前途的问题产品的市场占有率，使之转化为明星产品。对于无前途的问题产品和不景气产品要及时放弃，以便有更多的资金集中有潜力产品的开发与经营。

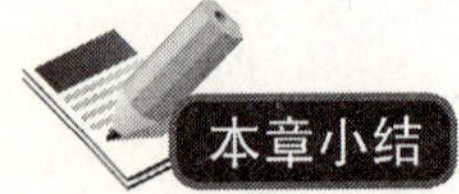

## 本章小结

**1. 产品的概念**　产品的概念是一个整体概念。关于产品的整体概念、营销学界用 5 个层次来表述，即核心产品、形式产品、期望产品、延伸产品和潜在产品。

**2. 产品组合**　产品组合是指企业提供给市场的全部产品线和产品项目的组合或结构，即企业的业务经营范围。产品组合包括 4 个变量：产品组合的宽度、长度、深度和关联度。

**3. 新产品种类**　新产品有全新产品、换代新产品、改进新产品、仿制新产品 4 种。

**4. 产品生命周期**　产品生命周期是产品从投放市场开始，经过投入期、成长期、成熟期和衰退期直至退出市场的整个过程。

由于产品在产品寿命周期的不同阶段具有不同的特点及市场状况，企业必须根据实际情况调整、安排自己的营销策略。

**5. 品牌与商标的概念** 品牌是用以识别某个销售者或某群销售者的产品或服务，并使之与竞争对手的产品或服务区别开来的商业名称及其标志，通常由文字、标记、符号、图案和颜色等要素或这些要素的组合构成。

商标是一个法律概念，是经过政府有关部门注册获得专用权而受法律保护的一个品牌或品牌的一部分。品牌资产是一种超越商品或服务本身利益以外的价值。

**6. 包装** 包装是指对某产品提供容器或包裹物及其设计装潢的行为。

**重要概念**

整体产品 产品组合 全新新产品 换代新产品 改进新产品 仿制新产品 新产品采用 新产品扩散 产品生命周期 品牌 品牌名称 品牌标志 商标 制造商品牌 中间商品牌 统一品牌 个别品牌 包装 标签 品牌战略 品牌资产 品牌拓展战略 多品牌战略

## 乔治·阿玛尼的品牌发展

1975 年，乔治·阿玛尼先生用他的名字创立了公司。作为一名设计师，他凭着对美学、奢侈品的直觉，吸引了当今社会的精英们。乔治·阿玛尼不仅仅是一个在时尚和奢侈品领域最受尊敬、最具知名度的品牌，它也是当今最有价值的时尚公司之一。

**1. 乔治·阿玛尼的品牌架构** 乔治·阿玛尼在社会精英群体及时尚的细分市场里也运用类似的方式延伸品牌。如今乔治·阿玛尼已经将品牌延伸至童装、酒店、家具、食品等，这些延伸品牌有各自的品牌定位满足不同的目标消费者。

（1）署名乔治·阿玛尼的产品线 这是由阿玛尼成衣和奥斯卡礼服等组成的衣饰系列。该系列售价高，主要目标消费群在 35 ~ 50 岁。

（2）Armani Collezioni 阿玛尼大胆地进入这个消费能力较低的市场领域。基本上，这个品牌满足了两类人：一类是那些热衷穿着阿玛尼品牌的衣服但负担不起乔治·阿玛尼高价的消费者；另一类是渴望为自己的衣橱增加新衣裳的人群。售价比乔治·阿玛尼低 20% 的 Armani Collezioni 品牌向消费者提供了一条极好的并且消费得起的时尚产品线。

（3）Emporio Armani 该品牌特别瞄准了 25 ~ 35 岁的专业人士群体，并提供与目标人群相关的具有时代感的设计。

（4）Armani Jeans 这是阿玛尼衣饰最低等级的品牌，它面向大众市场，而乔治·阿玛尼则针对高端市场。Armani Jeans 充分满足 18 ~ 30 岁的年轻人的需要，它提供具有时尚和奢华倾向的衣饰。

（5）A/X Armani Exchange 这是阿玛尼产品链上特许外包零售的品牌。它向消费者提供一些尽显品牌魅力的服务。Armani Exchange 通过向消费者提供全套衣饰和附属品来尽显乔治·阿玛尼全部的奢华时尚感。

**2. 延伸尝试** 在时尚服饰领域增加品牌资产后，乔治·阿玛尼尝试着投资其他相关品类，如眼镜、手表和化妆品。阿玛尼之所以这样做是为了确保以上品类能够满足不同的细分市场。乔治·阿玛尼的品牌管理者们认为眼镜、手表、香水和化妆品与时尚和奢侈品是高度相关的。因此，时尚品牌自然把品牌延伸到这些品类。在这方面乔治·阿玛尼是强有力的证明，它运用其在时尚和奢侈品产业的专业经验，乔治·阿玛尼在化妆品、手表、珠宝和眼镜领域的产品线方面成功赢得了概念胜利。

**3. 极致延伸** 但是，阿玛尼没有在这些品类上止步：他将品牌延伸到其他品类，比如阿玛尼之家（家具）和Dolci（糖果）。2011年，阿玛尼和Emaar集团达成一项地产投资协议，再建立14家以阿玛尼为品牌的连锁酒店——GIORGIO ARMANI Hotels，此举又为乔治·阿玛尼扩充了品牌部门。

**4. 新产品开发的挑战** 乔治·阿玛尼是缔造者面临两难局面的经典案例。公司的拥有者和CEO——乔治·阿玛尼先生已经年过古稀，然而，公司似乎并未对阿玛尼离去后的事宜做出计划。阿玛尼说过："寻找商业伙伴和继任者不是替今天、明天着想，而可能是为将来做打算"。虽然一些公司通过种种努力，在缔造者故去后依然存活下来，但这种例子很罕见。阿玛尼应当和重要的管理人员一起建立某种结构来确定和培养一些在缔造者故去后能够继续开展生意的接班人。

对于投资者和管理者，他们最根本的目的是追求更高的利润，并通过最大化投资回报率来增加股东的收益。投资建立和管理品牌的主要原因之一是相同的，正如我们所了解的那样，强势品牌能够让公司有能力利用有限的投资去开拓新市场。这为公司提供了丰富的收入来源。清楚了如此简单而有力的事实，世界上多数强势品牌增加其品牌资产并且将品牌延伸到新品类、新市场甚至是更新的细分市场，也就不足为奇了。

然而，品牌延伸会有风险。有不少专家提出了反面的观点：虽然阿玛尼的核心生意是时尚服饰，但它将品牌延伸到了诸如豪华酒店和糖果等相差甚远的品类。一个重要的事实是，时尚品牌的排他性造就了时尚品牌及其产品的价值。由于这些品牌涉足众多产品，因而丧失了强势品牌资产重要的一部分。因此他们认为，阿玛尼的这种延伸并不成功。

**5. 品牌管理体系** 乔治·阿玛尼的身影不但出现在时尚领域，而且还出现在其他市场上，在将来，有效管理这些不同的品牌部门将是最重大的挑战。因为乔治·阿玛尼品牌延伸到了不同的领域，与不同类型的消费者互动，体现出不同的品牌个性，所以需要保持营销沟通和其他行为的一致性。虽然乔治·阿玛尼在不同的子品牌上运用同一的品牌名称，但这确实是一把双刃剑。一方面，这令乔治·阿玛尼有绝佳的机会去建立一个强势的统一品牌；另一方面，这又为冲淡品牌资产埋下隐患。乔治·阿玛尼面临这样的战略困境，将来要小心行走每一步。乔治·阿玛尼还要意识到品牌主要是依靠它在时尚服饰方面的生意才存在的。因为乔治·阿玛尼品牌延伸到了不同领域，应该关注在开发资源方面的新压力。

**6. 保持财务独立** 从乔治·阿玛尼建立之初到现在，乔治·阿玛尼是唯一的股东。另外他也没有动用任何银行贷款。乔治·阿玛尼也是少数几家成功获得如此良好运营收益的公司之一。并且从1999年起，阿玛尼花费差不多7亿欧元进行再投资。财务独立极大帮助了乔治·阿玛尼进军不同的领域，而无须承担股东的压力，也无须为面对季度性目标而烦恼。在时尚产业中，有一个不变的定律：一个概念或一个产品想要在市场上站稳脚跟需要花费相当长的时间。在酝酿期的时候，公司需在不必每天面对财务压力的环境下运营。拥有这样的财务独立性，是乔治·阿玛尼成功的关键因素。

但是，在将来乔治·阿玛尼还想继续"一个人公司"是有困难的。许多产业都发生了

合并，而对于时尚产业来说，合并只是个早晚问题。一旦发生合并，这对阿玛尼先生的行事风格和持续成功是一大挑战。

**7. 维持一致的品牌个性** 一个时尚品牌最重要的方面是它的个性和特征。建立和维持一致的品牌个性，并且始终能够在目标消费者心中产生共鸣是建立强势品牌面临的最严峻的挑战。乔治·阿玛尼涉足不同的市场，拥有众多产品组合，要协调与不同类型消费者的关系。因此对于它来说，树立一脉相承且能引发消费者共鸣的品牌个性是一个巨大的挑战。在将来，乔治·阿玛尼还要面临时尚产业生生不息的竞争、不断发展的品牌部门，因而建立和培养品牌个性是一个相当巨大的挑战。

资料来源：李杰. 品牌审美与管理[M]. 北京：机械工业出版社，2014：197-200。

**思考与分析**

1. 请分析乔治·阿玛尼运用了什么品牌策略？
2. 你如何看待乔治·阿玛尼的这种品牌发展策略，该策略有什么优缺点？
3. 结合案例，你认为对其他企业有何启示？

### 消费者对同仁堂品牌延伸认知调查

【训练目的】了解消费者对同仁堂新药妆的认知情况。

【训练方案】以同仁堂从中药延伸到药妆事件为蓝本，以小组为单位进行一次市场调查。目的是了解消费者对于同仁堂品牌延伸的看法，消费者对同仁堂新的产品的态度及接收程度。

**复习与思考**

1. 何谓产品整体概念？产品整体概念包括哪几个层次？它对企业营销有何现实意义？
2. 什么是产品组合？产品组合可以从哪几个方面进行分析？产品组合对市场营销活动的意义是什么？
3. 结合具体产品实例，说明产品生命周期不同阶段有哪些市场特征与营销策略？
4. 什么是新产品？新产品有哪几种类型？
5. 什么是品牌？品牌与商标有何区别？简述主要的品牌策略。
6. 包装有哪些种类？有何作用？

**1.《品牌的起源》（美）艾·里斯（Al Ries），劳拉·里斯. 机械工业出版社，2013.**

**作者简介**：艾·里斯，定位理论创始人，里斯伙伴主席，营销史上的传奇大师，全球最顶尖的营销战略家。他被《广告时代》评选为“全球十大顶尖商业大师”；劳拉·里斯，里斯伙伴（全球）营销公司总裁，定位之父艾·里斯的女儿及合伙人，定位理论的卓越继承者，美国公认的新一代营销战略大师。

**内容提要**：本书重新定义了品牌以及品牌创建的哲学和方法，使品牌创建的过程成为一门科学、成为商业的一部分。本书指出：商业发展的动力是分化；分化诞生新品类；真正的品牌是某一品类的代表；消费者以品类来思考，以品牌来表达；品类一旦消失，品牌也将消亡，企业创建品牌的正道是把握分化趋势，创新品类，创建新品牌，发展品类，壮大品牌，以多品牌驾御多品类，最终形成品牌大树。

**2.《品牌审美与管理》李杰．机械工业出版社，2014.**

**作者简介：**李杰，上海交通大学奢侈品品牌研究中心主任，美国哥伦比亚大学商学院访问教授，哥伦比亚大学全球品牌领导中心中国中心主任。他也是中国两家著名的商学院——中欧国际工商学院和长江商学院最早的创业者之一。

**内容提要：**关于品牌审美与管理最新的研究成果。全书共分8章，内容包括品牌概览、品牌审美与设计、品牌资产、品牌架构及定位、品牌传播、品牌维护、品牌发展和品牌危机，内容翔实，逻辑体系明晰。全书内容异常丰满，案例丰富，生动有趣，同时配有大量精美的图片，精彩纷呈。作者以深厚的中西方美学积淀为基础，把品牌审美与管理的理论一一道来，带我们一览品牌审美与管理的美的历程。

## 网站推荐

1. 哈佛商业评论 http://www.ebusinessreview.cn/
2. 世界经纪人网 http://www.ceoonline.com/

# 第8章 定价策略

学习目标

1. 了解影响价格决策的主要因素
2. 理解、掌握定价的基本方法
3. 掌握企业定价的基本策略

学习指导

任务驱动

**苹果公司的“撇脂定价”**

苹果公司的盈利能力一直被业内企业羡慕。苹果每一个产品都有较强的获利能力，都构成了苹果利润不可或缺的部分。苹果公司每一款产品的设计都很自然、简单、精致。与其他竞争产品最大的不同在于，苹果公司的产品更像是被设计出来的，而不是被生产出来的。在消费类电子产品的市场中，顾客大都对产品效用和品牌有着明显的偏好，因此产品的战略定位将影响顾客对其的认知价值，并最终影响顾客的价格敏感度。

对于消费类电子产品来说，高科技是其基本特征。摩尔定律说明了电子产品的技术特征和经济特征：即计算机芯片和技术每隔18个月提高一倍，而价格则会下降一半。面对日益激烈的技术竞争和不断缩短的产品生命周期，如何制订价格策略成为科技类公司生存的重要基石。制订价格时，不仅要考虑价格的影响因素，还要服从企业发展的目标以及与营销组合和组织内各政策之间的协调。具有特殊功能和技术水平的产品（消费类电子产品在市场的导入期通常都具有独特性），在刚刚进入市场时，企业的目标通常是获取超额利润，迅速收回研发投入。因此，在这一目标下，企业在战略层面往往采用“撇脂定价”策略。

苹果公司的研发投入非常巨大。而新产品刚投放市场时，销量往往较少，不足以实现规模效应和成本效应，因此成本相对也较高。苹果的战略定位为创新和高端，就要求产品实行高定价，获得高利润。当然，高定价会损失一部分顾客，但却不会真正降低苹果产品的销售收益。高价位的苹果产品让更多的“苹果迷”更加坚信苹果的产品质量，同时每推出一款新产品，苹果公司都要提前在消费者心中充分铺垫好奇与期待，不仅使产品迅速在市场上畅销起来，更吸引来了越来越多的“苹果迷”。

苹果公司一直是科技创新的代表，对质量和细节的追求更加证明了苹果产品的价值与较高价格的一致性。因此，正是由于苹果对其产品价值的全面保证，才使得撇脂定价如此成功。当然，苹果公司成功实施撇脂定价的另一个条件是苹果公司大量的专利（与三星公司的专利官司就说明了专利保护对于苹果收取高溢价的重要性）。此外，苹果公司在战略层面采用撇脂定价的成功也依赖于其产品的保值性。相比其他同类产品的迅速降价来说（有些产品是一周一个价，例如早期的摩托罗拉），苹果的降价频率低，且降价幅度小，这就给潜在的购买者造成了巨大的等待成本。

对于极其重视产品差异化特征的细分市场而言，购买者对于价格往往不太敏感，但这并不意味着顾客会傻到愿意在任何价格上进行购买。消费类电子产品的重复购买率低，随着竞争的激烈和产品生命周期的不断缩短，苹果公司越来越积极采用顺序撇脂定价策略。首先确定一个吸引最低价格敏感度购买者的价格，然后将这部分市场潜力充分挖掘后，该市场就不存在了。因此，为维持销售水平就需要对产品进行降价，以便向一个具有盈利性的细分市场出售产品。这种过程可以维持到公司用尽所有撇脂定价的机会为止。

你认为什么是撇脂定价？撇脂定价适用于什么类型的产品？并思考产品价格与销量之间的关系。

资料来源：王瑞丽．基于顾客认知价值的苹果公司定价策略研究〔D〕．山西师范大学，2014：38-39。

为了有效地开展市场营销、增加销售收入和提高利润，企业不仅要给产品制订基本价格，而且还需要对制订的基本价格适时地进行修改。价格是市场营销组合中十分敏感而又难以控制的因素，它直接关系到市场对产品的接受程度，影响着市场需求和企业的利润，涉及生产者、经营者和消费者等多方利益。定价策略是市场营销组合策略中极其重要的组成部分。

## 8.1 影响营销定价的因素

市场营销由4个基本要素组成，即产品、促销、分销和定价。企业通过前三个要素在市场中创造价值，通过定价从创造的价值中获取收益。在营销组合中，价格是唯一能产生收入的因素，其他因素表现为成本。价格也是营销组合中最灵活的因素，它与产品特征和渠道不同，它的变化是异常迅速的。因此，价格策略是企业营销组合的重要因素之一，它直接决定着企业市场份额的大小和盈利率的高低。随着营销环境的日益复杂，制订价格策略的难度越来越大，企业不仅要考虑成本补偿问题，还要考虑消费者的接受能力和竞争状况。

影响产品定价的因素很多，有企业内部因素，也有企业外部因素；有主观因素，也有客观因素；概括起来，大体上可以有成本因素、需求因素、竞争因素和其他因素4个方面。

**1. 成本因素** 成本是影响定价的一个重要因素。一般情况下，产品价格必须能够补偿产品生产及销售过程中的各项费用支出，并补偿产品的经营者为其所承担的风险，且有一定的盈利。因此，通常产品成本是定价的最低限度。在市场竞争中，产品成本低的企业，对价格的制订拥有较大的灵活性，在竞争中处于有利的市场地位，能取得良好的经济效益；反之，在市场竞争中就会处于被动地位。因此企业必须加强管理，降低成本，以取得市场的竞争优势。

对成本可以从不同的角度做以下分类。

（1）固定成本（FC） 固定成本（Fixed Cost）是指短期内不随企业产量和销售量的变化而变化的费用支出，如设备折旧费、房租、地租、利息、办公费用、行政管理人员的薪酬等。

（2）变动成本（VC） 变动成本（Variable Cost）是指随企业产量的变动而变动的费用支出，如原材料费、工人工资等。当企业停工时，变动成本为零。

（3）总成本（TC） 总成本（Total Cost）是在一定生产水平下的全部成本，即固定成本与变动成本之和，用公式表示就是 TC = FC + VC。

以上三种成本与产量的关系如图 8-1 所示。

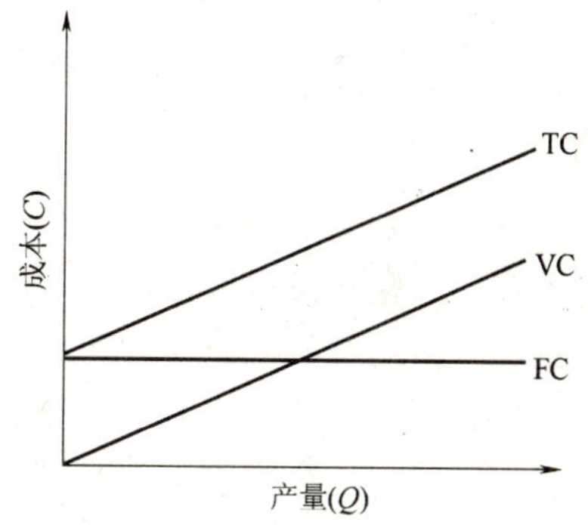

图 8-1 成本与产量的关系

（4）平均成本（ATC）

$$平均成本(ATC) = \frac{总成本(TC)}{产量(Q)}$$

平均成本的含义是单位产品所分摊的总成本，因此，通常情况下，作为产品价格的最低限度的成本应该是平均成本。

**2. 需求因素** 产品价格除受成本影响外，还受市场需求的影响，即受商品供给与需求的相互关系的影响。当商品的市场需求大于供给时，价格应高一些；当商品的市场需求小于供给时，价格应低一些。反过来，价格变动影响市场需求总量，从而影响销售量，进而影响企业目标的实现。因此，企业制订价格就必须了解价格变动对市场需求的影响程度。反映这种影响程度的一个指标就是商品的需求价格弹性系数。

需求价格弹性是指在一定时期内，一种商品的需求量的相对变动对于该商品的价格的相对变动的反应程度，需求价格弹性系数公式为

$$E_p = \frac{\Delta Q/Q}{\Delta P/P}$$

式中 $E_p$——需求价格弹性系数，取绝对值；

$Q$——需求量；

$\Delta Q$——需求的变化量；

$P$——价格；

$\Delta P$——价格的变化量。

$E_p$ 值主要有 3 种情况。

当 $E_p > 1$ 时，称富有弹性，即一种商品的需求量变化幅度大于价格的变化幅度，这表明该种商品的需求对其价格变化较为敏感。非必需品、奢侈品以及一些替代品多、竞争性大的商品等多属于这种情况。

当 $E_p < 1$ 时，称缺乏弹性，即一种商品的需求量变化幅度小于其价格变化的幅度，这表明该种商品的需求对其价格变化较为迟钝。基本生活用品、生产资料商品和替代品少的商品多属于这种情况。

当 $E_p = 1$ 时，称单元弹性，即一种商品的需求量变化幅度与其价格变动幅度相等。

通过研究需求价格弹性系数，我们不难发现，在需求富有弹性时，由于需求对价格反应灵敏，企业在降低成本、保证质量的前提下，采用低价策略可吸引消费者，扩大销售，争取较多利润。而当需求缺乏弹性时，由于需求对价格变化反应迟钝，可适当提高价格以增加单位利润。当需求为单元弹性时，由于情况复杂，企业定价时，应研究市场状况，找出影响需求变化的关键因素，据此选择相应的价格。

**3. 竞争因素** 市场竞争也是影响价格制订的重要因素。根据竞争的程度不同，企业定价策略会有所不同。按照市场竞争程度，可以分为以下 4 种情况。

（1）完全竞争 所谓完全竞争也称自由竞争，它是一种理想化了的极端情况。在完全竞争条件下，买者和卖者都大量存在，产品都是同质的，不存在质量与功能上的差异，企业自由地选择产品生产，买卖双方能充分地获得市场情报。在这种情况下，无论是买方还是卖方都不能对产品价格进行影响，只能在市场既定价格下从事生产和交易。

（2）垄断竞争 在垄断竞争情况下，市场由众多按照系列价格而不是单一价格进行交易的购买者和销售者组成。在这一市场类型中，因为购买者购买差异性产品时愿意支付不同的价格，故存在系列价格。这时，销售者已成为强有力的价格控制者，他们将力图使自己以更别具一格的产品或服务来满足购买者的需要，并采取相应的控制价格的策略。

（3）寡头垄断 它是指市场销售者由少数几个彼此互相了解的销售者组成，且新的销售者难以加入。在寡头垄断市场中，又可细分为两类：一类是纯粹的寡头垄断市场，其产品可以是像钢材等金属材料一样的同质产品；另一类是差异性寡头垄断市场，其产品可以是像计算机、轿车一样的非同质产品。在纯粹寡头垄断市场中，由于竞争者少、产品同质且互相非常在意对方的变化，任一竞争均不可能通过独自改变价格得到利益，因而整个市场价格相对稳定，但销售者在广告宣传等方面竞争较激烈。在差异性寡头垄断市场中，各销售者将致力于使自己成为差异性寡头，力求使自己的产品在购买者心目中有别人不可替代的特色，从而拥有更多的定价优势。

（4）完全垄断 它是完全竞争的反面，是指一种商品的供应完全由独家控制，形成独占市场的局面。在完全垄断情况下，交易的数量与价格由垄断者单方面决定。完全垄断在现实中也很少见。

完全竞争与完全垄断是竞争的两个极端，中间状况是不完全竞争。在不完全竞争条件下，竞争的强度对企业的价格策略有重要影响。所以，企业首先要了解竞争的强度。竞争的强度主要取决于产品制作技术的难易，是否有专利保护，供求形势以及具体的竞争格局；其次，要了解竞争对手的价格策略，以及竞争对手的实力；再次，还要了解、分析本企业在竞争中的地位。

**4. 其他因素** 企业的定价策略除受成本、需求以及竞争状况的影响外，还受到其他多种因素的影响。这些因素包括政府或行业组织的干预、消费者心理和习惯、企业或产品的形象等。

## 8.2 定价的基本方法

成本、需求和竞争是影响企业定价行为的 3 个最主要的因素。在营销实践中，由于市场环境和产品特性的差异，不同类的产品往往对某一因素特别敏感，因而促使企业在决定产品

价格时更多地侧重于这一因素。这样也就形成了成本导向、需求导向和竞争导向三大类基本定价方法。

### 8.2.1 成本导向定价方法

**1. 成本加成定价法** 成本加成定价法，是指在产品单位成本的基础上，加上一定比例的预期利润来制订产品的销售价格的定价方法。由于利润的多少是按一定的比例确定的，习惯上称之为“加成”，加成幅度通常用百分比来表示。成本加成定价法的计算公式为

$$\text{单位产品价格} = \text{单位产品成本} \times (1 + \text{加成率})$$

式中 加成率——预期利润占产品成本的百分比。

例如，某服装厂生产某种服装的单位成本是500元，加成率是20%，该服装的销售价格为500×（1+20%）元 =600元。

采用成本加成法，确定合理的加成率是关键。不同的产品应根据其不同的性质、特点、行业情况、流通环节和市场环境等制订不同的加成比例。

成本加成定价法是古老而传统的定价方法，在大工业机器时代之前就已开始应用，目前仍为许多小企业和零售行业采用。成本加成定价法有以下主要优点。

1）简单易行、灵活可控。

2）对补偿企业成本有直接的效果。

3）缓和价格竞争。如果同行业普遍采用，并倾向采用相同的加成率，可以有效地减少价格竞争或发生价格战。

4）买卖双方都感觉比较公平。

但是，成本加成定价法也有其不足之处。

1）卖方导向定价。企业以自己的产品成本为定价的主要依据，以卖方利益为出发点，忽视了市场需求。

2）没有考虑市场竞争因素，不能对竞争做出灵敏的反应。

3）加成率是个估计值，缺乏科学性。

**2. 盈亏平衡定价法** 盈亏平衡定价法是企业按照生产某种产品的总成本和销售收入维持平衡的原则，制订产品保本价格的一种方法，其计算公式为

$$\text{产品单价} = \text{单位变动成本} + \frac{\text{固定成本}}{\text{销售量}}$$

显然，利用盈亏平衡定价的思路，我们也可以确定获得一定利润的价格。

**3. 边际贡献定价法** 边际贡献定价法又称边际成本定价法，即仅计算变动成本，不计算固定成本，而以预期的边际贡献补偿固定成本，从而获得收益的定价方法。所谓边际贡献是指价格中超过变动成本的部分。当企业多品种生产而开工率不足时，企业按原价格已无法出售它的产品，只能采取降价的策略，但这时的价格必须包含一部分边际贡献，以使企业在全部补偿了变动成本后还剩下一定的余额，用来补偿一部分固定成本，减少亏损。

例如，某企业A产品年产量为1 000万件，全部变动成本600万元，固定成本400万元，每件产品的平均变动成本为0.6元，平均固定成本为0.4元，在正常情况下，企业的定价必须高于1元，才会有利润。但现在的情况是即使保本价格1元也难以实现销售。考虑到停产并不能减少企业的固定成本支出，企业可以采用边际贡献定价方法。如果产品能以大于

0.6 元的单价出售，企业就会获得一定的边际贡献，以补偿一部分固定成本支出，从而减少亏损。

### 8.2.2 需求导向定价方法

**1. 认知价值定价法** 认知价值定价法是指企业根据购买者对产品或服务的认知价值来制订价格。比如，同样的音响产品，若是由中国国内厂家生产的，在市场上的售价为每台 3 000元，而此厂家被日本索尼公司收购后，贴上“SONY”的品牌标志，定价为每台 4 500元在市场上销售，仍然能被消费者接受。因为消费者认为“SONY”这个品牌的价值更高，宁愿支付更高的价格。索尼公司显然是根据消费者对产品价值的认知程度对产品进行定价的。

认知价值定价法是伴随着现代营销观念而产生的一种新型定价方法。有关研究表明，随着时代的发展，顾客对产品价值的感知已经成为购买决策中的关键因素。在选购产品时，购买者是将感知价值作为一种权衡标准，它涉及产品或服务的感知利益和感知品质，以及获得和使用产品的感知成本或付出。现在，越来越多的企业在制订价格时考虑顾客对产品或服务的感知价值，企业已经明白定价的关键不是卖方的成本而是买方对价值的认知。一些优秀的企业致力于向顾客提供尽可能高的价值。

**去“星巴克”不仅仅为了品尝一杯咖啡**

星巴克将自己定位于独立于家庭、工作室以外的“第三空间”，它的目标市场是享受生活、崇尚知识、积极努力工作的时尚城市白领，而不是天天柴米油盐酱醋的普通消费大众。星巴克希望给予消费者的是一个轻松、和谐、舒适的场所，在这里人们可以完全放松自己，将办公室的尔虞我诈，家庭的琐事都抛之脑后，真正地将自己释放。人们经常听到的“我不是在星巴克，就是在去往星巴克的路上”。这句颇具小资情调的话足以体现现代白领一族对星巴克的热爱。星巴克已然代表着身份、地位，代表着有格调的小资生活。星巴克认为他们出售的不是咖啡而是人们对咖啡的体验，力图做到让每一位来到星巴克的顾客都能得到精神和情感上的报酬。所以一杯制造成本为 5 元的咖啡售价为 27 元，对于城市白领一族来说并不是暴利。来星巴克不单纯的是喝咖啡，人们更多是享受这里独特的格调和氛围。

星巴克有专门的原料采购系统，每一颗咖啡豆都是采用的极品，对于咖啡豆的颜色、形状都要由专家进行品评，并在西雅图进行烘焙。品评专家每年要品评 10 万杯以上的咖啡，以保证端给顾客的每一杯星巴克咖啡都是优质的。星巴克除了提供高品质的咖啡外，还有很多附加服务也使消费者驻足。星巴克通过与网络公司合作，为消费者提供了无线网络服务。在星巴克你可以一边品评着诱人的咖啡，一边上网聊天娱乐或者办公。走进星巴克，你眼中看到的是高雅古朴的原木家具，耳边萦绕着美国乡村音乐，鼻尖弥漫着浓郁的咖啡香气。此外店内还会安装音乐试听设备，用来供顾客试听歌曲。消费者还可以在店里的数据库中选择喜欢的歌曲或者根据自己的喜好对音乐进行编辑和收录，做成有个性的光盘带回家。

资料来源：周宇燕．从一杯咖啡的价格看星巴克的文化营销策略［J］．现代经济信息，2013（24）。

**2. 区分需求定价法** 区分需求定价是同一产品面对不同的顾客需求采用不同价格的一种定价方法。在这里，同一产品的价格差异并不是因为成本的不同，而主要是由顾客需求的差异所决定的。因此，区分需求定价的真正基础是不同市场上对同一产品的需求价格弹性的差异。这种定价方法一般有以下几种形式。

（1）对不同的顾客给予不同的价格 对不同顾客可以采用不同价格的主要理由是因为消费群体事实上存在着购买能力、购买目的及购买数量等方面的差异，他们对同一产品的价格敏感程度是不同的。因此，对价格敏感的顾客或对企业贡献大的顾客就给予较低的价格，反之，价格则相应高些。例如，新、老顾客的价格差别，会员制下的会员与非会员的价格差别等。

（2）对式样不同的产品给予不同的价格 "式样不同的产品"在这里特指内在价值相同，但包装、样式有一定差异的同种产品。虽然式样不同会引起成本上的小小变化，但这里定价所考虑的真正因素是不同式样对消费者的吸引程度，因此价格制订出来后，我们会发现其价格并不是与成本成比例的，而是与购买目的和产品用途直接相关。

（3）对不同的地点给予不同的价格 同一产品，不同地点制订不同价格的策略也与成本不相关，而与需求及需求的满足程度相关。例如，不同地区由于消费者收入水平的差异可以制订不同的价格，同样的罐装可乐在小卖部卖2.5元，在餐馆卖5元，在酒店、酒吧卖10元。

（4）对不同的时间给予不同的价格 一些产品在不同的时间上，其效用的满足程度是不同的，如销售有淡、旺季的产品，旺季对人的满足程度高，淡季对人的满足程度低，因而在旺季制订高价，淡季制订低价。

区分需求定价法并不适用于所有的场合，在条件不成熟时强行实施会产生弄巧成拙的后果，因此必须谨慎采用。实施区分需求定价法的条件主要有：①市场要能够细分，不同市场的需求要有明显的差异，具有不同的需求价格弹性。②细分市场的边界很明确而且能阻断逃离情况的出现。③差别定价不会因为有了细分市场而增加开支，超过高价所得，得不偿失；换言之，采用差别定价法的总收益应该大于一般意义上的市场"统一价"的收益。④差别定价必须能满足消费者的需求和愿望，定价行为本身不会引起消费者的反感而影响销售量。

**3. 反向定价法** 反向定价法是指企业依据消费者能够接受的最终价格，在计算自己经营的成本和利润后，逆向推算产品的批发价和零售价。这种方法不是以实际成本为主要依据，而是以市场需求为定价出发点，力求使价格为消费者所接受。反向定价法的特点是：价格能反映市场需求情况，有利于加强与中间商的良好关系，保证中间商的正常利润，使产品迅速向市场渗透，并可根据市场供求情况及时调整，定价比较灵活。在分销渠道中，批发商和零售商多采取这种定价方法。

## 8.2.3 竞争导向定价方法

竞争导向定价通常有两种方法，即随行就市定价法和密封投标定价法。

**1. 随行就市定价法** 这是最常见的一种竞争定价法。它是以本行业的平均价格水平作为企业的定价标准。这种方法适合那些近似完全竞争市场类型的商品。另外，如有些产品很难估计其价格与需求量之间的关系，“随行就市”集中了行业现有的经验，可以在很大程度上规避定价风险。同时，采用这一定价方法还可以避免行业内的互相竞争、排挤，这对竞争能力弱的中小企业十分有利。在现实经济环境里，竞争性市场的大宗商品，如大米、棉花、石油等基本上采用这一定价方法。

**通用 LED 的价格策略**

在方兴未艾的 LED 照明市场，来自国内外的照明品牌掀起了一轮又一轮的激烈竞争。其中，国内 LED 的代表品牌有雷士（NVC）、欧普（Opple）和胜亚（VAS）。通用照明作为美国老牌照明品牌，在中国定位为高端照明，与飞利浦和西门子旗下欧司朗一争高下。通用照明进入 LED 市场较晚，与飞利浦和欧司朗相比，生产成本和销售渠道处于弱势。为了争夺市场，通用照明采取了灵活的价格策略，结合市场竞争价格制订了自己的价格体系。它的定价原则是维持总体价格水平和主要竞争对手一致，若近期供应商成本能达到理想成本，维持与竞争对手相同的价格；若短期内无法达到理想成本，视产品线而定，或用其他高利润产品线利润弥补损失，维持和竞争价格相一致，或暂时采用成本叠加法。[成本叠加法：产品价格 = 产品成本/(1 - 预期收益率 - 操作成本)]

资料来源：李杰. 品牌审美与管理 [M]. 北京：机械工业出版社，2014：106。

**2. 密封投标定价法** 密封投标定价法是指买方通过引导卖方之间的竞争以取得同类产品的最低价格的定价方法。它普遍应用于政府和公用事业的大宗采购，建筑工程项目、大型工业设备的招标采购。招投标过程一般是买主公开招标，公布所要购买的标的物及相关要求，并密封底价（也称标的），卖方则投标竞争。

在参加投标时，企业往往面对一种颇为矛盾的选择：如果报价低，容易中标得到合同，但所得利润很少；如果报价高，预期利润高，但得到合同的概率又很小。因此，投标竞价的关键是估计中标的可能性。这不仅需要精确测算企业的成本费用，又要考虑企业的需要，还要预测竞争者可能的报价。

计算期望值的方法在确定投标时的报价是必要的。假设一个企业对一个招标工程给予不同报价，通过计算期望值，在不同的报价下可望得到预期利润和不同报价的中标概率，从中得到最佳选择。

## 8.3 定价策略与技巧

前面所提到的各种定价方法是依据成本、需求和竞争等因素决定产品基础价格的方法。基础价格是单位产品在生产地点或者经销地点的价格，尚未计入折扣、运费等对价格的影响。但在市场营销实践中，企业还需考虑或利用灵活多变的定价策略，修正或调整产品价格。

### 8.3.1 心理定价策略

心理定价是根据消费者的不同心理而灵活定价，以引导和刺激购买的价格策略，心理定价策略主要有以下几种。

**1. 整数定价** 整数定价，即商品价格以整数结尾，给人以安全、质量好的感觉，多用于价值高的耐用品。对于那些无法明确显示其内在质量的商品，消费者往往通过其价格的高低来判断其质量的好坏。但是，在整数定价方法下，价格的高并不是绝对的高，而只是凭借整数价格来给消费者造成高价的印象。整数定价常常以偶数，特别是“0”做尾数。例如，精品店的服装可以定价为 1 000 元，而不必定为 998 元。

**2. 尾数定价** 尾数定价又称非整数定价，是指企业利用消费者求廉的心理，制订非整数价格，尽可能在价格上不进位。比如，把一种毛巾的价格定为 2. 97 元，而不是 3 元；将台灯价格定为 19. 90 元，而不定为 20 元，可以在直观上给消费者一种便宜且精准的感觉，从而激起消费者的购买欲望，促进产品销售量的增加。

**3. 声望定价** 这是根据产品在消费者心中的声望、信任度和社会地位来确定价格的一种定价策略。声望定价可以满足某些消费者的特殊欲望，如地位、身份、财富、名望和自我形象等，还可以通过高价格显示名贵优质。因此，这一策略适用于一些传统的名优产品，具有历史地位的民族特色产品以及知名度高、有较大的市场影响、深受市场欢迎的驰名商品。

**4. 习惯定价** 习惯定价是指按照消费者的习惯性标准来定价。日常消费品价格一般采用习惯定价，因为这类商品一般易于在消费者心目中形成一种习惯性标准，符合其标准的价格容易被顾客接受，否则容易引起顾客的怀疑。高于习惯价格常被认为是变相涨价，低于习惯价格又会被认为是产品质量问题。因此，这类产品价格力求稳定，在不得不提价时，应采取改换包装或品牌等措施，减少消费者的抵触心理，并引导消费者逐步接受新的习惯价格。

**5. 招徕定价** 招徕定价是指将某几种商品的价格定得非常高，或者非常低，在引起消费者的好奇心理和观望行为之后，带动其他商品的销售。这一定价策略常为综合性百货商店、超级市场或者高档商品的专卖店所采用。

相关链接 8-1

**美国超市有创意的定价策略**

美国超市除了有较为常规的定价策略，还有一些富有创意的价格策略，相比之下，这些策略更为新颖独特，让消费者更有感受，也是一种营销智慧与独特营销文化的展现。

**1. 单个与多个产品连同销售** 一些产品采用单个零售的方式，比如香蕉可以不按重量销售，而是按个销售；其他还有以多个为单位共同定价，价格标签上则清楚加以显示。对于顾客经常购买的冷饮产品有一些是采用双数定价的方式。

**2. 混合包装** 它是指几种不同的产品统一放置在一个包装物内，为此可以满足顾客的多种需求。比如苹果有很多种，于是超市将几种苹果放在一个包装袋里，然后确定一个价格。

**3. 滚动的食品价格** 食品价格在美国超市有鲜明的表现。食品虽然有保质期，但即便在保质期内随着时间的推移，其品性也会有所改变。一些超市深谙此道，与此相适应，在食品推出第一天是一种价格，第二天就可能半价，第三天价格则更低。这种梯次降低售价的方式获得消费者认可，尤其获得低收入者的喜爱。

可以看出，美国一些超市产品的价格制订极富有创意，也很耐人寻味，充分体现出人性化的一面。尤其滚动的食品价格非常具有情感色彩。相反，价格制订如果拘谨呆板，和顾客接触密切的零售业经营就很难鲜活展示靓丽的一面，对其他营销策略的运用也将构成束缚。在商业领域价格杠杆自身如何展现是极为重要的。

资料来源：赵伟卿，扈星辰，陈令军．美国超市价格策略的启示［J］．品牌，2014（08）。

### 8.3.2 折扣定价策略

企业为了鼓励顾客及早付清货款、大量购买、淡季购买，可酌情降低基本价格，这种价格调整叫作价格折扣。常见价格折扣有以下几类。

**1. 现金折扣** 现金折扣是对能在规定的时间提前或按时付清账款的购买者实行的一种价格折扣。一般规定购买后付清账款的时间期限，以此为据，规定如果提前多少天付清，可以得到相应的价格优惠。如规定30天内需要付清全款，如果10天就付清了，给予2%的折扣。现金折扣可以加速资金周转，减少收账费用和坏账与呆账损失。

**2. 数量折扣** 数量折扣是卖方因为买方购买数量大而给予的一种价格折扣，可以分为一次性和累积性（多次）的数量折扣，目的是增加顾客购买数量，鼓励顾客多购买产品。销售数量的增加，可以减少企业营销费用，减少成品资金占用，也有利于企业培养忠诚顾客。

**3. 功能折扣** 功能折扣也称贸易折扣，是制造商给渠道成员的一种额外折扣，促使他们愿意执行某种市场营销职能（如推销、储存、商品再包装、服务等）。例如，企业规定零售商如果在当地市场做产品的广告，且广告的质量符合规定，就对其进货价格给予折扣；如果经销商承担了顾客服务，可以在进货价格上给予一定的折扣。

**4. 季节折扣** 季节折扣是卖方给那些过季商品或服务的一种减价。例如，商场在夏季以折扣价销售羽绒服。季节折扣可以使企业对季节性消费品常年维持生产，或均衡淡、旺季的生产和供应，也可以在非消费季节将过多的存货尽快销售出去。

**5. 价格折让** 价格折让是指企业根据价目表，在顾客满足某种条件的情况下给予的价格折扣。例如，常用的以旧换新折让，一台电冰箱标价4 000元，顾客以旧冰箱折价500元购买，只需付3 500元；广告折让，让顾客手持企业某种形式的广告前来购买，就按一定的折扣购买产品；促销折让，在促销活动期间购买产品的顾客可以享受到价格优惠。

### 8.3.3 地区定价策略

一般来说，一个企业的产品不仅卖给当地，同时也可能卖到外地。如果卖给外地顾客，企业要把产品从产地运到顾客所在地，这时就需要进行装运。所谓地区性定价策略就是：在将产品卖给不同地区（包括当地和外地）的顾客时，是分别制订不同价格还是相同价格。也就是说，是否制订地区差价。

**1. FOB 原产地定价**（FOB Origin Pricing） FOB 原产地定价是顾客（买方）按照厂价购

买某种产品，企业（卖方）负责将这种产品运到产地某种运输工具（如卡车、火车、船舶、飞机等）上交货，交货后从产地到目的地的一切风险和费用概由顾客承担。这样定价对企业的不利之处是远地的顾客可能不愿意购买这个企业的产品，转而购买其附近企业的产品。

**2. 统一交货定价** 这种形式和前者相反。所谓统一交货定价，就是企业将产品卖给不同地区的顾客，按照相同的厂价加相同的运费（按平时运费计算）定价。不同地区的顾客不论远近，都实行一个价格。这种定价又叫邮资定价。

**3. 分区定价** 这种形式介于前面两者之间。企业把整个市场（或某些地区）分为若干价格区，不同价格区分别制订不同的地区价格。距离较远的价格区定价较高，较近的价格区定价较低，同一价格区范围实行统一价格。

**4. 基点定价** 所谓基点定价，是企业选定某些城市作为定价基点，然后按一定的厂价加从基点城市到顾客所在地的运费定价，而不管货物实际是从哪个城市起运。有些企业为了提高灵活性，选定多个基点城市，按照距离顾客最近的基点计算运费。基点定价的产品价格结构缺乏弹性，竞争者不易进入，利于避免价格竞争。顾客可在任何基点购买产品，企业也可将产品推向较远的市场，有利于市场扩展。

**5. 运费免收定价** 企业负担全部或部分运费。有些企业认为如果生意扩大，平均成本就会降低，足以补偿运费开支。运费免收定价可使企业加深市场渗透，并在竞争日益激烈的市场上站住脚。

### 8.3.4 产品组合定价策略

当产品只是产品组合的一部分时，必须对定价方法进行调整。企业要研究出一系列价格，使整个产品组合的利润最大化。由于各种产品之间存在需求和成本的联系，而且会带来不同程度的竞争，所以定价十分困难。

**1. 产品大类定价** 在定价时首先确定某种产品的最低价格，它在产品大类中充当领袖价格，以吸引消费者购买产品大类中的其他产品；其次，确定产品大类中某种商品的最高价格，它在产品大类中充当品牌质量标准和收回投资的角色；最后，产品大类中的其他产品也分别依据其在产品大类中的不同角色而制订不同的价格。

**2. 选择品定价** 许多企业提供主产品的同时，会附带一些可供选择的产品或服务，如汽车用户可订购电子开窗控制器、扫雾器和减光器等。但是对于选择品的定价，公司必须确定价格中应当包括哪些，又有哪些可作为选择对象。例如饭店对酒水和饭菜的定价，顾客除了购买饭菜，也会购买酒水，许多饭店酒水价格高，饭菜价格相对低，饭菜收入可弥补食品成本和饭店其他成本，酒水收入可带来利润；也有饭店酒水价格定得较低，饭菜制订高价，以吸引饮酒的消费者。

**3. 互补产品定价** 互补产品也可称为连带产品，是指必须与主产品一同使用的配套产品，如照相机和胶卷，喷墨打印机和墨盒，激光打印机和硒鼓等。对于这类互补的产品，企业可以有意识地降低购买频率低、需求弹性大的产品价格，同时提高与之相配套的购买频率高而需求弹性小的产品价格，这样会取得各种商品销售量同时增加的良好效果。例如，各品牌的喷墨打印机价格定得很低，甚至会作为购买品牌计算机时的赠品，而其互补产品墨盒却价格不菲。

**4. 分部定价** 服务性企业经常收取一笔固定费用，再加上可变的使用费，这种定价方

式为分部定价。例如，电话用户每月要支付一笔最少的使用费，如果使用次数超过限制还要再交费；游乐园一般先收门票费，如果游玩的地方超过规定，就要再交费。

服务性公司面临着与互补品定价同样的问题，即收多少基本服务费和可变使用费。固定成本较低，可以推动人们购买服务，利润从使用费中获取。

**5. 副产品定价** 在生产加工肉类、石油产品和其他化工产品的过程中，经常产生副产品。如果副产品价值低、处置费用昂贵，就会影响主产品定价——其价格必须能弥补副产品处置费用。如果副产品能带来收入，则有助于企业在应对竞争时对主产品制订较低价格。

**6. 产品系列定价** 企业经常以一种价格出售一组产品或服务，如化妆品、计算机、假期旅游公司提供的系列活动方案等，这就是产品系列定价，也称价格捆绑，目标是刺激产品线的需求，充分利用整体运营的成本经济性，同时努力提高利润净贡献。

相关链接 8-2

**系列产品定价**

系列产品是指企业生产的产品不是单一的，而是相关的一组产品。与单一产品销售不同，系列产品定价必须兼顾产品之间的关系，以使整个产品系列获得最大的经济利益。为此，企业在考虑制订或调整某一产品价格的时候，不仅要考虑调价对该产品本身利润和成本的影响，还要考虑由于这种产品价格或变化，对其他相关联产品的利润和成本的可能影响。

1975 年设立于西班牙的 ZARA，隶属于 Inditex 集团，为全球排名第三、西班牙排名第一的服装商，在世界各地 86 个国家内，设立超过两千多家的服装连锁店，其中在华 151 家门店。ZARA 深受全球时尚青年的喜爱，设计师品牌的优异设计，价格却更为低廉，简单来说就是让平民拥抱 High Fashion。ZARA 女装分为三个系列：Woman 系列、Basic 系列和 TRF 系列。每个系列的产品售价也是有所不同的，形成阶梯型的价格区间。价格的区分更加有利于消费者的选择和定位。Woman 系列汇聚国际流行元素，风格偏重精致与成熟，主打产品是精美的裙装、优雅的外套等，非常适合年龄为 25 ~ 35 岁的职业女性穿着，被摆放在商店内最显眼之处，为 ZARA 之经典，该产品系列售价最高。Basic 系列风格则倾向于基础与简单，在用料、设计以及剪裁中兼顾了实用性与高品质，并融合了最新的时尚元素，主打针织衫、T 恤、休闲裤等，适合年轻女性的日常休闲穿着，价格定位适中。TRF 系列是专为满足 20 岁左右女孩的需求而准备的系列，该系列的服装产品色彩鲜艳、设计大胆前卫、更具个性，适合希望引领时尚潮流的年轻女孩穿着，追求“物美价廉”，店内专门开辟了 TRF 的独立销售空间，鲜明醒目。这三种不同风格的产品系列适合于产品不同偏好的顾客的选择。

资料来源：张帆．快时尚服装品牌的营销策略研究-以 ZARA 为例［D］．广东外语外贸大学，2014：18。

## 8.3.5 新产品定价策略

新产品定价是企业定价策略中的一个重要内容，它关系到新产品能否顺利进入市场，并为占领市场打下良好的基础。新产品定价的难点在于无法确定消费者对于新产品的理解价值。如果价格定高了，难以被消费者接受，影响新产品顺利进入市场；如果定价低了，则会影响企业效益。常见的新产品定价策略有3种截然不同的形式：撇脂定价、渗透定价和满意定价。

**1. 撇脂定价** 撇脂定价是让新产品的价格定在远远超过其成本的水平，以求在短期内获得高额利润的定价策略。如果新产品具有非常明显的"新、奇、特"特征，采用这种定价策略可以使企业在短期内获得巨大的市场利润回报。但是，这种策略会导致迅速、激烈的市场竞争，并使价格下降、高额利润消失。

**2. 渗透定价** 与撇脂定价相反，渗透定价通过将新产品价格定在略高于成本的水平，强调"薄利多销"。采用渗透定价的新产品，应该有足够的市场购买规模，购买者对价格因素比较敏感。

**小米智能手环的渗透定价**

小米再一次举起价格"屠刀"。小米首款可穿戴小米手环定价79元，一时间朋友圈流传："深圳一大批做智能手环的兄弟们都哭了。"当前市面流行很多智能手环，国外产品基本售价在500元以上，国内售价在300元左右。一向以价格战搅局的小米手环以79元价格出现，突然让这一原本"高大上"的产品显得更亲民。

小米手环采用铝合金表面，使用激光微穿孔，可作为时尚手腕饰品。小米手环主要功能，包括查看运动量、监测睡眠质量、智能闹钟唤醒等。小米手环与其他手环最大的不同是，还与小米手机实现互通，小米手环可以作为用户的身份ID，支持手机免密码解锁。基于MIUI云服务，还会有更多小米手环功能可进一步扩展。

极量智能实验室创办人李响指出，当前智能手环的生产链条已成熟，尽管小米手环相比其他手环定价低，但小米拥有较大知名度和体量，依然可以从中获得利益。

资料来源：http：//info. cb. com. cn/hulianwang/2014_ 0723/1073451. html（有删改）。

**3. 满意定价** 满意定价介于撇指定价与渗透定价之间，将新产品价格定在买卖双方都有利的适中水平。

**价格确定表**

价格确定表见表8-1。

**表8-1 价格确定表**

| | | |
|---|---|---|
| 价格下降 | 年总固定成本 | |
| | 年总变动成本 | |
| | 预计利润 | |
| | 单位变动成本 | |

（续）

| | | |
|---|---|---|
| 价格下降 | 单位产品售价预计 | |
| | 盈亏平衡点 | |
| 价格上升 | 产品是否具有独特性 | |
| | 替代品种类及价格 | |
| | 性价比如何 | |
| | 客户对价格敏感度如何 | |
| | 产品市场地位、声誉 | |
| | 单位产品价格占客户收入比重 | |
| | 企业的生产能力 | |
| 价格确定 | 在该产品开发生产中的投资额 | |
| | 预期总收益 | |
| | 收益实现期限 | |
| | 预期销售额 | |
| | 是否以获取市场份额为主要目标 | |
| | 单位售价 | |

## 本章小结

**1. 影响定价的因素** 影响定价的因素包括成本、需求、竞争以及其他。

**2. 企业定价方法** 企业定价有3种导向，即成本导向、需求导向和竞争导向。成本导向定价法包括成本加成定价法、盈亏平衡定价法和边际贡献定价法；需求导向定价法包括认知价值定价法、区分需求定价法和反向定价法；竞争导向定价法包括随行就市定价法和密封投标定价法。

**3. 企业定价策略** 企业定价策略包括心理定价策略、折扣定价策略、地区定价策略、产品组合定价策略和新产品定价策略。

心理定价策略包括整数定价、尾数定价、声望定价、习惯定价、招徕定价。

折扣定价策略包括现金折扣、数量折扣、功能折扣、季节折扣和价格折让。

地区定价策略包括FOB原产地定价、统一交货定价、分区定价、基点定价和运费免收定价。

产品组合定价策略包括产品大类定价、选择品定价、互补产品定价、分部定价、副产品定价、产品系列定价。

新产品定价策略包括撇脂定价、渗透定价和满意定价。

**重要概念**

需求价格弹性　成本加成定价法　盈亏平衡定价法　边际贡献定价法　认知价值定价法　区分需求定价法　随行就市定价法　密封投标定价法　撇脂定价　渗透定价　心理定价　折扣定价

## 优衣库：低价的王道

1984年6月，优衣库（UNIQLO）在日本广岛开设了第一家门店，从此逐渐建立了集商品策划、生产、流通、销售为一体的自有品牌服装专业零售商（Specialty-store/retailer of Private label Apparel，SPA）模式，以压倒性低价提供高质量的休闲服饰。1998年，优衣库以摇粒绒为主要材质，在日本刮起了一股优衣库风；之后销售额虽有所减少，但以增加女性商品为立足点，不久便重回上升趋势，2006年再次取得了销售额4 000亿日元的骄人业绩。

产品开发方面，优衣库确立了全球性研发体系，以此把握全球趋势，并将其融入设计当中。2001年首先在英国开设海外店铺，随之又进驻中国、韩国、美国、法国等国家和地区；2007年，伦敦牛津大街旗舰店开业；2009年10月，巴黎超级连锁店开业。2005年优衣库在韩国首尔、仁川开设的店铺，其第一年的销售总额便达到了300亿韩币，之后每年都以60%左右的速度增长。近年来优衣库海外大举扩张，截至2014年8月底，优衣库在日本本土外门店数量为633家，海外市场贡献的营业利润增长接近六成，其中，大中华区和韩国的收入及利润表现强劲，双双高于预期，从2014年9月1日至11月30日的2015财年一季度，以大中华区为主的海外市场营业利润增幅达57.2%。

**1. 公司战略和质量目标** 优衣库的韩国法人、FRL韩国分公司安星洙社长认为，对优衣库来说，质量就是“将最有价值的衣服提供给消费者”，也就是说以低廉的价格提供高质量的产品。优衣库的目标是成为适合所有人穿着的高质量休闲服饰国际品牌，以最低价格为消费者提供其在任何时间、任何地点都能穿出时尚感觉的高质量简约休闲服饰。优衣库通过一系列努力，包括低投入经营与产销挂钩、实现效率最大化、不断了解消费者需求，为消费者提供最适合的产品等，正一步步向“世界第一休闲品牌”的目标迈进。

**2. 竞争优势** 优衣库的竞争优势体现为能够以低价提供独特的产品；其产品与其他SPA品牌的不同之处在于衣服材料。相比花样或款式，优衣库更加注重新材料的开发，将其制作成产品开拓新的市场。例如开发“Heattech”新材料，取得独家使用权，防止其他企业使用。虽是进行外包生产，但公司特派日本经验丰富的技术人员对生产把关，从而保证了商品的质量。

低成本是通过大量保有材料、稳定货源而实现的。不将因市场价格变动产生的风险转嫁给原材料供应商，而是有效利用自身流通渠道，加以内部消化。凭借其与供应商之间积累下的信赖之情，优衣库不仅能以低成本购买原材料，而且还与供应商建立了非常牢固的合作关系，取得了双赢（Win-Win）效果。

**3. 供应链质量管理战略** 优衣库一贯认为材料决定产品质量。想要持续得到材料供应，必须确保货源的稳定。公司为开发新材料、同时得到稳定供给，在与材料供应商打交道方面下足了功夫。从市场或业界收集信息后，进行研发及市场营销；各种材料策划小组与中国生产厂家联系，开发新材料，确立供应关系。例如，与东丽股份有限公司建立了战略合作关系，成功研发出具有出色保温功能的发热保温新材料“Heattech”，并拥有独家购买及销售权。

优衣库从产品策划阶段开始，就为实现高质量、低价格而努力。优衣库在制订产品规划

时不仅仅是考虑消费者的喜好，也会考虑是否能卖出合理价格。产品设计完成后，生产部门都会要求计算生产成本——如果能够卖出合理价格，便进入生产阶段，否则先要尽全力降低成本。考虑到生产成本中人工费、材料费占最大比重，公司在工资水平相对较低的地区进行生产，维持低廉的人工成本。材料方面，如购买羊毛、羊绒等天然纤维时，会派出有着20~30年经验的专家小组前往内蒙古或尼泊尔直接收购，以此降低成本。另外还有一种方法，就是比供货期提前两三年签订合约，以保障货源的稳定。

一丝不苟的库存管理与利润管理，是优衣库为降低成本而做出的另一项努力。每天、每周根据库存量单位（Stock Keeping Unit，SKU）实行销售管理、库存管理、目标与绩效管理。在利润管理方面，对多种产品的销售利润进行综合管理，维持着由一种产品的正常销售与另一种产品打折促销之间所建立的平衡结构。

优衣库的款式中有60%~70%为简约风格，另30%~40%是流行款式。在设计上追求风格、款式多样的同时，更加注重色彩与材料。竞争品牌如果生产出5~10种颜色的产品，优衣库会生产10~20种颜色。还有就是研发像Heattech这样的功能材料，从材料上确保竞争优势。例如，ZARA通过风格款式的多样化满足消费者的需求，而优衣库是通过多种颜色、材料与消费者取得共鸣；ZARA的主要消费群体为20~30岁左右的年轻人，优衣库则将产品定位于适合10~30岁年龄段。

正是出于对原材料的高度重视，优衣库在决定原材料时，许多部门都会参与其中；设计团队、营销团队、采购（merchandiser）团队、材料小组的相关负责人会聚在一起进行讨论，最后由会长定夺。每年举行4~6次材料或产品开发会议，优衣库中心将各国信息汇总后再做决定。例如，韩国人偏好桔、红、粉等颜色，这类信息将在决定颜色时发挥一定作用。

**4. 供应链设计和运营** 优衣库正在将生产基地从中国扩大到亚洲各国。当前，60%~70%的产品是在中国生产，其余30%~40%则在东南亚或东欧生产。上海、深圳、胡志明、达卡等地的生产管理办事处共有170名生产管理负责人，他们每周到工厂进行产品质量检查。最近由于人工费用的增加，公司正在考虑将生产基地迁移至东南亚。

优衣库将70个生产工厂视为生意伙伴，派“大师小组（master）”到现场提供技术指导。“大师小组”是由日本拥有30年以上经验的技术人员组成的团队，他们对纺织、染色、缝制、修整到发货的每一个阶段进行质量管理，将关于整个工序的“大师的技术”传授给工厂。优衣库的生产分为自产与外包，根据材料与设计来决定采用哪种生产方式。大部分的生产外加工企业并不是优衣库的子公司，但从持有股份或往来关系上看，他们都是与优衣库保持着10~20年长期战略伙伴关系的企业。优衣库不是无条件地雇佣低廉劳动力，而是借助当地所公认的生产厂家之力；至今，也仍在寻找这种具有社会责任感的外包企业。公司的大部分产品都在中国完成，其中97%是通过航运，其余2%~3%利用航空运输；航空运输的追加费用由各国分担。

优衣库的店铺运营没有采用加盟或特许的方式，而是选择了由总公司直接运营的体制。各国都设有库存管理部门，对各店的销售额、配送数量、店铺间货品流量等事项做出决定；韩国国内设有一个中央物流中心。总公司负责从企划到供给的各个环节，因此各店铺只需专心于销售即可；各国以SKU订购自己所需要的数量，并输入交货日期。

安星洙社长对优衣库的库存管理抱有非常大的信心，并表示“库存对于任何一个品牌都非常重要。我们比其他品牌更加注重库存管理，这样在每个季度结束时，我们的库存几乎

为零。”优衣库在订购原材料前召集所有相关部门进行决策，因为只有这样才能保证对库存的严格管理。订购生产所需原材料前，制订相应的营销计划、卖场布局及营业计划、销售计划和库存管理计划，尽力确保需求与供给的平衡。优衣库并未设协调部门，而是通过各部门将意见汇报给会长，由会长找出共同点，进行决策和调整。在库存管理方面，每天、每周以SKU为单位跟踪管理产品库存，根据库存情况追加订购或将过剩货品打折销售、清除库存。

由于大量订购原材料，因此优衣库的商品产量几乎没有弹性可言，只有主打产品可以追加订购小于5%的数量。站在公司的立场上，追加订购是赚取更多利润的机会；但从供货商立场出发，这种追加有损于供货商对优衣库的信任感，并且会为供应商带来更多的费用负担（订购1万件与追加订购1千件的单位成本差异很大）。因此，公司极力将追加订购控制到最少。

卖场运营方面，以顾客自己挑选试穿购买为原则，也就是“自助（Help yourself）”；但这一原则在东亚文化圈内贯彻起来略有困难。因此在东亚文化圈内，依靠店员协助卖出的衣物与顾客自己挑选的衣物各占50%左右。另外，卖场内免费提供牛仔裤修裤脚服务。

优衣库在绿色营销方面也付出了诸多努力，例如使用再生纸购物袋或生态环保购物袋；开展回收站活动，将穿过的衣服洗干净后集中到店铺，之后作为救援物资送给非洲等贫困地区。现在只有日本本部开展了这一活动，韩国也在计划开展。

资料来源：韩国标准协会（KSA）专栏（有删改）。

**思考与分析**

1. 优衣库是如何做到低价格的？
2. 这种低价策略有什么优缺点？

**定价方法训练**

【训练目的】学会、掌握常用的营销定价方法。

【训练方案】通过解决下列问题，实践演练定价方法的运用。

1. 红星电器有限公司生产智能型声控开关1 000件，总固定成本20 000元，总变动成本30 000元。如果预期利润率为20%，试按成本加成法确定这种智能声控开关的单位销售价格。

2. 美华电器行从彩电制造商处购进一批29in高清彩电，这批彩电进货的平均成本为2 000元。如果电器行的彩电加成率为15%，电器行按照成本加成法确定的这批彩电的零售价格应该是多少？

3. 企业的固定成本为50 000元，单位变动成本0.8元，预计产品销量100 000件。请问保证企业盈亏平衡的产品售价应该是多少？若要保证20%的投资收益，产品售价又应该是多少？

4. 企业生产B产品的生产能力可达300 000件，但目前市场需求为200 000件，且已趋于饱和。生产B产品的单位变动成本为1.2元/件，企业固定成本总额为100 000元。请计算确定B产品的盈亏平衡价格；如果要保证60 000元的利润，则应定价多少？如果这时有国外厂商向企业定购B产品50 000件，但只愿出价1.5元/件，请问可否接受，并说明理由。

**复习与思考**

1. 新产品有哪些定价策略？实行不同策略应具备哪些条件？
2. 企业定价目标主要有哪些选择？
3. 商品需求价格弹性对企业定价的影响如何？
4. 企业定价主要有哪三类方法？
5. 撇脂定价策略和渗透定价策略各自适用于什么情况？
6. 折让价格策略主要有哪几种？心理定价策略主要有哪几种？
7. 企业如何应对竞争对手的价格调整决策？

**延伸阅读**

**1.《定价战略与战术》（美）汤姆·纳格，约瑟夫·查莱，陈兆丰、龚强，译．华夏出版社，2012.**

**作者简介**：汤姆·纳格博士：曾是芝加哥大学商学院和波士顿大学管理学院教授，1987 年出版《定价战略与战术》第 1 版后不久，即创立了战略定价集团。该公司现为摩立特集团旗下子公司。一直以来，纳络博士与摩立特集团都在致力为客户制订战略，帮助客户实现更具盈利性的增长。约瑟夫·查莱：摩立特集团合伙人，常驻波士顿。他是摩立特集团全球战略定价业务的领导人之一，专注于营销和价格管理战略。陈兆丰：摩立特集团合伙人兼上海分公司总经理。他是摩立特中国区战略定价业务负责人，也是营销战略专家。

**内容简介**：自 1987 年英文版首次出版至今，顶级商学院纷纷将该书指定为“战略定价”领域的教材及参考书，更因摩立特集团在此领域服务众多商界客户的优良口碑，使本书作者汤姆·纳格被誉为“全球战略定价之父”。更为难得的是，如今本版书意味着：销量极佳的第 4 版 + 摩立特 20 年服务 500 家顶级客户“定价战略”实战经验 + 依据国内咨询项目更新近 80% 篇幅编写本地化内容 = 中国商界学界的最新版“定价圣经”诞生。

**2.《定价定天下》李践．机械工业出版社，2012.**

**作者简介**：TOM 户外传媒集团总裁，风驰集团董事局主席，长期以来，他致力于企业盈利工具的系统研究，编写了《砍掉成本》《绩效飞轮》等系列实战型著作。

**内容提要**：该书针对企业面临的不知如何定价、草率定价、忙于应付竞争对手降价和打折、身陷“薄利多销”的谎言不能自拔等困惑，剖析传统定价误区，改变定价思维，给出一套完整的定价思维方式。

**网站推荐**

1. 哈佛商业评论 http：//www. ebusinessreview. cn/
2. 世界经纪人网 http：//www. ceoonline. com/
3. 中华营销网 http：//www. chinam-net. com/

# 第9章 渠道策略

## 学习目标

1. 理解分销渠道的概念，了解渠道的基本模式
2. 掌握分销渠道策略的原理及其应用
3. 了解中间商的类型及新型的销售平台

## 任务驱动

### 小米为什么不全面开放购买

2014年10月中旬，把小米公司推向风口浪尖的不是产能、期货、饥饿营销、抄袭、质量售后等问题，而是小米公司一直隐隐不为人知的渠道分销问题。产能、营销、质量上的问题，小米公司一直是暴露在公众视野之下的，有则改之，无则加勉，并没有太多非议的地方，反倒因为渠道问题一直是隐秘的，隔着一层薄纱，让小米公司陷入了信任危机当中。为此，小米副总裁黎万强在微博上公开了2014年第二季度的销售数据，小米手机第二季度出货量约1 600万台，其中线上渠道出货1 119万台，约占70%，甚至晒出快递单自证清白。

小米公司初期需要一个强有力的线下分销渠道，帮助自己降低线上渠道不稳定可能带来的风险。应该说，现在的小米在国产品牌中有自己的资本，有稳定和汹涌的市场需求，有完善的产品生态链和强劲的品牌和口碑等。现在的小米有自己对市场供需的掌控力，大可从“失控”无序的状态中走出来，重新审视自己的产品线，定位自己的营销，决定自己的渠道，影响自己的消费者群体了。毋庸置疑，全面开放购买的条件已然具备。

早在2012年前，小米就表示要全面开放购买，宣布7×24小时的网上销售模式。遥想3年前，小米第一代手机上市销售时，第一个月卖出1万部，销售额不过2 000万元，而2014年上半年，小米手机产能达到2 600多万部，全年完成6 000万部几乎无任何悬念。按理说，而今的小米，雄心勃勃，再也无须根据预约量来下订单、生产销售了，小米只需根据以往各产品的市场表现情况，估摸它的市场预期，进行大批量生产销售即可，确保用户在小米网随时能买到货。这两年，在面对饥饿营销的质疑声时，小米常会冠以产能不足的理由。如果在小米入市初说自己产能不足还能引来同情，三年后再说自己产能不足就招致一片骂声了。让小米总会面对产能不足的质疑问题在于小米越来越庞杂的产品生态。

小米通过互联网销售是为了去掉地域维度的限制，打造一个二维的小米电商生态，从根本上建立自己电商优势。这样可以直接连接厂家和消费者，省去中间渠道商层层加价的成本，把过去高举不下的渠道铺设成本，反哺给消费者，建立自己绝对高性价比的优势。从小米晒出的第二季度销售单情况来看，小米网为核心渠道占70%，运营商网络次之，天猫等电商平台再次之。小米力求把渠道控制在自己手上，从而能够有效管理价格和客户群体类型。

雷军在接受采访时称互联网是一种思维，是一种考虑未来的方法。开放、透明、合作都是互联网的精神。小米手机涉及的生态链，是一条从应用的生态链到服务的生态链，再到硬件的生态链，最终实现全整合，达成硬件+软件+互联网服务的铁人三项。小米不仅自己做了，还在尝试将这一生态链计划在全国范围内复制。

一个独立电商生态链能不能成熟等同于一个爆款驱动的产品+一群有绝对消费实力的粉丝+一个用互联网可以颠覆一切的玩法。从产品上来看，小米手机系列到平板、电视，甚至传言中的汽车，都是具有引爆能力的，能够在极短时间内刺激大量需求，驱动整个生态链条的运转。从互联网玩法、服务来看，小米手机的互联网服务模式是相对而言比较成功的，是真正用互联网的方式做硬件。从MIUI社区的搭建，到应用商店、支付平台、电子书城等，这些软实力服务已经帮助小米公司实现数千万元的营收了。但按照小米生态的逻辑，互联网服务是小米盈利的落脚点，小米的盈利点主要还是来自硬件。

小米手机的营销被称为新时代的互联网营销，小米公司以互联网为平台进行的营销对你有什么启示？你认为有什么地方值得传统企业借鉴学习？

资料来源：http：//www. qncye. com/yingxiao/gongguan/102210932. html（有删改）。

渠道决策是企业的重大营销决策之一，也是最复杂的营销决策。随着环境的日新月异，分销体系也正在发生急剧的嬗变，在此消彼长、变化频繁的流通变革中，许多企业开始感叹生意越来越难做。渠道是企业最重要的无形资产，是企业重要的融资管道，而且是成本最低廉的融资管道，同时它具有共享性。你的顾客在什么地方扎堆，什么地方就有可能成为你的渠道。

## 9.1 分销渠道的基本模式

### 9.1.1 分销渠道的概念

分销渠道也称销售渠道、贸易渠道，菲利普·科特勒认为：分销渠道是指产品和服务从制造商（生产者）向消费者或用户转移的过程中，取得这种产品和服务的所有权或帮助转移所有权的所有组织或个人。分销渠道的起点是制造商（生产者），终点是消费者或用户，中间环节包括商人中间商（取得所有权）和代理中间商（帮助转移所有权）。商人中间商包括批发商和零售商两类。代理中间商包括代理商和经纪商两类。商人中间商和代理中间商的区别在于以下几点。

1）商人中间商拥有所经营商品的所有权；而代理中间商只受生产者委托代理销售业务，并不拥有商品所有权。

2）商人中间商为了取得经营商品的所有权，在购进商品前必须预付商品资金；而代理中间商则不需要垫付资金。

3）商人中间商购进商品与销售商品之间存在着价格差，正是这种差价形成了企业利润；代理中间商的收入来自于委托销售企业按规定支付的佣金。

### 9.1.2 分销渠道的作用

**1. 产品的集中与再分配** 中间商的最直接和最主要的作用就是将产品从制造商那里集中起来，再根据客户的具体要求将其进行重新包装、组合和分配。并不是所有的公司都有能力和资源进行直接营销，这就是中间商存在的价值和原因所在。即便是那些有能力建立自己的分销渠道的厂家，也可以借助中间商的资源和高度专业化的优势扩大自己的市场覆盖率。

**2. 市场信息的收集和反馈** 在产品的流通过程中，各中间商可获取有关客户、市场和竞争者的信息，通过收集整理并反馈给公司。事实上，经销商和零售商对公司而言是极其重要的信息来源。他们最接近市场，可以和终端客户保持经常的联系，获取有关他们的各种信息。同时，许多经销商和零售商也销售竞争厂商的产品，有助于他们了解客户对各种产品的真实反映。

**3. 资金的流动** 渠道的最后一个重要作用就是实现了资金在渠道中的滚动，这使得公司缓解了资金上的压力。在资金流动方面，它有以下作用。

（1）付款 付款是指货款通过分销渠道从最终客户流向公司。在产品流通中，由于中间商的存在，提供了多种多样的、灵活方便的付款方式。

（2）信用 经销商和零售商为公司提供了重要的信用。对购买产品的支付几乎都是以购买日为准，而不是以产品最终卖出去的时间为准。这一做法对公司和上一级经销商都具有重要意义，它使得他们能准确地估计现金流量。

（3）融资 企业通过分销渠道成员自己的实力和信用进行融资，扩大了产品流通过程所需的资金来源，使得渠道的资金雄厚，便于产品更广泛的推销。

**4. 解决生产者和消费者或用户之间客观上存在着的矛盾** 在现代市场经济条件下，之所以大多数产品都不是由生产者直接提供给最终消费者或用户的，是因为生产者和消费者或用户之间客观上存在着一些矛盾，因此，在生产者和最终消费者或用户之间存在着大量的执行不同功能和具有不同名称的商人中间商和代理中间商是必要的。

图9-1是使用中间商的经济效果图，从中可以直观地感受到中间商的介入给制造商带来的好处。从图9-1中可以得知，如果不使用中间商，3个制造商和3个顾客之间将发生总共9次交易行为，而使用了中间商后，交易行为只有6次，其经济效益是显而易见的。

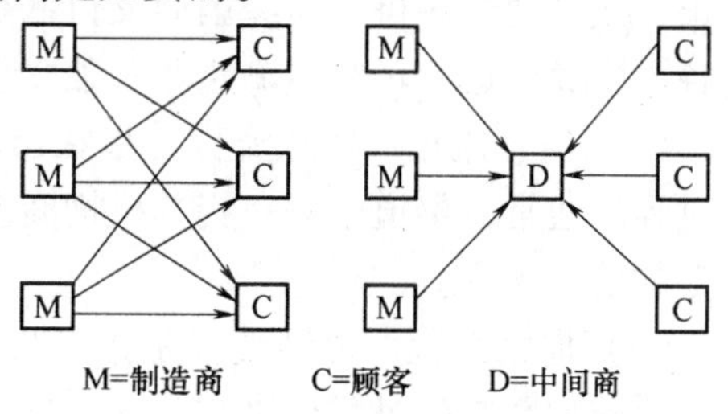


图9-1 使用中间商的经济效果图

在实际交易行为中，情况更为复杂，这是因为产品从制造商向最终顾客或用户流动的过程中，存在着几种物质或非物质形式的运动“流”，渠道则表现为这些“流”的载体。组成分销渠道

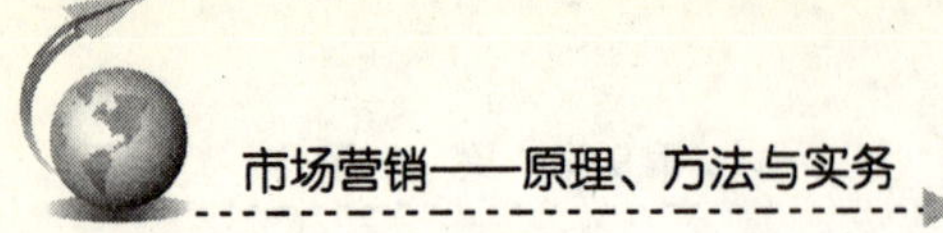


的各种机构是由几种类型的流程联结起来的。按菲利普·科特勒的归纳分为实体流程、所有权流程、付款流程、信息流程和促销流程。它们各自的流程如图 9-2 所示。

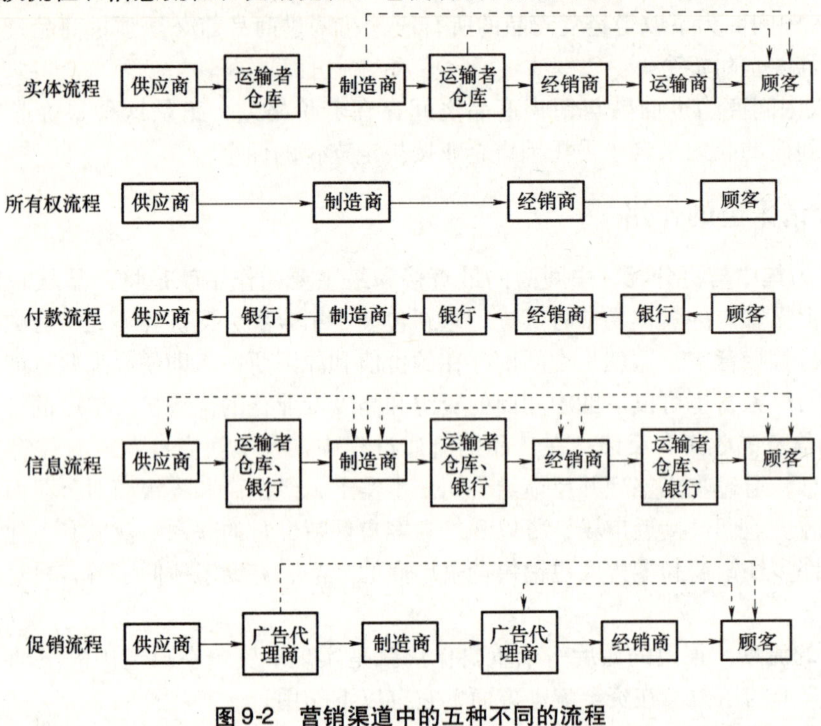


图 9-2 营销渠道中的五种不同的流程

（1）实体流程　实体流程是指实体原料及成品从制造商转移到最终顾客的过程。例如，在汽车市场营销渠道中，原材料、零部件、发动机等从供应商处运送到仓储企业，然后被运送到制造商的工厂制成汽车，制成汽车后也须经过仓储，然后根据经销商的订单运交给经销商，再运交给顾客；如遇到大笔订单的情况，也可由仓库或工厂直接供应。

（2）所有权流程　所有权流程是指货物所有权从一个市场营销机构到另一个市场营销机构的转移过程。在前例中，原材料及零部件的所有权由供应商转移给制造商，汽车所有权则由制造商转移给经销商，而后到顾客。如果经销商以寄售的身份保存汽车，则不应列入图中。

（3）付款流程　付款流程是指货款在各市场营销机构之间的流动过程。例如，顾客通过银行或其他金融机构向经销商支付账单，经销商扣除佣金后再付给制造商，再由制造商付给各供应商，还须付给运输企业及独立仓库（图中已省略）。

（4）信息流程　信息流程是指在市场营销渠道中，各市场营销中间机构相互传递信息的过程。通常，渠道中每一相邻机构间会进行双向的信息交流，而互不相邻的机构间也会有各自的信息流程。

（5）促销流程　促销流程是指广告、人员推销、宣传报道、促销等活动由一单位对另一单位施加影响的过程。供应商向制造商推销其品牌及产品，还可能向最终顾客推销自己的名称及产品以便影响制造商购买其零部件或原材料来装配产品。促销流程也可能从制造商流向经销商（贸易促销）或最终顾客（最终使用者促销）。

## 9.1.3 分销渠道的模式

**1. 传统分销渠道** 传统分销渠道是由各自独立的生产商、批发商、零售商和购买者组成的分销渠道。在传统分销渠道中，各渠道成员之间的联系是松散的。传统分销渠道是实际工作中大多企业采用的分销渠道模式，但随着营销环境的不断发展，传统分销渠道正面临着越来越大的挑战。在图9-3中，可以看到消费者市场和生产者市场的传统分销渠道模式。

**2. 整合分销渠道** 随着企业营销活动更新的要求，企业在实际的渠道运作中，出现了将渠道成员通过一体化整合形成的整合分销渠道系统。整合分销渠道正为越来越多的企业采用。整合分销渠道主要包括垂直营销系统、水平营销系统和多渠道系统3种形式。

（1）垂直营销系统 垂直营销系统是近年来渠道发展中最重大的发展之一，它是作为对传统营销渠道的挑战而出现的。传统营销渠道由独立的生产者、批发商和零售商组成。每个成员都是作为一个独立的企业实体追求自己利润的最大化，即使它是以损害系统整体利益为代价也在所不惜，没有一个渠道成员对于其他成员拥有全部的或者足够的控制权。麦克康门把传统渠道描述为“高度松散的网络，其中，制造商、批发商和零售商松散地联结在一起，相互之间进行不亲密的讨价还价，对于销售条件各执己见，互不相让，所以各自为政，各行其是”。

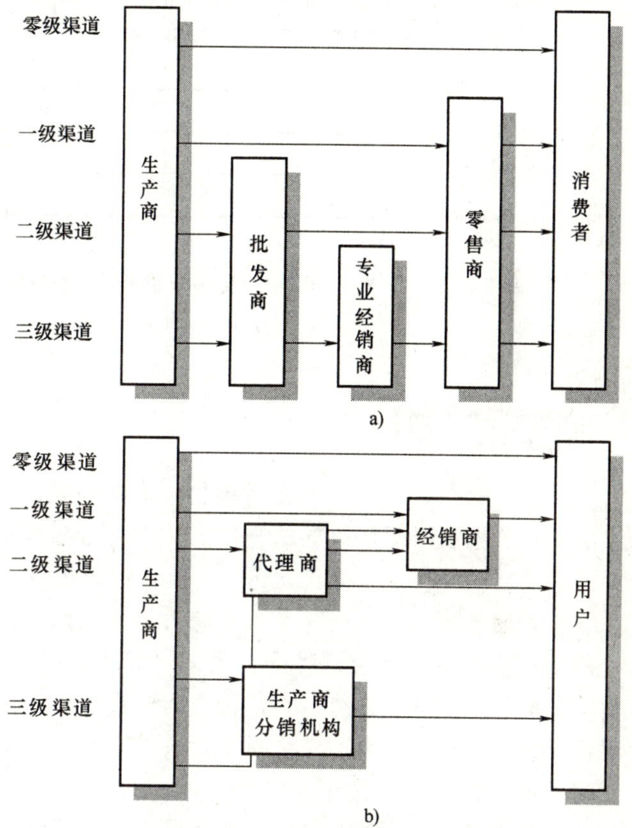


图9-3 传统分销渠道模式

a）消费者市场分销渠道 b）生产者市场分销渠道

垂直营销系统（VMS）则相反，它是由生产者、批发商和零售商所组成的一种统一的联合体。某个渠道成员拥有其他成员的产权，或者是一种特约代营关系，或者这个渠道成员拥有相当实力，其他成员愿意合作。垂直营销系统可以由生产商支配，也可以由批发商或者零售商支配。垂直营销系统有利于控制渠道行动，消除渠道成员为追求各自利益而造成的冲突。它们能够通过其规模、谈判实力和重复服务的减少而获得效益。在消费品销售中，垂直营销系统已经成为一种占主导地位的分销形式，占全部市场的64%。传统分销渠道与垂直营销系统对比如图9-4所示。

垂直营销系统的3种主要类型如下。

1）公司式垂直营销系统。所谓公司系统，是指一家公司拥有和统一管理若干工厂、批发机构、零售机构等，控制分销渠道的若干层次，甚至控制整个分销渠道，综合经营生产、批发、零售业务。这种渠道系统又分为两种：一种是大工业公司，如美国胜家公司在美国各地设有缝纫机商店，自产自销，并经营教授缝纫等服务项目；美国火石轮胎和橡胶公司在利比里亚拥有橡胶种植园，在美国橡胶工业中心俄亥俄州拥有轮胎工厂，其下属的批发机构和零售机构遍布全美国。另一种是大零售公司，如美国零售业巨头西尔斯·罗巴克公司、大西洋和太平洋茶叶公司、彭尼公司等。

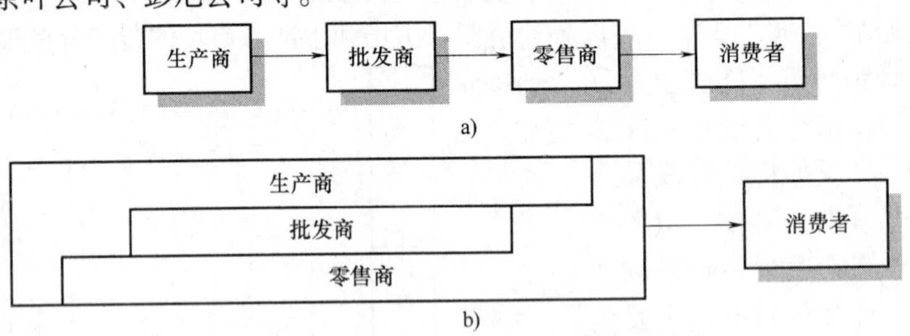


图 9-4　传统分销渠道与垂直营销系统对比

a）传统分销渠道　b）垂直营销系统

### 苹果公司的中间渠道或被弃

苹果公司在中国区的渠道变化：以往，经销商拿货是经由方正世纪、佳杰科技、翰林汇、长虹佳华四家大国代商，或者是从部分优质经销商处拿货。但从 2013 年开始，原先的四大国代商，逐渐被苹果公司取消了总代资格，或者主动退出了分销生意。取而代之的是，苹果公司开始转而扶持优质经销商、线下直营门店等垂直渠道。原先的国代商，变成了天音、爱施德、神州数码、中邮普泰等 12 家只直接面向零售/行业客户的授权经销商，这让中关村的经销商提货成了难题，也就出现了向第三方公司交订金排队等货的怪象。

与苹果公司大大小小的渠道商相同，随着苹果公司不断扶持自营渠道，以往出货量最大的运营商渠道，已经感受到了切肤之痛。此前，在苹果中国区的供货版图中，中国移动、中国联通、中国电信三家运营商分别占据 30%、20%、10% 的份额，三家几乎拿下了中国区六成以上市场，并且机器是由苹果公司独家专供的定制机。但在 iPhone 6 时代，只有中国移动因 4G 制式不同延续了定制模式，由其终端公司率先集采了一批定制机（不支持 CDMA、WCDMA）。但中国联通和中国电信采用的是全网通制式版本，属于全球通盘供货渠道——不仅要供给运营商，也同时供应给优质的经销商、门店、电商等渠道。缺乏了定制的独家专供，运营商渠道在采购时，只能和社会经销商一起等待苹果公司的库存调配。

事实上，目前苹果公司已经在全国建立起了一个更加扁平化的庞大销售网络：截至 2014 年年底，苹果公司在全国开设了 20 家直营门店，同时扶持起了 41 家教育渠道经销商、12 家授权经销商、49 家优质经销商、13 家行业客户（IT 集成方案）经销商和 125 家校园体验店。显而易见，苹果在中国市场正在发起一场“去管道化”的运动。多家苹

果授权经销商表示，现在经销商在苹果内部的分货权已经大幅下降，反倒是苹果的零售端被寄予厚望，像iPhone 6（64G、128G）等紧俏产品，每次国内到货后都会优先供给苹果自家的直营门店、Apple Store电商平台、线下零售渠道等。

有人士称，总代、渠道是苹果中国特有的模式，但它现在在向欧美直营模式调整，大力扶持线下零售商，以后要把中间渠道彻底砍掉。最多再过3年，苹果公司在中国就不需要任何渠道商了。

资料来源：http：//www.yingxiao360.com/htm/201519/13821.htm（有删改）。

2）管理式垂直营销系统。管理式垂直营销系统是通过渠道中最有实力的成员来协调、管理整个渠道运作的垂直渠道系统。

在西方国家，许多制造商（即使是某些大制造商）不能耗费巨资，建立推销其产品所需要的全部商业机构，因此，有些素有盛誉的大制造商，为了实现其战略计划，往往在销售促进、库存供应、定价、商品陈列、购销业务等问题上与零售商协商一致，或予以帮助和指导，与零售商建立协作关系。例如，美国卡夫（Kraft）食品公司积极改善产品包装，广泛开展销售促进，对食品杂货商提供购销业务指导，帮助他们改进商品陈列。

3）合同式垂直营销系统。合同式垂直营销系统是由不同层次的生产商和中间商通过合同契约的形式整合组成的垂直渠道系统，主要包括批发商组织的自愿连锁店、零售商合作社以及特许经营系统。

①批发商组织的自愿连锁店。这种自愿连锁店和西方国家零售商业中的一般连锁商店不同。首先，自愿连锁店（又叫契约连锁店）是若干独立的中小零售商为了和连锁商店这种大零售商竞争而自愿组成的联营组织，参加联营的各个中小零售商仍保持自己的独立性和经营特点。而连锁商店是属于一家大零售公司所有的某种类型的零售商店（如百货商店、超级市场等）集团，这些零售商店是这家大零售公司的分店。其次，自愿连锁店的各个独立的中小零售商要在采购中心的管理下统一进货，但分别销售，实行“联购分销”，此外，联营组织还为各个成员提供各种服务。而连锁商店的总公司虽设有批发机构中央采购处，但连锁商店本身是零售组织。再次，西方国家的自愿连锁店通常是由一个或一个以上独立批发商倡办的。

②零售商合作社。这是一群独立的中小零售商为了和大零售商竞争而联合经营的批发机构（各个参加联营的独立中小零售商要缴纳一定的股金），各个成员通过这种联营组织，以共同名义统一采购一部分货物（向国内外制造商采购），统一进行宣传广告活动以及共同培训职工等，有时还进行某些生产活动。

③ 特许经营系统。这种渠道系统也可分为两种。一种是制造商或饮食公司、服务公司倡办的零售商特许经营系统。例如，美国福特汽车公司、麦当劳公司（饮食公司）、肯德基公司（饮食公司）、艾维斯汽车出租公司、罗玛达旅店（汽车旅客旅馆业）等享有盛名的大公司和一些独立零售商签订合同，授予独立零售商经营其流行商标的产品或服务项目的特许权。这是大制造商、大饮食公司、大服务公司与独立零售商联营。还有一种是制造商倡办的批发商特许经营系统。例如，美国可口可乐公司与某些批发商签订合同，授予其在某一地区分装和向广大零售商发运可口可乐的特许权。这是大制造商与独立批发商联营。

在西方国家，工商企业为了扩大销售，获得更多利润，在激烈竞争中求得生存和发展，不仅在渠道系统内采取垂直一体化经营或联合经营的方式，而且在同一层次的若干制造商之间、若干批发商之间、若干零售商之间采取横向联合经营的方式。

相关链接 9-1

**互联网渠道的溢价效应**

视频网站、社交网络、微博、微信等多种信息平台，正在加速对传统电视行业商业模式进行渗透和改变。从一开始的品牌营销和造势到广告主的广告投放策略，再到视频网站和电视台的深度合作和网台互动，新时代的娱乐节目玩法逐渐浮出水面。

尽管《中国好声音》本身的制作水准毋庸置疑，但在 2012 年推出第一季时也仅仅获得 1.5% 的收视率，其随后的走红，微博和 SNS 起到了重要的推波助澜作用。“微博女王”姚晨、导演冯小刚等众多明星的大量转发引起网友关注热情，微博迅速陷入了一片“好声音”效应，使其第二期时便获得了 2.717% 的收视率，并一路攀升到 4% 左右。大号转发及“水军”刷话题等手段，有效支撑了争议话题及选手精彩表现视频的传播。从“好声音”开播起，“事件营销”便层出不穷，几乎所有的“好声音”学员都有自己的“故事”并伴随着各种争议，这显然是有组织有策划的全方位炒作。

刚刚结束的《中国好声音》第二季，播出后第一时间，在微博上便出现各种学员背景的深度爆料，戏剧性的反差已经引发众多网友的关注和转发，并迅速蔓延到网络社区和微信朋友圈。更重要的是，除了对收视率的反向促进，节目在网络上也有着越来越巨大的视频点击量。

事实上，对一档节目的评估，欧美正在兴起综合收视率的概念，即综合考虑电视收视率、互联网上的点击量和讨论热度，而不是简单地用抽样调查去判定。加多宝赞助《中国好声音》第二季的广告费用高达 2 亿元，便充分考虑了互联网播放渠道带来的溢价效应。用户会在不同的渠道交叉收看相应的节目，电视台和互联网相互之间将是鱼水情深的共赢关系。搜狐视频便不惜重金 1 亿元独揽《中国好声音》网络独播权。搜狐公司 CEO 张朝阳透露，搜狐视频砸下巨资后，包括加多宝、三星电子、百雀羚、雪佛兰和贝因美在内的企业跟进投放广告，尚未开播前的招商已经收回成本。

一个全新的影响力包围圈正在形成，没有单独的一家能占据这个高地。影响年轻人和意见领袖的主要媒体不再是电视台，而是各种互联网终端，并尝试把版权使用、产品研发、营销拓展融为一体，发现更多的互动模式；另一方面，电视媒体在专业制作领域则依然保持着自己传统的优势，二者配合才能形成效果最大化。

资料来源：http://www.sino-manager.com/201381_261127.html（有删改）。

（2）水平营销系统　水平营销系统又称横向营销系统，是同一层次上两家或两家以上的企业通过不同方式联合起来创造新的营销机会的渠道系统。例如，麦当劳等快餐店开进一些大的商场，快餐店和商店都从中获得了营销利益：快餐店可以获益于大商场的大的客流量；而大商场也为自己的顾客提供了更丰富的服务项目。

（3）多渠道系统　多渠道系统又称混合营销系统，是指企业为统一目标市场提供两种或两种以上的分销渠道。例如，现在很多的电器生产商都通过多渠道服务于目标市场。你可以在大商场买到康佳平板彩电；同样，你也可以从大型综合性超市、电器专卖行甚至网上买到康佳平板彩电。

### 9.1.4 分销渠道的类型

企业的分销渠道可以按照不同的标志划分为不同的类型。

**1. 直接渠道与间接渠道** 直接渠道与间接渠道是按照企业的分销活动是否有中间商参与进行划分的。

直接渠道也就是零渠道，即制造商不通过任何中间商参与而直接将产品销售给消费者或用户。这种分销渠道主要用于产业市场的产品销售。间接渠道是指产品从制造商向消费者或用户转移的过程中要经过一个或一个以上的中间商。这种分销渠道主要用于生活消费品的销售。

**2. 长渠道和短渠道** 这是按照流通环节或层次的多少进行划分的。一般把零级与一级的渠道称为短渠道，而将二级或二级以上的渠道称为长渠道。这种划分有利于营销人员集中考虑对某些中间环节的取舍，形成长或短，甚至长短结合的多渠道策略。

**3. 宽渠道和窄渠道** 这两种类型是按照渠道中每个层次的同类中间商数目的多少进行划分的。如果一个层次上利用的中间商很多，通常就称之为宽渠道，反之，就称之为窄渠道。一般来说，生产资料和少部分专业性较强或较贵重的消费品适合于窄渠道销售。

**4. 单渠道和多渠道** 这两种类型是按照制造商所采用的渠道类型的多少进行划分的。单渠道是指制造商采用同一类型渠道分销企业的产品，渠道比较单一。多渠道是指制造商根据不同层次或地区消费者的情况，选用多种不同类型的分销渠道。

企业对分销渠道进行分析，目的在于选择有利于企业产品销售的分销渠道。

## 9.2 渠道的选择与管理

企业所选择的分销渠道将直接影响所有其他的营销决策。一个分销系统是一项关键性的外部资源，它的建立通常需要若干年，并且不是轻易可以改变的。它的重要性并不亚于其他关键性的内部资源，诸如制造部门、研发部门、工程部门和区域销售人员以及辅助设备等。对大量从事分销活动的独立的公司以及它们为之服务的某一个特定的市场而言，分销系统代表着一种重要的、义务的承诺，同时，它也代表着构成这种基本组织的一系列政策和实践活动的承诺，这些政策和实践将编织成一个巨大的长期关系网。

### 9.2.1 分销渠道的选择

**1. 影响分销渠道选择的因素** 企业在渠道选择中，要综合考虑渠道目标和各种限制因素或影响因素，主要制约因素有以下几种。

（1）市场因素

1）目标市场的大小。如果目标市场范围大，则应采用长渠道；反之，则采用短渠道。

2）目标顾客的集中程度。如果顾客分散，宜采用长而宽的渠道；反之，宜用短而窄的渠道。

（2）产品因素

1）产品的易毁性或易腐性。如果产品易毁或易腐，则应采用直接渠道或短渠道。

2）产品单价。如果产品单价高，可采用短渠道或直接渠道；反之，则可采用间接渠道。

3）产品的体积与重量。体积大而重的产品应选择短渠道；体积小而轻的产品可采用间接渠道。

4）产品的技术性。产品技术性复杂需要安装及维修服务的产品，可采用直接渠道，反之，则选择间接渠道。

（3）生产企业本身的因素

1）企业实力强弱。企业实力主要包括人力、物力、财力，如果企业实力强，可建立自己的分销网络，则实行直接渠道；反之，应选择中间商间接渠道。

2）企业管理能力强弱。如果企业管理能力强，又有丰富的营销经验，可选择直接渠道；反之，应采用间接渠道。

3）企业控制渠道的能力。企业为了有效地控制分销渠道，多半选择短渠道；反之，如果企业不希望控制渠道，则可选择长渠道。

（4）中间商特性　各中间商实力、特点不同，如在广告、运输、储存、信用、人员培训、送货频率方面具有不同的特点，从而影响生产企业对分销渠道的选择。

（5）竞争者因素　分销渠道的设计还会受到竞争者使用渠道的影响。有的企业可能会进入竞争者分销渠道，欲与竞争者直接竞争，如商场中同类产品都在一起展示；有的企业可能会避开竞争者的渠道，另辟蹊径，如著名的美国安利公司避开和同类产品进入商场的竞争，选择了一条适合自己的直销方式。

（6）政府有关立法及政策规定　如专卖制度、反垄断法、进出口规定、税法等，又如税收政策、价格政策等因素都影响企业对分销渠道的选择。例如烟酒实行专卖制度时，烟酒企业就应当依法选择分销渠道。

**2. 评估选择分销方案**　分销渠道方案确定后，生产厂家就要根据各种备选方案进行评价，找出最优的渠道路线，通常渠道评估的标准有 3 个，即经济性、可控性和适应性，其中最重要的是经济性。

（1）经济性标准评估　经济性标准评估主要是比较每个方案可能达到的销售额及费用水平。

（2）可控性标准评估　一般来说，采用中间商可控性小，企业直接销售可控性大；分销渠道长，可控性难度大，渠道短，可控性难度小，企业必须进行全面的比较、权衡，选择最优方案。

（3）适应性标准评估　如果生产企业同所选择的中间商的合约时间长，而在此期间，企业发现其他分销渠道更有效，但又不能随便解除合同，这样企业选择分销渠道便缺乏灵活性。因此，生产企业必须考虑所选策略的适应性，不签订时间过长的合约，除非在经济或控制方面具有十分优越的条件。

### 9.2.2　分销渠道的管理

公司在确定了分销渠道及相关政策之后，必须对每个中间商进行选择、激励和评估。同时，随着时间的推移，渠道要做适当的调整。

**1. 渠道成员的选择** 公司必须为其所设定的分销渠道寻找合适的中间商。对合格的中间商的鉴定包括经营年数、经营的其他产品、成长和盈利记录、偿付能力、信用等级、合作态度及声誉等。如果中间商是代理商，公司还要评价其所经销的其他产品的数量和特征及其推销力量的规模和素质。如果中间商是零售商，公司需要评价其店铺的位置、未来成长的潜力和客户类型。对于零售商而言，最重要的因素就是选址。

**2. 渠道成员的激励** 公司必须不断激励中间商，促使其尽全力开发市场。公司在其渠道政策当中固然已提供了若干激励因素，但是这些因素还必须通过公司的经常监督管理和再鼓励得到补充。要使中间商有出色的表现，公司应尽力了解各中间商的不同需求和期望。在处理与中间商的关系时，既要坚持政策，又要灵活，以此建立长期稳固的合作关系。处理与中间商的关系有以下3个方法。

（1）合作 生产企业应当得到中间商的合作。为此，生产企业应采用积极的激励手段，如给较高利润、交易中获得特殊照顾、给予促销津贴等；偶尔应采用消极的制裁办法，如扬言要减少利润、推迟交货、终止关系等，但要对这种方法的负面影响加以重视。

（2）合伙 生产者与中间商在销售区域、产品供应、市场开发、财务要求、市场信息、技术指导、售后服务方面等彼此合作，按中间商遵守合同的程度给予激励。

（3）经销规划 经销规划是最先进的方法。这种方法应有计划地实行专业化管理的垂直市场营销系统，将生产者与中间商的需求结合起来，在企业营销部门内设一个分销规划部，同中间商共同规划营销目标、存货水平、场地及形象化管理计划、人员推销、广告及促销计划等。

**3. 渠道成员的评估** 公司必须定期按一定的标准衡量中间商的表现，如销售配额完成情况、平均存货水平、向客户交货的时间和速度、对损坏和遗失品的处理以及与公司促销和培训计划的合作情况。

**4. 渠道调整** 公司对分销渠道的管理不能仅限于设计一个良好的渠道系统并推动其运转，渠道系统还要定期地进行改进，以适应市场环境的变化。当客户的购买方式发生变化、市场扩大、新的竞争者进入以及产品进入其生命周期的最后一个阶段时，便有必要对渠道进行改进。

### 9.2.3 分销渠道的基本策略

企业分销渠道的选择，不仅要求保证产品及时到达目标市场，而且要求选择的分销渠道销售效率高，销售费用少，能取得最佳的经济效益。因此，企业进行分销渠道选择前，必须综合分析企业的战略目标、营销组合策略以及其他影响分销渠道选择的因素，然后再做出某些相关策略，如是否采用中间商，分销渠道的长短、宽窄，具体渠道成员等。

**1. 直接渠道与间接渠道的选择** 这个问题实质上就是可否采用中间商的策略。一方面，虽然中间商的介入对制造商以及社会带来很大的好处，但没有中间商介入的销售即直接销售也具有很多的优点，如销售及时、节约费用、加强推销、提供服务、控制价格、了解市场等。另一方面，直接分销渠道使产品的整个销售只能完全落在生产企业身上，完成这些职能的费用也完全由生产企业负担。从渠道分析看，直接分销和间接分销各有利弊、各有其适用条件和范围。企业在选择时，必须对产品、市场、企业营销能力、控制渠道的要求、财务状况等方面进行综合分析。

一般情况是，大多数生产技术复杂、价格高、需要安装和经常维修服务的产品，或用户对产品规格、配套、技术性能有严格要求，应采用直接分销；有的大宗原材料用户购买量很大，购买次数少，用户数量有限，宜采用直接分销；一些易变质的生活用品和时尚产品以及价格昂贵的高档消费品，也可采用直接分销。事实上，生产量大、销售面广、顾客分散的产品（如啤酒、香烟等），任何企业都没有能力将产品送到每一个消费者手中，即使能送到也是不经济的，因此这些企业只能选择间接分销渠道。除此之外，大多数生活资料以及一部分应用面广、购买量小的生产资料，均宜采用间接分销。

另外，在进行此类选择时，营销能力、财务、控制渠道的要求也必须考虑在内。例如，从产品特性与市场情况分析，有的企业产品应该采用直接分销，然而，因为其销售力量薄弱，或因财务困难，也不得不选用间接销售渠道。

### 房企跨界互联网

与汽车行业一样，房地产行业一直是互联网公司最为看好，但一直难以深入的行业。截至目前，互联网从房地产商身上赚到的钱，基本还是以广告费为主，而房企之前的所谓“触网”行为，也不过是增加一个营销渠道而已。

不过，曾经的浅层次合作或许即将成为过去时，因为，万通集团日前正式宣布，将采用众筹方式建房。当然，“房产众筹”这个概念已经不新鲜了，稍早前，远洋地产与京东金融合作推出的一系列众筹买房活动，就曾经被炒得沸沸扬扬。但是，该方式与其说是众筹买房，不如说是抽奖买房——只有“中奖”的众筹参与者，才有可能以极低的价格买到远洋地产屈指可数的优惠房。但无论怎样，远洋地产也算是把房子与互联网金融搭上了线。

作为第二个吃螃蟹者，万通集团显然不能再重复这个噱头了。据悉，万通集团此次与众筹网合作，将众筹行为大幅前伸至购地阶段，购房人在土地购买阶段即参与房产项目的众筹。当然，这种方式也并不新鲜，此前就曾经有过多起集资建房的民间活动，引发了广泛关注，但是由于各种难度，最后都不了了之。

相比之下，由房企主导的“集资建房”，其成行的可能性却大大增加，而且，被冠以当下最时髦的“众筹”帽子之后，更是肩负了“只许成功不许失败”的重任。此外，由房企大佬中政治觉悟高度一流的冯仑来操刀这个破冰之旅，也算是增加了不少背书。

不过，从万通集团已经公布的多个众筹环节来看，要想顺利通关，并非易事。退一步说，冯仑此举，最不济也是一个不错的营销活动，但对于互联网行业以及众多购房者而言，众筹建房的梦想还是要有的，万一实现了呢？

值得一提的是，作为万通六君子之一的潘石屹，近期也频频大谈特谈互联网思维，而且也套上了同样时髦的概念“O2O”。说不定，这个常出“偏招”的潘总也正准备抢冯仑的风头呢，也未尝没有可能。

资料来源：http：//www. focus. cn/news/yingkou-2015-01-26/5996424. html（有删改）。

相关链接9-2

**民生银行淘宝开店，试水“直销”模式**

国有大行抢滩电商平台，而中小银行则有了别样的玩法，推出“直销银行”。2013年9月16日，民生银行与阿里巴巴开展战略合作，其中，“直销银行业务”最为抢眼；而两日之后，北京银行也宣布与其境外战略合作伙伴荷兰ING集团合作，正式开通直销银行服务模式。阿里巴巴内部人士向《时代周报》记者透露，直销银行是民生银行提出的思路，由民生银行来负责产品和服务，支付宝主要负责平台和渠道。

从目前情况来看，中小银行已经为“直销银行”造势，但实际上各家都处于试水阶段。招商证券在其研报中表示，准确定位目标客户是直销银行成功的关键。“国内银行开展直销银行业务，也必须有清晰准确的客户定位和明确的战略，通过借助互联网等移动媒介实现银行业务的转型，否则直销银行业务容易沦为传统银行业务的网点渠道的补充，并不会带来太多的增量价值”。民生银行表示，民生银行为直销银行提供丰富实用并符合阿里巴巴或其关联公司客户需求特点的金融产品，而阿里巴巴或其关联公司将负责利用自身渠道与资源大力促进民生银行直销银行发展。据了解，双方已就民生银行在淘宝网开立直销银行店铺，以及民生银行直销银行电子账户系统与支付宝账户系统实现互通等事宜达成一致。

阿里巴巴内部人士向《时代周报》记者透露，直销银行是民生银行提出的思路，跟阿里巴巴相关的部分在于，民生银行可以直接在淘宝上开直销银行店铺，把银行的服务通过淘宝的平台推向客户，考虑把民生银行直销银行账户和支付宝账户都打通，利用支付宝平台提供金融服务，由民生银行来负责产品和服务，支付宝主要负责平台和渠道。

上述人士称，“阿里巴巴方面是希望通互联网技术和思想，提供适合小微企业等用户的金融服务，更关心具体的东西，通过互联网的渠道，去触达到以前不太容易触达的消费者，提供符合需求的金融服务。”

资料来源：http：//roll. sohu. com/20130926/n387272669. shtml（有删改）。

**2. 分销渠道长度的选择** 所谓分销渠道的长度是指从产品生产者到最终用户所经历的环节的多少，也就是渠道层次的多少。当企业决定采用间接分销时，应对渠道的长短做出决定。越短的分销渠道，制造商承担的销售任务就越多，信息传递越快，销售越及时，就越能有效地控制渠道。越长的分销渠道，中间商就越要承担大部分销售渠道职能，信息传递就越慢，流通时间越长，制造商对渠道的控制就越弱。制造商在决定分销渠道长短时，应综合分析制造商的特点、产品的特点、中间商的特点以及竞争者的特点。

**3. 分销渠道宽度的选择** 分销渠道的宽度是指分销渠道中的不同层次使用中间商数目的多少。分销渠道的宽度主要取决于企业希望产品在目标市场上扩散范围的大小，对此，有3种可供选择的策略（见图9-5）。

（1）广泛分销策略 广泛分销策略也叫密集分销策略，这里指制造商广泛利用大量的中间商经销自己的产品，这种策略的基本点就是充分利用场地，占领尽可能多的市场供应点，以使产品有充分发展的机会。该策略通常用于日用消费品和工业品中标准化、通用化程度较高的产品（如小件工具、标准件等）的分销。这类产品的消费者在购买使用时注重的是迅速和方便，而不太重视产品厂牌、商标等。其制造商则希望自己的产品能尽量扩大销路，使广大消费者能及时、方便地购买。这种策略的优点是产品与顾客接触机会多、广告的效果大，但制造商基本上无法控制这类渠道，与中间商的关系也较松散。采用这种策略时，制造商要与众多中间商发生业务关系，而中间商往往同时经销众多厂家的产品，就难以为某个制造商承担广告费用，或采取专门的推销措施。这样必然导致工商企业间的合作困难，也使制造商难以控制分销渠道。一般来讲，制造商要负担较高的促销费用，设法鼓励和刺激中间商积极推销本企业的产品。

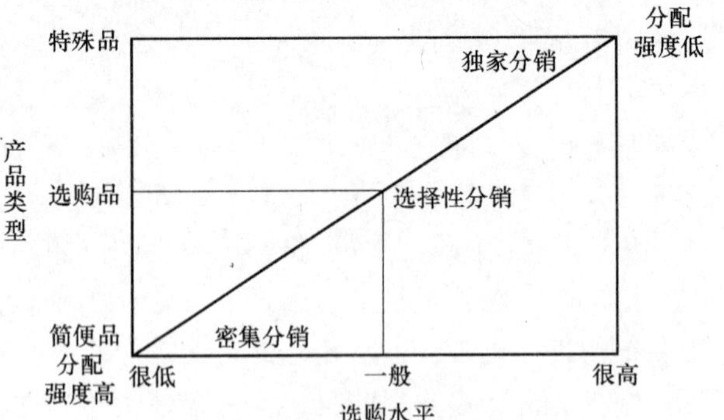

图 9-5　中间商数目的确定

（2）选择性分销策略　选择性分销策略是指制造商从愿意合作的中间商中选择一些条件较好的去销售本企业的产品。这种策略的特点是制造商只在一定的市场上选用少数几个有支付能力、有销售经验、有产品知识及推销知识、信誉较好的中间商。它适用于顾客需要在价格、质量、花色、款式等方面精心比较和挑选后才决定购买的产品。这种策略的优点是减少了制造商与中间商的接触，每个中间商可获得较大的销售量，有利于培养工商企业之间的合作关系，提高渠道的运转效率，而且还有利于保护产品在用户中的声誉，制造商对渠道也能有适度的控制。

（3）独家分销策略　独家分销策略是指制造商在一定的市场区域内仅选用一家经验丰富、信誉卓著的中间商推销本企业的产品。在这种情况下，双方一般都签订合同，规定双方的销售权限、利润分配比例、销售费用和广告宣传费用的分担比例等；规定在特定的区域内不准许制造商再找其他中间商经销其产品，也不准许所选定的中间商再经销其他企业生产的同类竞争性产品。这种策略主要适用于顾客挑选水平很高、十分重视品牌商标的特殊品以及需要现场操作表演和介绍使用方法的机械产品。独家分销策略的优点是：①易于控制市场的营销价格。②只有一家专营中间商与生产者签订协议，所以可以提高中间商的积极性和推销效率，更好地服务于市场。③为了推销专营性商品，产销双方可以较好地互相支持和合作。其缺点是：①在该地区生产者过于依赖该中间商，容易受其支配。②在一个地区选择一个理想的中间商是十分困难的，如果选择不当或客观条件发生变化，可能会完全失去市场。③一个特定地区只有一家中间商，可能因为推销力量不足而失去许多潜在顾客。

**骆驼的粉丝营销**

骆驼喜欢用极致的发烧友来带动普通的发烧友，产生层级的波动。通过与资深驴友、户外专家等领袖人群的互动，来影响普通大众。

骆驼品牌（户外、男鞋、女鞋、男装、女装等多店合计）提供数据，其连续四年蝉

联天猫双11服饰类冠军。目前，骆驼旗下有男鞋、户外、男装、女鞋、女装等多个品类，在2013年还收购了淘品牌小虫米子，形成了多品类、多品牌的集团化、平台化运营。其中，男鞋、户外的销量较高，各品类的利润率相当（女鞋的利润高一点，但迭代快研发成本高些）。为了避免品牌定位不明确、品牌印象模糊，突出、强化品牌特征，骆驼主推户外品类，以户外鲜明的品牌形象，带动其他品类的销售，并深耕各个品类。

骆驼的营销预算占比通常是6%，不超过8%。在骆驼看来，互联网广告相对精准，点击率、曝光率、转化率、流量都非常清楚。所以其广告主要投放于互联网，以四大门户为主。另外骆驼也组建了自己的数据部门，现在有30多人，进行会员数据分析、监测竞争对手投放情况等。骆驼注重与消费者的互动沟通，尤其是对驴友粉丝圈子的经营。骆驼的核心购买人群集中在25~40岁，其中男性偏多（超过60%，个别品牌达到70%、80%），与户外人群的热度正相关，多集中在北京及其所带动的东北、华北地区。

线上：游戏营销闯世界。2013年，骆驼就启动了游戏营销，2014年4月举办了"环球探险，单挑世界"线上主题活动，双11前期举办了"单挑世界，踏遍美国"年度主题征募活动。万金刚认为现在的年轻人喜欢在碎片化的时间里玩游戏，游戏营销的潜力未被服装品牌重视，所以骆驼将继续挖掘这一营销空间，甚至还有收购某游戏公司的计划。

线下：打造户外生态圈。骆驼围绕户外元素，从多个维度，构建了户外生态圈：针对普通消费者，签约韩寒为品牌形象代言人，普及品牌认知；针对大学生等未来的户外消费群体，与知名校园户外团体合作；针对最有消费力的白领阶层，与高端的赛事合作，如上海大众333车队、中国越野拉力赛；针对专业户外玩家，启动"骆行者"计划提供400万元的装备支持，逐渐影响高端消费者。

骆驼通过与资深驴友、户外专家等领袖人群的互动，来影响普通大众。对于选择韩寒、潘晓婷作为代言人，效果也不错，"双十一韩寒定制款骆驼冲锋衣仅一款销售便超过32 000件。"

资料来源：http：//www. vmarketing. cn/index. php? mod = news&ac = content&id = 8250（有删改）。

## 9.3 中间商的主要类型

### 9.3.1 商人中间商

商人中间商也称经销商，是指从事商品交易业务，在商品买卖过程中拥有商品所有权的中间商。也正因为他们拥有商品所有权，所以在买卖过程中，他们要承担经营风险。商人中间商又可分为批发商和零售商。

**1. 批发商** 批发商是指自己进货，取得商品所有权后再批发售出的商业单位，也就是人们通常所说的独立批发商。

批发商按经营商品的范围来分类，可分为3种类型。

（1）一般批发商 一般批发商是指经营一般货品，而且经营商品的范围很广、种类繁多的商品批发商。其销售对象主要是普通商店、五金商店、药房、电器商店和小百货商店等。产业用品的一般批发商是工厂供应商，这种批发商经营品种规格繁多的附件和供应品。

（2）单一种类或整类商品批发商　这种批发商所经营的商品仅限于某一类商品，而且这一类商品的花色、品种、规格、厂牌等齐全，同时还经营一些与这类商品密切关联的商品。

（3）专业批发商　专业批发商是指专业化程度较高，专门经营某一类商品中的某种商品的批发商。专业批发商的顾客主要是专业商店。产业用品的专业批发商一般都专门从事需要有技术知识或服务的产业用品批发业务。

批发商按职能和提供的服务是否完全来分类，又可分为两种类型。

（1）完全职能或完全服务批发商　它是指执行批发商全部职能的批发商。

（2）有限职能或有限服务批发商　它是指为了减少成本费用，降低批发价格，只执行批发商的一部分职能和提供一部分服务的商品批发商。

**2. 零售商**　零售商是指把商品直接销售给最终消费者，以供应消费者个人或家庭消费的中间商。零售商处在商品流通的最终环节，直接为广大消费者服务。零售商的交易对象是最终消费者，交易结束后，商品脱离了流通领域，进入消费领域。零售商数量多，分布广，其销售商品的数量比较少，但销售频率高。目前国内外的零售商根据其经营特征可分为以下几种类型。

（1）专业商店　专业商店是专业化程度较高的零售商店，这种商店专门经营某一类商品或某一类商品中的某种商品。例如纺织品商店、服装商店、家具商店、书店、花店等，这些是经营单一种类商品的商店；男子服装店、妇女服装店等，这些是经营有限种类商品的商店；男子订制内衣商店、特殊尺码服装店（如上海“胖子”服装商店），这些是超专业商店。

（2）百货商店　百货商店通常指规模很大，经营范围较宽，包括若干条产品线，各条产品线分部经营相对独立的商店，它们可为顾客提供种类繁多、花色齐全的商品和优良的设施与服务。关于百货商店的起源，其说不一。例如，法国巴黎的“好市场（Bon Marche）”是公认的全世界第一家百货商店，此后世界上许多城市相继效法，20 世纪 20 ~ 30 年代百货商店的发展达到高峰，成为都市中心商业区主要的零售和游览场所。但第二次世界大战后的一段时间内，百货商店的销售量和获利能力大大降低，有些人认为它已达到零售生命周期的衰退阶段。其原因是：竞争的激化造成费用增加，售价上升，无力与折扣商店竞争；市中心区交通堵塞，停车困难，加以市郊购物中心的兴起，顾客的兴趣转移。针对这种情况，百货商店为求生存采取了许多应变措施，如在市郊开设分店、售货方式多样化（邮购、电话购物、电视购物、增设廉价产品等）等。西方国家百货商店的组织形式有 3 种。

1）独立百货商店（Independent Department Store），即一家百货商店独立经营，别无分号。

2）连锁百货商店，即一家大百货公司在各地开设若干个百货商店，这些百货商店都属于这家大百货公司所有，是总公司的分号或联号，由总公司集中管理。

3）百货商店所有权集团（Department-Store Group），即原来若干独立的百货商店联合组成百货商店集团，由一个最高管理层统一管理。例如，美国联合百货商店就是一个百货商店所有权集团。许多独立百货商店之所以参加百货商店所有权集团，是因为这些百货商店的大多数股份已掌握在股权公司手中，它们实际上已沦为股权公司的附属企业。有些百货商店参加所有权集团后，就改用股权公司的名称，有些仍沿用原来的名称，甚至保持以前的经营特点。

(3) 超级市场　超级市场也叫自选商场，其特点是定量包装、预先标价，由顾客自取自选、自我服务，顾客出门时一次交款，因而可以节约售货时间，节约商店人力和费用，避免或减少顾客与售货员的矛盾。

美国沃尔玛就是典型的超级市场，它属于规模大、成本低、毛利低、销售量大的自我服务的经营机构，分设在人口集中的城市市区，按经营品种可分为综合超级市场和专门经营纺织品、服装、日常家用商品的专业超级市场。

(4) 廉价（折扣）商店　廉价商店在自助式和设备最少的基础上经营（不做豪华装修，商品最简化陈列），以经营普通商品为主，也有少数的专门商店，以比传统商店低的价格销售标准商品，或采取折扣的方式出售商品。它的经营特点：一是场地宽广、摊点密布、四通八达、进出方便；二是品种齐全，挑选性强，在同一品种内，规格、款式、花色一应俱全。

(5) 购物中心　这是一种由多家商店组合而成的大型商品服务中心，一般设在公共建筑物内，以一家或数家百货商店、超级市场为骨干，由各类专业商店、书店、餐馆、旅馆、银行、影院等组合而成，融购物、服务和娱乐、休闲于一体。

(6) 连锁店　它是由多家出售同类商品的零售商店组成的一种规模较大的联合经营组织。其特点是由公司总部统一向生产者进货（选购商品），以较大的订购批量获得最大的价格优待；采取薄利多销的策略争取顾客；商品价格经常浮动，有竞争对手时便减价争取顾客，无竞争对手时则提价争取多盈利。

(7) 邮购商店　它主要是通过向消费者寄送商品目录来吸引顾客邮购商品。

(8) 方便食品店　方便食品店是在我国 20 世纪 80 年代末期迅速发展起来的，实际上它只不过是夫妻杂货店的复杂形式。方便商店每周营业 7 天，从早晨 7 点到晚上 11 点一直开门，它们为顾客提供往返于家庭和工作地的旅途中食用的食品，在这种商店里购货既迅速又方便。

### 9.3.2 代理中间商

代理中间商是指接受生产者委托从事销售业务，但不拥有商品所有权的中间商。代理商的收益主要是从委托方获得佣金或者按销售收入的一定比例的提成。代理商一般不承担经营风险。代理商按其和生产者业务联系的特点，又可分为企业代理商、销售代理商、寄售商、经纪商和采购代理商。

**1. 企业代理商**　企业代理商是指受生产企业委托签订销售协议，在一定区域内负责代理销售生产企业产品的中间商。企业代理商和生产企业之间是委托代理关系，代理商负责推销产品，履行销售商品业务手续，生产企业按销售额的一定比例付给企业代理商酬金。

**2. 销售代理商**　这种代理商也和许多生产企业签订长期合同，替这些生产企业代销产品，但他们与企业代理商有显著不同的特点，即每一个生产企业只能使用一个销售代理商，而且生产企业将其全部销售工作委托给某一个销售代理商以后，不得再委托其他代理商代理其产品，甚至也不能再派推销员去推销产品。销售代理商替委托人代销全部产品，而且不限定在一定的地区内代销，在规定销售价格和其他销售条件方面也有较大的权力，因此销售代理商实际上是委托人的独家全权企业代理商。

**3. 寄售商** 这是经营现货代销业务的中间商。生产企业根据协议向寄售商交付产品，寄售商销售后所得货款扣除佣金及有关销售费用后，再支付给生产企业。寄售商要自设仓库或铺面，以便储存、陈列商品，使顾客能及时购得现货。

**4. 经纪商** 经纪商俗称掮客，是指既不拥有产品所有权，又不控制产品实物价格以及销售条件，只是在买卖双方交易洽谈中起媒介作用的中间商。经纪商的作用是沟通买卖双方，促成交易，其主要任务是安排买卖双方的接触与谈判，交易完成后，从交易额中提取佣金，他们与买卖双方没有固定的关系。

**5. 采购代理商** 采购代理商是指与买主建有较长期的关系，为买主采购商品，并提供收货、验货、储存、送货等服务的机构，如大规模服装市场上有一种常驻买客，专门物色适合于小城镇的一些小零售商经营的服装。采购代理商知识丰富，可向其委托人提供有益的市场情报，并为买主采购适宜的优良商品。

**1. 分销渠道选择的加权计分表**

分销渠道选择的加权计分表见表9-1。

**表9-1 分销渠道选择的加权计分表**

| 评价标准及其细则 | 权数($w$) | 计分($s$) | | | | 加权计分 $w \times s$ |
|---|---|---|---|---|---|---|
| | | 1 | 2 | 3 | 4 | |
| 1. 销售业绩 | | | | | | |
| 销售总额 | | | | | | |
| 销售增长率 | | | | | | |
| … | | | | | | |
| | | | | | 总计 | |
| 2. 存货 | | | | | | |
| 存货率 | | | | | | |
| … | | | | | | |
| … | | | | | | |
| | | | | | 总计 | |
| 3. … | | | | | | |
| | | | | | 总计 | |

1）对渠道策略的影响因素加以明确表示，尽可能将所有我们认为对营销渠道产生影响的因素进行分类罗列。

2）根据重要性尽可能地给每个因素一个精确的权数。

3）对每个影响因素进行评分，分数越高表明企业在这方面做得越好或该因素对企业越有利。

4）对所有方案加权计分，得到最终评分。

5）从中选取分值最高的一个渠道作为该地区的最优渠道。

### 2. 分销商评价表

分销商评价表见表9-2。

**表9-2 分销商评价表**

| 评价因素 | 权数 | 候选分销商1 | | 候选分销商2 | |
|---|---|---|---|---|---|
| | | 打分 | 加权分 | 打分 | 加权分 |
| 1. 市场覆盖范围 | 0.10 | | | | |
| 2. 声誉 | 0.15 | | | | |
| 3. 产品组合情况 | 0.05 | | | | |
| 4. 区域优势 | 0.15 | | | | |
| … | … | | | | |
| 总计 | 1 | | | | |

就分销商从事商品分销的能力和条件进行打分评价。根据不同因素对分销渠道功能建设的重要性程度分别赋予其一定的权数，然后计算总分，选择最高分者作为此区域的分销商。

**1. 分销渠道的概念与作用** 分销渠道是指某种产品和服务在从生产者向消费者转移过程中，取得这种产品和服务的所有权或帮助所有权转移的所有企业和个人。

分销渠道的作用有产品的集中与再分配、市场信息的收集和反馈、资金的流动及解决生产者和消费者或用户之间客观上存在着的矛盾。

**2. 分销渠道** 分销渠道分为传统分销渠道和整合分销渠道。整合分销渠道主要包括垂直营销系统、水平营销系统和多渠道系统3种形式。垂直营销系统包括公司式垂直营销系统、管理式垂直营销系统、合同式垂直营销系统。

**3. 渠道的选择与管理** 影响分销渠道选择的因素主要包括市场因素、产品因素、生产企业自身因素、中间商特性、竞争者因素、政府有关方法及政策规定等。

分销渠道的管理主要是进行对中间商的选择、激励和评估工作。

分销渠道宽度的选择分为密集性分销、选择性分销和独家分销3种类型。

**4. 中间商的主要类型** 中间商的主要类型有商人中间商和代理中间商。

商人中间商可分为批发商和零售商。批发商是指专门从事批发业务的企业或个人。批发商包括商人批发商、经纪人和代理商、制造商与零售商的分销部和办事处。零售商就是主要从事零售活动的企业或个人。

**重要概念**

分销渠道　垂直营销系统　水平营销系统　多渠道系统　密集分销选择性分销　独家分销　批发商　零售商

案例分析

## 美即“贴面”营销的成功

2013年8月，国际化妆品巨头欧莱雅宣布，计划收购中国最大的面膜品牌——美即的全部股份，交易总额报价为65.38亿港币，是中国日化市场最大的一笔并购案。

2014年1月，商务部批准欧莱雅收购美即，但尘埃远未落定。外界对这次收购评价不一。联想到羽西、小护士、丁家宜等同样是在盛年时“嫁入豪门”，结果是雪藏，从此陨落的国产日化品牌，一些人为美即担忧。与法国欧莱雅携手，美即这位中国面膜“一姐”，是否会如愿开始国际化征程，再创佳绩，还是如众人担心的那样，从此被打入冷宫，走向没落？一时间关于这笔交易的各种猜测不绝于耳，但除却前方的未知悬念，也可以回首来时路，看看美即是如何成就中国面膜第一品牌的。

事实上，中国面膜市场兴起也不过十年。2003年前后，国内只有可采、八杯水等屈指可数的几个面膜品牌，欧美大品牌刚涉足这个领域，日妆品牌如宝洁旗下SK－Ⅱ、资生堂等虽在面膜领域经验丰富，但价格较高，只能被少数人享受。

2003年，佘雨原在广州注册了美即。十年时间，美即已成长为中国面膜第一品牌，市场份额遥遥领先。美即对面膜在中国的大众化和快消化起到了不可忽视的作用，美即走过的路是面膜这一化妆品细分行业在国内发展的缩影。

**1. 准确定位：让面膜变成一种生活方式**

美即的成功在很大程度上始于定位的准确。佘雨原给美即面膜的品牌定位是“在大众快消领域创建一个具有休闲美容特质的面膜新品类，并成为这个品类的领导者”。当时，随着化妆品细分市场的发展，面膜的使用习惯正在发生变化，消费者使用面膜的频次在提高，使用人群不断扩大，面膜开始从奢侈品向大众消费品转变。美即抓住了市场契机，将美即面膜明确定位于大众快消品领域的休闲美容新品类，将专业化妆品与大众快消品相结合，产品功能与休闲体验需求相结合。并且，在产品开发、品牌定位、销售渠道与推广等方面都围绕这个定位进行配合。

同时，随着人们的生活节奏越来越快，城市职业女性承受越来越大的工作和生活压力，还要保持身心的最佳状态，因此她们开始有意识地采取一些方式让自己放松，美容、SPA、美甲等女性产业随之兴起。然而，做这些项目要花费很多时间和金钱，也不能每天都做，消费者需要一种更轻松、便捷、经济，在家就可以放松的方式。美即敏锐地捕捉到了这种需求，于是把敷面膜的15min描绘成女性在忙碌的工作生活中留给自己的一段独特的时间和空间，让身心彻底放松，在喧嚣中享受一份宁静，获得由内而外的更佳状态。区别于常规的化妆护肤品营销理念，美即没有将传播诉求放在产品功能上，而是倡导一种女性生活理念，将使用美即面膜变成一个女性自我修养的过程，一种有品质的生活方式——“停下来，享受美丽”。配合这种品牌形象，美即的电视广告拍摄得像韩剧一样唯美清新，优美温婉的背景音乐，配以生动感人的文案独白，品牌的情感诉求自然而然地深入人心，让女性看过后都想像广告女主角那样优雅地敷一片美即面膜，享受生活。这正是美即品牌塑造的高明之处，让消费者觉得美即不是在卖产品，而是提倡一种生活方式，只有拥有美即产品才能拥有这种生活。

**2. 开拓渠道：拿下屈臣氏**

快消品最关键的是渠道。美即选择了集快消化与专业化于一体的个人护理产品零售连锁店屈臣氏作为打开市场的根据地。一方面，屈臣氏的双重属性与美即专业化妆品与大众快消品结合的产品定位非常吻合；另一方面，当时屈臣氏的消费者大都是愿意尝试新鲜事物的时尚女性，有所谓的icon效应，这对于创立之初的美即非常重要。

“不进屈臣氏的话等于你的策略、实施就会走形。如果先做沃尔玛，或者先做家乐福，都不能支持快消化与护肤品专业化的结合这一定位，只有屈臣氏能做到这一点。”佘雨原在一次采访中这样解释当初的决策。

2003年，屈臣氏门店数量不到100家，但进驻条件非常苛刻：销售扣点约35%，账期为3个月。此外，品牌商需承担公摊费用，遇到新店开业或是印刷DM单页等情况，都要支付一定的费用。而且，屈臣氏的税票制度非常严格，且烦琐，要求具体到单品明细，这就要求供应商的财务必须做得非常精细。

由于此前佘雨原在可采时与屈臣氏有过合作，了解其模式，这对美即进入屈臣氏有着很大的帮助。另一个有利条件是，当时屈臣氏的面膜品牌比较少，亟需注入新鲜血液，因此美即顺利入驻屈臣氏。屈臣氏渠道一度贡献了美即销售额的70%左右。与此同时，美即开始拓展其他渠道，传统的百货商超渠道和化妆品专营店渠道。如今，虽然屈臣氏依然是美即主要的销售渠道，但占比已下降到50%，专营店渠道和传统渠道分别占到20%～30%。近几年，美即加大了线上渠道的布局力度，目前线上销售占到其收入的5%左右。

**3. 开创新模式：单片销售让快消化更彻底**

在屈臣氏，可以看到各种品牌面膜几乎都有单片销售的，比起5～10片的整盒包装，单片更便于试用新品和满足多样化选择。其实，这种人性化的销售模式正是美即开创的。

美即上市之初采用5片式包装，每盒面膜售价70～80元，在各个渠道销售平平。在走访市场时，佘雨原发现当时宝洁的潘婷、飘柔、海飞丝等畅销品牌都没有超过40元的产品，快消品单品价格过高阻碍销售。于是，他思考如何降低单品价格。美即面膜从4款调整为15款产品，单片定价8元，不论面膜的功效、成分、生产成本如何，一律统一价格。如此一来，细分产品涵盖各种成分和功能，消费者的购买选择增多，可以随意挑选搭配，又不至于产生“选择困难症”。统一价格的单片开架售卖模式让面膜的“大众快消化”更加彻底。美即选择了“端架”，即主过道货架的端头陈列位置，其陈列形同一面矮墙，在当时是一种创新。新产品和新模式很快为美即打开了局面，“大众快消化”带动销量增长，两年左右美即已成为屈臣氏面膜品类销量第一品牌。同时，美即开创的面膜单片售卖模式也被行业广泛采纳，成为一种主流模式。

到2009年，美即在中国面膜市场的份额已达15.1%，位列第一，此后每年份额稳定上升，稳坐头把交椅。2010年，美即控股国际有限公司在港交所上市，成为近十年来国内唯一的民营化妆品上市公司。2012年，美即营业收入突破10亿元。

美即增长的背后是市场的成长。根据市场研究机构CTR的报告，过去3年面膜行业的增长高于护肤品行业的整体增长10%以上，而且中国面膜市场渗透率还比较低，只有30%左右，而日本和我国台湾地区等成熟市场渗透率高达60%～70%。因此，国内面膜市场潜力巨大。

市场需求旺盛能够直观感受到。上淘宝随手搜“面膜”关键字，有160多万个结果，再按照销量排序，排在第一位的那款在最近的30天内有4万多人付款购买。美国知名专业美容护肤网站totalbeauty.com对2012年全球不同地区和国家女性在护肤品方面的消费习惯进行调查统计，结果显示：美国女性最喜欢买眼妆品、唇部用品和指甲油，她们在祛痘产品上的消费是其他国家的5倍；而日本女性购买化妆水的消费是其他国家的4倍；至于中国女性，对面膜和抗衰老产品的狂热度则是世界第一。由此，也不难理解欧莱雅为何要收购美即。无论是为了填补自己的面膜品类空白，还是为了压制竞争对手，为其自有品牌铺平道路，可以肯定的是，今后面膜细分市场的竞争将更加激烈。

资料来源：http：//www.zghzp.com/news/yxgl/ppyx/55645.html（有删改）。

**思考与分析**

1. 美即能够在中国打开市场，除了分析顾客之外，在渠道选择上有什么创新之处？

2. 试讨论，在微信朋友圈面膜销售出现井喷式发展的情况下，美即面膜的互联网营销中，应如何进行微信营销渠道的策略选择？

## 营销实训

### 分销渠道实践

【训练目的】通过对一个企业访问，了解其渠道中有关理论是如何在企业产品销售中应用的。

【训练方案】

1. 人员　以10人左右为一组进行演习。

2. 时间　与本章教学时间同步。

3. 方式

1）通过对一个企业的走访，了解该企业所应用的渠道模式及该模式是如何沟通生产企业和最终消费者的。

2）访问中间商，考察其渠道模式的实际效果，并了解企业对渠道如何管理以及中间商对企业渠道管理的态度。

3）写出访问报告或小结（内容包括：实践项目、实践目的、实践内容、本人实际完成情况、实践小结等），与其他同学进行交流。

**复习与思考**

1. 试述建设分销渠道有何重要意义？

2. 结合实际，分析营销渠道的发展趋势。

3. 从影响渠道设计的因素谈如何为产品选择适宜的渠道？

4. 通常渠道评估的标准有哪三个？

5. 通过各种途径搜寻资料，以实例介绍、分析你身边的不同类型的批发商和零售商。

## 延伸阅读

**1.《营销渠道：管理的视野》（美）伯特·罗森布洛姆（Bert Rosenbloom）. 8版. 宋**

华，等译. 中国人民大学出版社，2014.

**作者简介**：伯特·罗森布洛姆（Bert Rosenbloom），德雷克塞尔大学（Drexel University）LeBow 商学院市场营销学教授，市场营销渠道和分销管理领域的领军人物，论文发表于多家学术期刊。

**内容提要**：本书是营销渠道管理领域的经典著作，既有理论上的前端性和深度，又适时反映了实践发展的趋向。第 8 版将新兴渠道选择和主流的营销渠道策略和管理较好地融合，突出了营销渠道在市场营销管理中的战略性地位。对于营销渠道的阐释全面而细致，适时追踪了营销渠道方面的最新发展和潮流，对互联网发展、服务化发展而形成的新型交易方式做了全面而详尽的介绍，各章节穿插了实证资料和小案例，书后附有综合案例，利于读者掌握。

**2.《科特勒的 24 堂营销课》陈姣，中国华侨出版社，2014.**

**作者简介**：菲利普·科特勒是现代营销学集大成者，被誉为“现代营销学之父”“营销界的爱因斯坦”。他创造的一些概念，如“反向营销”和“社会营销”等，被人们广泛应用和实践。他的许多著作被译成几十种语言，传播于近 60 个国家，被世界营销人士视为营销宝典。

**内容提要**：以 24 堂课的形式详细介绍了科特勒的营销思想，系统总结了其多年来丰富的营销实践经验，并从营销战略、渠道管理、网络营销、差异化市场定位、社会营销等方面深度剖析，深入揭示了一代宗师营销天下的顶级智慧与制胜秘诀，从而帮助广大企业管理者以及营销从业人员最终在激烈的市场竞争中实现营销制胜。

## 网站推荐

1. 青年创业网 http：//www. qncye. com/
2. 成功营销网 http：//www. vmarketing. cn/
3. 经理人网 http：//www. sino-manager. com/

# 第10章 促销策略

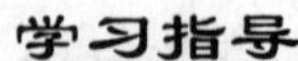

1. 了解促销及促销组合的含义
2. 理解促销组合选择的依据
3. 掌握不同促销方式的特点
4. 了解人员推销、广告、营业推广和公共关系的基本操作策略

**王老吉1.5亿元赔偿款将用于公益**

2014年12月19日，广东省高级法院对王老吉与加多宝"红罐案"一审宣判，加多宝被判构成侵权，并赔偿广药集团经济损失人民币1.5亿元以及合理维权费用26万多元。此后，两大凉茶巨头动作不断，屡屡发声，引发外界关注。

加多宝方面主要目的在安抚经销商等利益相关方，另一方面也是趁机借营销扩大影响力，为最坏的结果做铺垫；而王老吉则是要乘势追击，充分扩大官司胜诉的影响，为春节营销造势。随着双方间的纠纷官司相继宣判，未来或逐渐转向"营销大战"。

12月25日，广州王老吉大健康产业有限公司联合中国商业联合会中华老字号工作委员会，在广州召开"中国红 王老吉"新闻发布会。王老吉在会上宣布投入3 000万元，与中华老字号工作委员会共同成立"中华老字号·王老吉校园公益基金"。王老吉大健康董事长陈矛在会上公开承诺，"红罐案"判决的1.5亿元赔偿款到位后，将全部追加注入该公益基金。

与此同时，在微信、微博、网络、报纸等媒体上，加多宝启动了新一轮声势浩大的公关营销活动。在微信、微博、报纸上，记者均看到加多宝的"卖凉茶世界第一，打官司倒数第一"的自嘲式营销进行反击，并博得不少消费者的同情。

业内人士认为，伴随"红罐案"一审宣判，王老吉与加多宝之间的争夺重点，已经渐

渐从“官司大战”转变成“营销大战”。据了解，2012年至今，双方已经历“商标案”“改名案”“红罐案”等多起法律纠纷，在北京、重庆、广州等地王老吉连胜7场官司。加多宝方面启动一场大型营销活动，一方面是为重塑市场信心，稳定经销商、广告商和员工队伍及消费者，另一方面也趁机借营销扩大影响力，为更换包装、广告等“最坏的结果”做铺垫。

王老吉方面同样没有放弃这一借势营销的机会。在宣布成立公益基金推广老字号文化前，其刚刚高调公布了2015年新春营销实战，宣布成为江苏卫视新年演唱会的独家冠名品牌。同时，全新设计的王老吉2015新春吉祥罐也正式亮相，并将在主流电商平台京东商城独家发售。

据透露，2014年王老吉销售增长速度远超行业平均增长，在全国的终端已经接近600万个，在大型商超、批发小店铺货率达85%以上，餐饮渠道铺货率达60%以上。“今年增长最快的就是餐饮渠道，目前王老吉在餐饮渠道的铺货率已经进入饮料行业前三。”在蚕食餐饮渠道等加多宝传统优势阵地的同时，王老吉的营销配合十分重要。随着多个官司一审胜诉，王老吉趁势追击，充分扩大官司胜诉的影响是最明智的选择。同时，恰逢元旦、春节临近，近期发力营销也是王老吉争夺节庆市场的有效方式，未来双方的营销大战只会愈演愈烈。

加多宝和王老吉的品牌之争成为了一时的热点问题。试结合自己平时的生活经验谈谈对公益营销的认识？

资料来源：http：//news. xinhuanet. com/food/2014-12/31/c_ 127349796. htm（有删改）。

## 10.1 促销与促销组合

促销在各行各业中都起着非常重要的作用，因此可以说促销是营销4要素中最受重视的一个要素，甚至有许多人误将促销等同于营销。

### 10.1.1 促销的基本概念

促销是促进销售的简称，是指企业通过人员或非人员的方式，向目标顾客传递商品或劳务的有关信息，影响和帮助消费者认识购买某一产品或劳务带给他们的利益或价值；或者使顾客对企业及其产品产生信任与好感，从而引起消费者兴趣，激发其购买欲望，促使其采取购买行为的相关活动的总称。促销的实质是在企业与现实和潜在的顾客之间进行有关交换的信息沟通。

### 10.1.2 促销组合

促销组合（Promotion Mix）是指企业根据促销工作的需要，对广告、人员推销、营业推广和公共关系等促销手段的有机结合、综合运用。

由于公众促销工具具有不同的特点，企业促销中，就应针对不同的产品、不同的目标顾客、不同的竞争环境等，选择不同的促销手段，并将它们加以整合运用，以达到在一定的成本下促销效率最大化或者是在一定的促销目的下成本最小化。

**1. 人员推销** 人员推销大致有3种方式：①派出推销人员深入到客户或消费者中间面对面地沟通信息，直接洽谈交易。②企业设立销售门市部，由营业员与购买者沟通信息，推

销产品。③会议推销，该促销方式具有直接、准确和双向沟通的特点。

**2. 广告** 广告是通过报纸、杂志、广播、电视等大众传媒和交通工具、空中气球、路牌、包装物等传统媒体向目标顾客传递信息，使广大消费者和客户对企业的产品、商标、服务、构想有所认识，并产生好感。广告是一种高度大众化的信息传播方式，渗透力强，通过多次的信息重复，加深受众的印象，但在受众心目中有可信度低的固有弱点，是单向的信息灌输。

**3. 营业推广** 企业为了从正面刺激消费者的需求而采取的各种销售措施，如有奖销售、直接邮寄、赠送或试用样品、减价或折价销售等。其特点是可以有效地吸引顾客，刺激顾客的购买欲望，能在短期内收到显著的促销效果。

**4. 公共关系** 企业为了使公众理解企业的经营方针和策略，有计划地加强与公众的联系，建立起和谐的关系，树立企业信誉而开展的记者招待会、周年纪念会、研讨会、表演会、赞助、捐赠捐助等信息沟通活动。其特点是不以直接的短期促销效果为目标，而是致力于企业形象的塑造。公共关系与广告的传播媒体有些相似，但它以客观报道的形式出现，因而能取得广告所不可替代的效果。表 10-1 列出了 4 种促销手段的基本特点。

**表 10-1 4 种促销手段的基本特点**

| 人员推销 | 广　告 | 营业推广 | 公共关系 |
|---|---|---|---|
| 直接的人际接触 | 公共性 | 引起受众注意 | 高可信度 |
| 人际关系培养 | 普及性 | 利益诱惑 | 减少受众戒备 |
| 及时反映和反馈 | 表现力强 | 刺激行为 | 戏剧性 |
| 针对性强 | 非强制性 | | |

### 10.1.3 影响促销组合决策的因素

企业促销组合的确定，首先会受到投入预算的限制，此外还会受到以下因素的影响。

**1. 促销目标** 企业确定最佳促销组合，尚需考虑促销目标。相同的促销工具在实现不同的促销目标上，其成本收益会有所不同。广告、公关、营业推广比人员推销在扩大知名度上效果要好，其中广告的效果最好；在促进购买者对企业及其产品的理解方面，广告的效果最好，人员推销居其次；购买者对企业及其产品的信任，在很大程度上受人员推销的影响，其次才是广告；购买者订货与否以及订货多少主要受人员推销影响，其次则受营业推广的影响。

**2. 产品类型** 各种沟通方式对不同产品的促销效果有所不同。拿消费品来说，最重要的促销方式一般是广告，其次是营业推广，然后才是人员推销；而对工业品来说，企业分配促销预算的次序，首先是人员推销，其次是营业推广，然后才是广告。换言之，广告比较适用于价格较低、技术不那么复杂、买主多而分散的消费品市场；人员推销比较适用于价格较高、技术性强、买主少而集中的产业市场和中间商市场；营业推广和公共关系是相对次要的促销方式，在消费品与工业产品的适用性方面差异不大。图 10-1 反映了两类产品在促销手段运用上的差异性。

**3. 促销策略** 企业促销活动有“推动”和“拉引”两种总策略。选择推动策略还是选择拉引策略来创造销售，对促销组合也具有重要影响。

（1）推动策略　推动策略侧重运用人员推销的方式，把产品推向市场，即从生产企业向中间商，再由中间商推给消费者。推动策略一般适合于单位价值较高、性能复杂和需要示范的产品，根据用户需求特点设计的产品，流通环节较少、流通渠道较短、市场比较集中的产品。工业用品在促销过程中常常运用这种策略，如图 10-2a 所示。

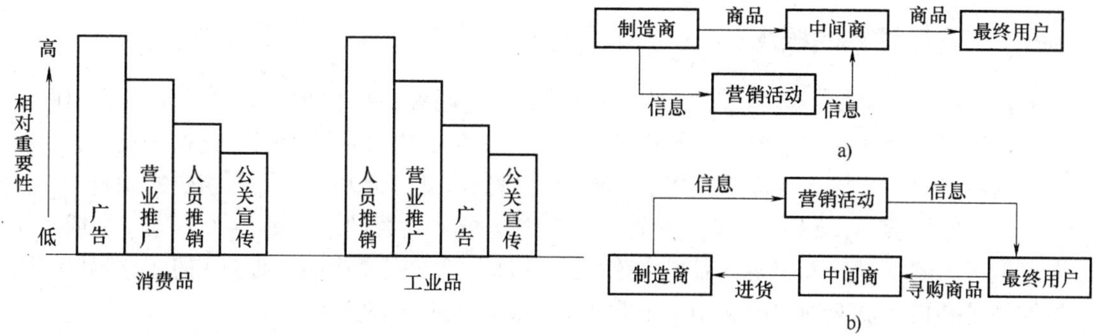


**图 10-1　不同类型产品促销组合的差异**

**图 10-2　推动策略和拉引策略**

a）推动策略　b）拉引策略

（2）拉引策略　拉引策略是指企业主要运用非人员推销方式把消费者“拉”过来，使消费者对本企业的产品产生需求，消费者向中间商寻购商品，中间商向制造商进货，以扩大销售。对单位价值较低的日常用品，流通环节较多、流通渠道较长的产品，市场范围较广、市场需求较大的产品，常采用拉引策略。因此消费品在促销过程中，往往是制造商向广大的目标顾客或者公众以广告的形式传达商品的信息，吸引消费者主动购买；或者在销售过程中，中间商配合制造商向消费者采取促销方式吸引消费者购买，这样就起到了拉引策略的效果，如图 10-2b 所示。

在通常情况下，企业也可以把上述两种策略结合起来运用，在向中间商进行大力促销的同时，通过广告刺激市场需求。

**4. 产品生命周期阶段**　对处在产品生命周期不同阶段的产品，企业的营销目标不同，所采用的促销方式亦有所不同。在投入期，广告与营业推广的配合使用能促进消费者认识、了解企业产品。在成长期，社交渠道沟通方式开始产生明显效果，口头传播越来越重要。如果企业想继续提高市场占有率，就必须加强原来的促销工作；如果企业想取得更多利润，则适合用人员推销来取代广告和营业推广的主导地位，以降低成本费用。在成熟期，竞争对手日益增多，为了与竞争对手相抗衡，保持住已有的市场占有率，企业必须加强营业推广方式的应用。这一阶段可能发现了现有产品的新用途，或推出了改进产品，在这种情况下，加强宣传能促使顾客了解产品，诱发购买兴趣；运用赠品等促销工具比单纯的广告活动更为有效，因为这时的顾客只需提醒式广告即可。在衰退期，企业应把促销规模降到最低限度，以保证足够的利润收入。在这一阶段，只用少量广告活动来保持顾客的记忆即可，公共关系活动可以全面停止，人员推销也可减至最小规模。

**5. 营销环境**　从理论上讲，一个国家或地区的居民接触信息传播媒体频率的高低（如报刊覆盖情况、电视机、收音机、网络的发达程度等），会极大地影响广告宣传的效果。某地区在近期内开展的某项群众性活动（如体育运动会、节日盛典、展览会等）为人员推销、营业推广、公共关系和广告促销等创造了条件。某些法规对促销手段的应用有明显的促进或限制作用，如许多国家禁止或限制香烟广告，从而对产品促销组合决策产生影响。

## 10.2 人员推销

### 10.2.1 人员推销的概念

人员推销是人类社会最古老的促销手段。随着商品经济的发展，人员推销内容不断扩充，成为现代营销的一种重要的传播促销方式。同其他非人员传播促销方式相比较，人员推销最大的特点就是直接与目标受众接触，能及时得到信息反馈并据此做出相应的调整。

美国营销协会（AMA）认为，所谓人员推销是指企业通过派出销售人员与一个或一个以上可能成为购买者的人交谈，做口头陈述或书面介绍以推销产品，促进和扩大产品销售。人员推销是销售人员帮助和说服购买者购买某种商品或服务的过程。

推销人员通过销售向市场提供商品，通过宣传展示商品来引起顾客的兴趣，激发顾客的需求，通过销售商品及提供信息服务、技术服务来满足顾客的需求。从这一过程，我们可以看出，人员推销活动是一个商品转移的过程，也是一个信息沟通的过程。同时，它还是一个技术服务的过程。

人员推销主要包括两种组织形式：一种是建立自己的销售队伍，使用本企业的推销人员来推销产品，如销售经理、销售代表；另一种是使用合同销售人员，如代理商、经销商等。

不同的产品，人员推销的方法也不相同。常用的有三种方法：上门推销、柜台推销以及会议推销。

### 10.2.2 人员推销的特点

人员推销与其他非人员推销相比，有以下显著的特点。

**1. 方式灵活** 推销人员在推销过程中与潜在消费者进行的是面对面的交谈。通过交谈和观察，推销人员可根据顾客的态度和反应，及时发现问题，掌握顾客的购买动机，然后有针对性地根据顾客的情绪和心理变化，灵活地采取必要的协调措施，从不同的层面满足顾客的需要，从而促进交易的达成。

**2. 注重人际关系** 推销人员既是企业利益的代表，同时也是消费者利益的代表。推销人员应该清醒地认识到，满足顾客需求才是促成交易成功的保证。所以，推销人员在与顾客的直接接触中，愿意为顾客提供多方面的帮助，以利于增强双方的了解，在企业与顾客中间建立良好的关系。

**3. 针对性强** 相比较而言，人员推销更具有针对性，因为人员推销在推销前总要对顾客进行调研，选择有较大购买可能的潜在消费者，直接带有一定倾向性，目标较为明确地走访，这样有利于提高成交率。这是广告所不能及的。

**4. 促成及时购买** 人员推销的直接性，缩短了顾客从接受促销信息到采取购买行为之间的时间间隔。人员推销活动，可以及时对顾客提出的问题进行解决，通过面对面的讲解和说服，促使顾客立即采取购买行为。

**5. 信息的双向沟通** 一方面，推销人员推销产品，必须把产品的质量、功能、用途、

售后服务等情况介绍给顾客；另一方面，推销人员还必须通过与顾客的交谈，了解顾客对本产品的意见和态度，上报给决策层，以利于更好地满足消费者的要求。通过双向沟通，有利于企业更好地发展。

**6. 可兼任其他营销功能** 推销人员除了担任多项产品（服务）推销工作外，还可以兼做信息咨询服务，收集客户情报、市场调研、开发网点，帮助顾客解决商业性事项等工作。

人员推销的优点固然很多，但在使用时应该注意人员推销占用人数较多，费用大，接触面窄，而且优秀的推销人员非常难得。因此，企业除了致力于推销人员的挑选与培训外，还可以用其他推销方式作为有效的补充。

### 10.2.3 人员推销的步骤

**1. 做好推销前的准备** 推销人员如果想成功地推销产品，在推销前应该做充分的准备，这是推销工作的第一步。首先，作为推销人员要对自己的产品有深入的了解，这样才能在向顾客介绍产品时说明产品的特性与优点；其次，还要熟悉本行业内竞争者的情况；再次，掌握目标顾客的情况，如潜在购买者的收入水平，年龄段等；最后，拟定好访问计划，包括访问的目的、对象、时间和地点，并且做好被拒绝的心理准备。推销人员准备得越充分，交易成功的可能性就越大。

**2. 寻找顾客** 推销人员在做好充分的准备后，就要开始寻找可能成为真正顾客的潜在顾客了。只有有了特定的对象，推销工作才能真正开始。寻找新顾客的方法很多，通常可以利用市场调研、查阅现有的信息资料、广告宣传等手段进行。另外，推销人员还可以请现有顾客推荐、介绍新的顾客。值得注意的是，寻找到潜在顾客后，不可盲目访问，要先对他们进行排查，确认值得开发后再访问，以免资源浪费。

**3. 接近顾客** 通过对寻找到的潜在顾客的排查，推销人员应把精力放在那些最有潜力的顾客（准顾客）身上，想方设法接近他们。只有接近到准顾客，推销才有成功的可能。通常采取的方法有介绍接近、赠送样品接近、通过关系接近、以调查的方式接近和通过锲而不舍的“软磨”接近等。

**4. 激发顾客的兴趣** 推销人员接近顾客后，首先要取得顾客的信任，从感情上与之缩小距离。然后，通过交谈时对顾客的观察，把握顾客的心理，投其所好，针对顾客的需求加以适当的引导，激发其对本企业产品的兴趣。

**5. 推销洽谈** 这是推销过程中重要的一步，洽谈的成败决定着此次人员推销的成败。在此阶段，推销人员要向顾客生动地描述相关产品的特征和优点，并且能够提供具有说服力的证据，证明产品的确能更好地满足顾客的需要。推销人员在推销洽谈过程中一定要努力营造融洽的气氛。

**6. 异议处理** 推销人员要随时准备解决顾客的一切问题。例如，顾客可能在与推销人员洽谈的过程中对产品的质量、作用、价值等提出意见，作为推销人员此时要有耐心，不要争辩；在给予顾客充分尊重的同时，有针对性地解释或说明，以消除顾客疑虑，坚定其购买信心。

**7. 推销成交** 推销人员的最终目的就是使产品或服务成交。接近与成交是推销过程中最困难的两个步骤。在与顾客洽谈的过程中，推销人员一旦发现顾客流露出要购买的意思，就要善于把握成交的机会，尽快促成交易，结束销售访问。

**8. 建立联系** 一个好的推销人员会把一笔生意的结束，看作是另一笔生意的开始。这就意味着推销人员要与顾客建立长期的联系，对每位顾客做好售后服务工作，了解他们的满意度，听取他们的意见并及时解决他们的不满。良好的售后服务一方面有利于忠诚顾客的形成；另一方面有利于传播企业及产品的好名声，树立良好的企业形象。

### 10.2.4 人员推销的管理

**1. 推销人员的挑选** 推销人员素质的高低直接影响到职工的工作效率和企业经济效益。因此，企业必须严格确定推销人员选拔标准，然后按照标准进行人员招聘。

企业招聘推销人员主要有以下两个途径：①从企业内部选拔，即把企业内品行端正、业务能力较强的人员选拔到销售部门工作。这样，可以减少培训时间和费用，迅速充实推销人员队伍。②对外公开招聘，经过严格的考试，择优录用；通过笔试和面试，了解其工作态度、语言表达能力、仪表风度、反应速度、理解能力、分析能力、应变能力以及知识的深度和广度。

一般来说，推销人员应具备以下方面的素质：①热爱自己的企业，有强烈的敬业精神。②具有良好的业务素养和业务能力。③善于进行沟通，能够不断提高自己的工作能力与业绩。④健康的体魄和良好的气质。

**2. 推销人员的培训** 在顾客自由选择度日益增大和产品复杂程度越来越高的今天，推销人员不经过系统的专业训练，就不能很好地与顾客沟通，并完成销售任务。因此，企业招聘到推销人员后，应先对其进行培训，再委派他们工作。对企业原有的推销人员，也应每隔一段时间进行一次轮训，以便提高业务水平，适应企业发展与市场变化的需要。

企业培训推销人员的方式一般有在职培训、个别会议培训、小组会议培训、销售会议培训、定期设班培训和函授培训等。通常采用的方法有课堂培训、模拟试验、现场训练等。各企业可根据实际情况选择适宜的方式和方法。

企业对推销人员培训后，通常要求推销人员达到以下要求：①了解本企业的基本背景，如企业的发展历史、经营宗旨、战略目标等。②熟悉本企业产品情况，了解市场上同类产品的基本情况并能正确地进行比较和鉴别。③了解本企业的目标顾客及其基本特征。④清楚自己的本职工作职责与工作程序。⑤掌握基本的销售工作方法和技巧。

**3. 推销人员的激励** 优秀的推销人员难得，所以企业要留住优秀的推销人才，就应该建立一套具有吸引力的激励制度，以提高推销人员的积极性和主动性，取得好的推销效果。企业通常采取的激励手段主要有两种方式：①物质激励，如工资或奖金的增加、实物奖励、职位提升等；②精神激励，如表扬、关心等辅助手段。

**4. 推销人员的评价** 对推销人员的工作表现与工作业绩做出合理的评价，是企业分配报酬、调整促销战略、改善人员推销工作的重要依据。进行评价的主要指标有：销售量增长情况、毛利、每天平均访问次数及每次访问的平均时间、每次访问的平均费用、每百次访问收到订单的百分比、一定时期内新顾客的增加数和失去的顾客数目以及销售费用占总成本的百分比，等等。

通常企业采取两种评价方式：①横向比较，即将各个推销人员的业绩进行比较。②纵向比较，也就是说把推销人员目前的绩效同过去的绩效相比较，这样做有利于全面客观地评价推销人员的过去，也有助于更好地规划未来。

# 10.3 广告

## 10.3.1 广告的概念

“广告”一词的原意是“我大喊大叫”，后演变为“一个人注意到某件事”，再以后演变为“引起别人的注意，通知别人某件事”。广告的定义可以分为广义和狭义两种。广义广告就是泛指一切盈利性的和非盈利性的广告。美国广告学家克劳德·霍普金斯（Claude Hopkins）将广告定义为：“将各种高度精练的信息，采用艺术手法，通过各种媒介传播给大众，以加强或改变人们的观念，最终引导人们的行动的事物和活动。”即指一切面向大众的广告告知活动。狭义广告是指盈利性的经济广告，即商业广告，它是在付款方式下，由特定的广告主（企业）通过大众传播媒体进行的商品或服务信息的非人员展示和传播活动。其目的是为了促使消费者认知、偏爱直至购买本企业的产品。广告是当代社会最重要的促销方式之一，它深入我们的生活，甚至成为评价经济繁荣的一个指标。对大多数企业来说，广告是产品进入市场的敲门砖和入场券。

一个完整的广告由广告主、信息、广告媒体、广告费用和广告对象5个方面的内容构成。

**微信将升级摇一摇，研发自有广告平台**

作为一款以通信和社交为主要目的的工具，微信基础功能已十分成熟，短时间内难有大幅度变化。在媒体、O2O等衍伸功能上还有大量升级空间。从微信最近一些动作来看，2015年微信将围绕公众账号、摇一摇大做文章，最终目的则是让微信丰厚的流量得到变现机会，可以揣测，2015年微信将大力变现，努力成为腾讯新的现金牛业务。

**微信摇一摇升级：可以摇到附近的商户**

继公众平台支持评论之后，据腾讯内部人士爆料，微信最近又将迎来大版本，其中一个亮点便是可以搜索附近的商户，除了文字搜索之外，还可通过摇一摇搜索周边商户。笔者了解到目前微信已与分众传媒战略合作，依靠分众全面部署iBeacon网络，支持微信摇一摇功能，用户在电梯口的分众广告电视前，可以通过摇一摇获取附近商户的大礼包。摇一摇、微信红包和附近的人，这几个功能被糅合到一起，构建新的O2O营销模式。这个小功能，对于一向抵制营销的微信而言，是一个巨大的改变，而这只是微信O2O营销版图中的冰山一角。

公众平台的存在给线下企业触网提供了一种低门槛、低成本的平台，稍微懂点计算机知识的商户都可以申请公众平台，推送消息，提供服务。第三方微信开发者帮助企业搭建更加丰富的公众平台。不过，微信公众平台获取新用户成本高也是一直存在的诟病。过去企业公众号的主要发现渠道是扫一扫，得到的客流更多是存量客流，拉新非常困难。

搜索附近的商户、摇一摇附近的商户、与分众这类线下O2O广告营销平台合作，无异于给商户们打开了一道新的流量入口。毫无疑问的是，这些流量对于商户而言依然需要付出成本，最终或许会成为微信营销广告平台的一部分。过去商户要在百度投放关键词，要在大众点评购买置顶广告，以后广告预算或许会分一部分给微信。

**微信或在研发广告平台，广点通被替换？**

曾几何时，人们一直认为移动互联网广告模式是失效的，因为屏幕大小、网络速度和用户习惯使然，人们不太愿意去点击移动广告。不过随着上述问题的解决，移动广告模式正在成熟起来，百度移动营收突破36%就是佐证，这个比例2015年还会有大的突破。显然，2015年是移动流量变现的关键年头。

微信掌握着最大的用户群、最长的用户注意力和最多的移动流量，具有巨大的移动广告变现潜力。此前为了快速上线直接复用了广点通平台，效果并不理想，主要玩家是自媒体，不少广告都是手表之类的，与移动互联网、LBS㊀、社交网络关系并不大，微信资源被白白浪费了。正是在这样的背景之下，据深喉透露，微信正在研发自己的广告营销平台。

新的广告营销平台不只是完全移动化的，还会结合O2O、LBS和微信的业务特点，其中之一便是类似于搜索附近的商铺、摇一摇附近的商铺这类功能，这可以产生关键字竞价排名、按照效果的公众号广告这些广告模式，这个广告平台或许会成为继手游之后的第二大收入来源。当然，广点通的广告客户资源与微信共享还是很有可能的，应用宝的应用分发广告与之同样有结合空间。

**微信进入变现深水区**

2014年底微信开放公众平台评论，2015年升级摇一摇和搜索功能，大致可以看到微信不再像过去那样对“营销”如此忌惮，而是开始拥抱营销，释放微信的营销潜力，这也意味着微信即将迎来新的变现阶段，手机游戏已经满足不了微信的胃口，围绕这个大平台正在衍伸出内容广告、应用分发、搜索广告、O2O广告、移动游戏、电商导购、互联网金融等诸多商业模式。2015年的重点或许就是广告。

不出意外，微信新一代广告平台其中重要部分便是面向线下商户的O2O广告。这无疑会让微信与百度这类传统搜索入口以及58同城等“中间页”广告平台形成巨大的竞争关系。另一方面，微信与分众传媒等O2O互动平台形成互补，分众在技术上与微信互补，利用遍布全国楼宇的iBeacon广告牌搭建O2O营销场景，在资源上可以把线下商户资源导入到微信，事实上成为O2O的营销整合服务商。

第三方开发者也有了新的机会。过去帮助企业做微信开发，只是纯技术服务。企业却更关注如何在公众平台完善之后马上获得立竿见影的效果，比如如何向附近的人推送广告，如何低成本获得潜在用户。倘若微信推出O2O广告投放平台，第三方开发者未来就可以帮助企业用好这个广告平台，做好微信营销。就是说，微信营销不再是忽悠课程，而是实打实的实操性技术，就像搜索引擎衍伸出的SEM一样，未来会有一种行当，叫作：WXM（面向微信营销），如果不花钱，就是WXO（面向微信的优化）。

资料来源：http：//www.cnad.com/html/Article/2015/0107/20150107143231197.shtml（有删改）。

---

㊀ LBS：基于位置的服务，它是通过电信移动运营商的无线电通信网络或外部定位方式获取移动终端用户的位置信息，在地理信息系统平台的支持下，为用户提供相应服务的一种增值服务。

### 10.3.2 广告的特点

**1. 有偿服务** 任何一项广告，在通过媒体传播的过程中，广告主都要支付一定的费用，这是与宣传有明显区别的。

**2. 传播面广** 广告是一种渗透性的信息传递方式，它可以大量的复制，多次广泛传播，覆盖面广。

**3. 信息单向沟通** 广告主以自己所拥有的经营管理目标而构成自己的信息系统，并且把这些特定信息通过整合而定位，向自己所针对的目标市场进行传播。广告主对于广告信息定位是以特定目标市场为标准的。广告就是围绕目标市场而进行的信息定位传播。

**4. 方式灵活多样，艺术性强** 广告的形式多种多样，媒体的种类也很多。不论是听到还是看到的广告，都经过了艺术加工，生动形象，趣味浓，感染力强。

**5. 媒体效应** 媒体本身的声誉、吸引力及其接触的可能性，都会对广告信息的传播效果有影响。因此，广告必须正确选用媒体，以发挥广告应有的作用。

### 10.3.3 确定广告的目标

广告的最终目标无疑是要增加产品销量和企业利润，但它们不能笼统地被确定为企业每一具体广告计划的目标。广告目标不仅取决于企业整体的营销组合战略，还取决于企业面对的客观市场情况，如目标顾客处于购买准备过程的哪个阶段。换言之，企业在实现其整体营销目标时，需要分若干阶段一步一步往前走，在每一个阶段，广告起着不同的作用，即有着不同的目标。广告的目标可以归纳为以下 3 个方面。

**1. 告知** 这类广告主要用于产品的市场开拓阶段，其目的在于激发初级需求，即通过广告使消费者了解有关信息，如通告有关新产品的情况，某一产品的新用途，市场价格变化情况，产品的使用、维护、保养方法，企业能提供的各项服务，树立企业的良好形象等。

**2. 说服** 这类广告在竞争阶段十分重要，其目的在于建立对某一特定品牌的选择性需求，使消费者偏爱和购买企业的产品。它主要适用于：①帮助消费者认识本企业产品的特色，促使消费者对本企业产品产生品牌偏好。②鼓励消费者转向购买本企业的产品。③说服顾客购买。④转变顾客对某些产品特性的感觉等。

**3. 提示** 这类广告在产品的成熟期十分重要，目的是保持顾客对产品的记忆。即通过广告提醒消费者采取行动，如提示消费者在不同的时间、需要不同的产品；提示消费者购买某种产品的地点。即使在某些产品的销售淡季也要提示消费者，不要忘记该产品。

广告目标制约着广告预算、广告信息内容和媒体的选择，不同目标的广告有着不同的要求，需要投入的成本也不同。

### 10.3.4 制订广告预算

在广告预算中，广告费用一般由以下三部分构成。

**1. 媒介费用** 这是支付给媒体的费用，是广告费用中最大的一部分费用。若是将广告业务外包给广告公司，则还需要包括广告公司的佣金。

**2. 制作费用** 无论采用哪种媒体，都要根据广告创意和方案进行制作，这涉及各种物质要素和人员投入，如创作人员、制作人员的报酬，印刷广告的费用，电视广告的拍摄费用等。

**3. 其他费用** 其他费用包括管理费、广告部门的员工费用、相关的调研费用等。

### 10.3.5 广告信息决策

广告信息决策的核心是怎样设计一个有效的广告信息。信息应能有效地引起顾客注意，提起他们的兴趣，引导他们采取行动。广告信息决策一般包括3个步骤。

**1. 广告信息的产生** 广告信息可通过多种途径获得，通常消费者是有效广告信息的最重要来源，同时，广告创作人员也要重视从与中间商、专家和竞争对手的交谈中寻找灵感。创作者通常要设计多个可供选择的信息，然后从中选择最好的。

**2. 广告信息的评价和选择** 理想的广告信息应具备下列3个特色。

1）趣味性——指出能使消费者渴望或感兴趣的产品特点。

2）独特性——提及此产品如何优于竞争品牌的产品。

3）可信性——消费者对广告的真实性是否怀疑，这是选择广告信息的一条极为重要的标准。

同时，广告信息的选择应该因经济发展水平、购买动机、生活方式和消费习惯的不同而不同。

**3. 广告信息的设计与表达** 在广告设计中，广告主题和广告创意是最为重要的两个要素。广告主题最重要的是突出产品能够给购买者带来的利益。但一种产品不可能满足所有顾客的意愿，因此一个广告最好只突出一种利益，强调一个主题，即使不止涵盖一种利益也必须分清主次。一个广告有了明确的主题后，如果缺少表现主题的创意，仍不会引人注目，自然也就难以取得良好而广泛的宣传与促销效果。

广告的影响效果不仅取决于它说什么，还取决于它怎么说。不同种类的产品，其表达方式也不同。例如，巧克力的广告往往与情感相联系，着重情感定位；而有关洗衣粉的广告，则更侧重于理性定位。特别是对那些差异性不大的产品，广告信息的表达方式显得更为重要，能在很大程度上决定广告效果。

广告制作中要特别强调创造性的作用。许多公司的广告预算相差不多，却只有少数公司的广告给消费者留下了深刻印象，这就是广告制作的差异或创意的成功。在广告活动中，创意比资金投入更重要，只有给人以深刻印象的广告才能引起目标顾客的注意，进而增加产品销量。

在表达广告信息时，应注意运用适当的文字、语言和声调，广告标题尤其要醒目易记、新颖独特，以尽可能少的语言表达尽可能多的信息。此外，还应注意画面的大小和色彩、插图的运用，并将效果与成本加以权衡，然后做出适当的抉择。

营销实战 10-1

## 多芬男士洗发水广告

多芬男士洗发水的广告，主题是警惕男士不要随便使用女士洗发水。一方面将专门针对男士的洗发水的观念推送给观众，另一方面也展示了多芬洗发水效果很好。

### 10.3.6 选择广告媒体

广告必须通过适当的媒体才能抵达目标顾客，而且广告媒体常常占用了大量预算，因此媒体的选择至关重要。

企业在选择广告媒体时，需要在以下几个方面做出决策。

**1. 确定广告媒体的触及面、频率及效果** 为了正确地选择媒体以达到广告目标，企业必须首先确定媒体的触及面、频率和效果。触及面是指在一定时期内，某一特定媒体一次最少能触及的不同个人和家庭数目。频率是指在一定时期内，平均每人或每个家庭见到广告信息的次数。效果是指使用某一特定媒体的展露质量。

**2. 确定广告媒体种类** 广告媒体主要有报纸、杂志、直接邮寄、广播、户外广告等。这些主要媒体在送达率、频率和影响价值方面各有特点。报纸的优点是弹性大、及时、对当地市场的覆盖率高、易被接受和被信任；其缺点是时效短、传阅者少。杂志的优点是可选择适当的地区和对象、可靠且有名气、时效长、传阅者多；其缺点是广告购买前置时间长、有些发行量是无效的。广播的优点是大量使用、可选择适当的地区和对象、成本低；其缺点是仅有音响效果，不如电视吸引人，展露瞬间即逝。电视的优点是视、听、动作紧密结合且引人注意，送达率高；其缺点是绝对成本高、展露瞬间即逝，对观众无选择性。直接邮寄的优点是沟通对象已经过选择、有灵活性、无同一媒体的广告竞争；其缺点是成本比较高、容易造成滥寄的现象。户外广告的优点是比较灵活、展露重复性强、成本低、竞争少；其缺点是不能选择对象、创造力受局限等。

**新媒体广告来临？新媒体广告尚需检验**

伴随着互联网技术的创新与发展，互联网广告也随之迅速地滋生与成长。渐渐地，新媒体广告也随之诞生，新媒体广告在不同的广告商业模式迅猛发展的状态下日趋成熟，新媒体广告本身的价值也在稳步提升，亦呈现出“乱花渐欲迷人眼”的格局。

新媒体是以数字信息技术为基础、以互动传播为特点、具有创新形态的媒体，对广告的发展提出了新的要求，其实只要媒体构成的基本要素有别于传统媒体的就是新媒体，而新媒体广告，自然就是在新媒体平台上投放广告。新媒体是一个不断变化的概念，它是相对于传统媒体而言的。否则，最多也就是在原来的基础上的变形或改进提高。新媒体的广告投放是专指在新媒体上所进行的广告投放，广告主在新媒体进行广告投放比例一般在20%左右。

当新技术不断引入之后，随着人们使用习惯上的变化，不难发现，媒体的经营模式、内容生产方式、用户服务模式都发生着深刻的变化。新媒体的广告运作方式可能有很多，但最重要的是能结合网络流媒体的特征，即：形式感、参与性和多媒体互动。传统媒体要做的是转变思路，目前从世界范围看，传统媒体有效地利用互联网和手机等新技术载体成功的案例并不多。在国内，大多数传统媒体只是满足于把内容数字化而不是真正把握数字媒体的运营规律，导致其运营体制不能顺畅地运营数字媒体，这是它最大的障碍，也是数字媒体最大的机会。

目前，新媒体作为一个新的载体还需要广告商对它有更多的认同。网络流媒体的对象人群还比较年轻，还不是主流社会人群，可能缺乏购买力。这些因素对于新媒体的广告前景有一定的影响。但归根结底，新媒体广告形式与传统媒体完全不同，哪一种才能赢得广告商的青睐还有待考验。

资料来源：http：//www. cnnmp. net/2013/guanggao_ zixun_ 1010/19348. html（有删改）。

**3. 媒体的选择** 在选择媒体种类时，除了考虑各种媒体的主要优缺点外，还须考虑如下因素。

（1）目标沟通对象的媒体习惯 例如，生产或销售玩具的企业，在把学龄前儿童作为目标沟通对象的情况下，绝不会在杂志上做广告，而只能在电视或电台上做广告。

（2）产品特性 不同的媒体在展示、解释、可信度与颜色等各方面分别有不同的说服能力。例如，照相机之类的产品，最好通过电视媒体做活生生的实地广告说明；服装之类的产品，最好在有色彩的媒体上做广告。

（3）信息类型 例如，宣布明日的销售活动，必须在电台或报纸上做广告；而如果广告信息中含有大量的技术资料，则须在专业杂志上做广告。

（4）成本 不同媒体所需成本也是重要的决策因素。电视是最昂贵的媒体，而报纸较便宜。不过最重要的不是绝对成本数字的差异，而是目标沟通对象的人数构成与成本之间的相对关系。如果用每千人成本来计算，可能会表明在电视上做广告比在报纸上做广告更便宜。

（5）竞争对手的广告策略 企业在选择媒体时，必须充分了解竞争对手的广告策略，发挥自己的优势，以达到克敌制胜的效果。

### 10.3.7 广告效果测定

广告效果主要是指广告信息通过某种媒体传播后所产生的社会影响和效应，评价广告效果是企业制订广告决策的最后一个步骤。广告计划是否合理在很大程度上取决于对广告效果的衡量。

作为企业不惜重金不可能是为了一幅精美的广告画面，他们注重的是投入能带来多大的收益。因此测定广告效果已成为广告活动的重要组成部分，另外，它也是增强广告主信心的必不可少的保证。广告效果测定包括广告的传播效果测定和广告的销售效果测定。

广告的传播效果测定是测定广告对受众知晓、认识和偏好的影响。测定方法有消费者反馈法、组合测试法和实验测试法。

广告的销售效果测定，是测定广告对销售的影响。它可以通过测定广告费用份额产生的实际份额（指企业某产品广告占同种产品所有广告的百分比），来了解由此获得的注意度份额，并最终测定其决定的市场份额。

## 10.4 营业推广

### 10.4.1 营业推广的概念及适用性

营业推广也称为销售促进，是指企业在短期内为了提升销量或销售收入而采取的各种促销措施。比如有奖销售、直接邮寄、赠送或试用“样品”、减价折扣销售，等等。通过这些措施，企业可以有效地吸引顾客，刺激顾客的购买欲望，并且能在短期内收到显著的促销效果。

实际上，营业推广一般是通过强有力的刺激，来迅速增加眼前的销售收入。但必须注意的是，营业推广的最终目标仍然是实现企业的营销目标。所以，运用营业推广需要通盘考虑。营业推广如果使用不当，操之过急，不但不会吸引顾客，反而会引起顾客的怀疑和反感，对企业及企业的品牌造成负面影响。

### 10.4.2 营业推广的过程

一般来讲，企业的营业推广过程包括确定目标、选择工具、制订计划方案、实施方案以及评价结果等内容 。

**1. 确立营业推广目标** 企业市场营销的总目标决定着营业推广的目标，制订营业推广目标是营销总目标在推广环节具体化的过程。但是，由于目标市场存在着差异性，因此针对不同的目标市场，营业推广目标的确立也不相同。另外，由于推广对象不同，营业推广也应该有性质不同的目标。具体来说，应该针对消费者、中间商和企业销售人员制订不同的推广目标。

不论针对哪种目标市场，营业推广目标的确立都要考虑两方面的内容：①营业推广的目标必须与企业总体的营销目标相匹配。②每一次营业推广的目标都应达到一定时间的营销目标所要求的任务。

**2. 选择营业推广的工具** 企业为了实现制订的营业推广目标，往往会采取一系列的推广手段和方法。但是由于不同的方式有不同的特性，企业应根据营业推广的目标、市场的类型、推广的对象、企业希望达到的效果等要求，在综合考虑市场竞争情况以及每一种推广工具的适用性、成本效率等因素的基础上选择恰当的方法。

**3. 制订营业推广计划方案** 制订一个行之有效的营业推广计划，通常要涉及以下内容。

1）刺激程度。它是指营业推广对推广对象的刺激程度。一般来说，刺激程度小时，销售反映也小。一定规模的刺激程度才足以使推广活动引起足够的注意。当刺激程度超过一定点时，推广活动一方面可能会立竿见影，使销售量快速增长，但由于成本过高会导致产生的利润随销量的增长而降低；另一方面，过于激烈的刺激，可能不但不会引起注意，反而会引起推广对象的逆反心理，会产生诸如产品有问题等不利于企业的猜疑。

2）刺激的对象范围。企业需要对刺激的对象进行明确的规定。实际中，企业的推广对象可能必须具备一定的条件，比如要有一定的购买金额等。制订营业推广方案时，企业必须根据推广目标确定推广活动的对象范围。

3）持续的时间。通常，营业推广是一个短期促销行为。所以，推广活动的持续时间要恰当地控制。如果时间太短，一些顾客可能还未来得及重购或由于太忙而无法利用推广机会，从而降低了企业应得的好处，影响推广效果；如果时间太长，可能导致顾客认为这是长期行为，甚至使顾客对产品质量产生怀疑，从而使推广优惠失去吸引力。

4）营业推广的途径。它是指营销部门决定如何将营业推广的信息传达给推广对象。因为不同途径的费用不同、效果不同，企业应根据自身的财力情况采取合适的途径组合。

5）营业推广的预算。企业应该在营业推广活动开始之前对所需费用做好详细的预算。营业推广预算一般有两种方法：①按销售总额的百分比来确定预算，然后再根据预算总额来制订营业推广计划。②先制订营业推广计划，然后再根据计划需要做出总预算。

**4. 实施计划** 推广计划制订以后，企业应该安排专人负责计划的实施，并按照营业推广计划的实施细则逐步进行。执行计划时要高度重视两个重要的时间概念：①准备时间，如营业推广工作的计划、修改、制作及传送等需要的时间。②延续时间，是从营业推广活动开始到推广活动结束的时间。相关时间的有效把握，对营业推广活动进行的实际运作和管理，确保推广计划的顺利完成起着重要的作用。

**5. 评价营业推广的效果** 企业可以采用多种方法对营业推广结果进行评价。常用的方法如对营业推广活动前后的销售量变化的情况分析、对顾客进行调查分析，等等。对推广效果进行全面的评价，对于企业及时总结经验、吸取教训，改进和提高企业的营销工作有着积极的意义。

### 10.4.3 营业推广的具体策略

营业推广的目标对象主要有3类，最终消费者、中间商以及企业销售人员。因此，我们有必要针对这3类目标对象探讨采取何种营业推广方式。

**1. 对最终消费者的营业推广策略** 针对消费者的营业推广策略灵活多样，它主要是通过对消费者的强烈刺激，以求其迅速采取购买行为。常见的策略包括以下几种。

（1）赠送样品 它是指在产品进入市场的初期，企业通过邮寄、挨家派送、店内发送或随其他成熟品牌销售附送的方式，免费向消费者赠送样品供其使用，目的在于宣传本企业的产品，刺激消费者的购买欲望。

（2）现场展示 它是指企业的销售人员在销售现场展示产品，特别是展示产品的独特功能，并可以邀请消费者现场试用。目的在于增强产品自身的说服力，使消费者通过自身的体验更加信服产品。

（3）优惠券 它是指当消费者购买某一商品达到一定的数量或金额时，按其购买数量或金额的比例提取赠送一定面值的优惠券，消费者凭此券在购买指定商品时可减少一部分金额。优惠券可以有效地促使消费者多购买或者再次购买。

（4）赠送礼品 它是指在消费者购物过程中提供一定的礼品，通过赠送礼品，吸引消费者购买或更多地购买产品。

（5）消费信贷 它是指消费者不用支付现金，可以通过赊销或分期付款的形式购买产品。消费信贷可以降低消费者的购买门槛，使消费者可以更方便地购买产品。

（6）价格折扣 它是指通过不同方式，直接或间接地降低产品的销售价格，刺激消费者更多地购买产品。价格折扣是促销效果最直接的推广手段，很容易刺激眼前销量提升，但操作不当也容易降低企业利润。

（7）有奖销售 它是指通过设置形式不同、程度不同的奖项，吸引消费者购买或更多地购买产品。有奖销售作为一种普遍使用的推广活动，已经为大家所熟悉，要想取得更好的效果，必须有新意、有足够的吸引力。

## 五大创意奇妙的营销案例

企业家最可贵的就是赚钱的创意。现代的市场，是最需要创意的市场。这种创意往往来自于“换个方式”思考问题的结果。响当当的企业家都是创意的天才。如果你有了创意，可不要轻易放弃尝试的机会，说不定您的成功就在此举。

**1. 打1折**

商家打折大拍卖是常有的事，人们决不会大惊小怪。但有人能从中创意出“打1折”的营销策略。实在是高明的枯木抽新芽的创意。

日本东京有个银座绅士西装店。这里就是首创“打1折”销售的商店，曾经轰动了东京。当时销售的商品是“日本GOOD”。

具体的操作是这样的：先定出打折销售的时间，第一天打9折，第二天打8折，第三天第四天打7折，第五天第六天打6折，第七天第八天打5折，第九天第十天打4折，第十一天第十二天打3折，第十三天第十四天打2折，最后两天打1折。

商家的预测是：由于是让人吃惊的销售策略，所以，前期的舆论宣传效果会很好。抱着猎奇的心态，顾客们将蜂拥而至。当然，顾客可以在这打折销售期间随意选定购物的日子，如果你想要以最便宜的价钱购买，那么你在最后的那两天去买就行了，但是，你想买的东西不一定会留到最后那两天。

实际情况是：第一天前来的客人并不多，如果前来也只是看看，一会儿就走了。从第三天就开始一群一群地光临，第五天打6折时客人就像洪水般涌来开始抢购，以后就连日客人爆满，当然等不到打1折，商品就全部卖完了。

那么，商家究竟赔本了没有？你想，顾客纷纷急于购买到自己喜爱的商品，就会引起抢购的连锁反应。商家运用独特的创意，把自己的商品在打5折、6折时就已经全部推销出去。“打1折”的只是一种心理战术而已，商家怎能亏本呢？

**2. 一件货**

对买新产品的商家来说，最吸引顾客的无非是“新”，如何再在“新”上继续做文章呢？

意大利有个莱尔市场，就是专售新产品的。有些新产品很畅销，许多顾客抢着购买，没抢到手的，要求市场再次进货，可得到的回答竟是：“很抱歉，本市场只售首批，卖完为止，不再进货”。

对此，有些顾客很不理解，还向旁人诉说。但从此以后，来这里的顾客中意就买，决不犹疑。不难看出，莱尔市场的“割爱”是个绝妙的创意，它能给顾客留下强烈的印象——这里出售的商品都是最新的；要买最新的商品，就得光顾莱尔市场。

这真是“新”上创新的创意！

**3. 明亏暗赚**

日本松户市原市长松本清，本是一个头脑灵活的生意人。他经营创意药局的时候，曾将当时售价200元的膏药，以80元卖出。由于80元的价格实在太便宜了，所以创意

药局连日生意兴隆，门庭若市。由于他不顾赔血本地销售膏药，所以虽然这种膏药的销售量越来越大，但赤字却免不了越来越高。

那么，他这样做的秘密在哪里呢？原来，前来购买膏药的人，几乎都会顺便买些其他药品，这当然是有利可图的。靠着其他药品的利润，不但弥补了膏药的亏损，同时也使整个药局的经营出现了前所未有的盈余。

这种“明亏暗赚”的创意，以降低一种商品的价格，而促销其他商品，不仅吸引了顾客，而且大大提高了知名度，有名有利，真是一举两得的创意。

**4. 限量刺激**

日产汽车公司推出一种被称为“极具浪漫风彩”，名为“费加洛”的中古型轿车。日产公司在新闻发布会上宣布：这种车只生产20 000辆，保证以后不再生产这一车型，将在一定时间内接受预订，然后抽签发售。消息传出后，在全国引起轰动。前来申请的人超过30万人，能中签买到车的人当然欣喜万分，没有中签买到车的人则千方百计去搜索二手车，令二手车的行情比原价高出1倍多。

这种限量刺激的创意，无非就是使市场上出现一定的“不饱和状态”，利用消费者“物以希为贵”的心理，来刺激购买欲的。这是反向思维的创意。

**5. 空手道预约**

日本的角荣建设银行董事长田式美是一位能够赤手空拳闯天下的人物。他相信世上有“没资金却能赚大钱”的生意，就用心寻找，竟想出了一套“预约销售”的方法。

这办法说来很简单。比如，有人要买某栋楼，他就先找到买主，同他商量：“那栋楼约值一百万日元以上，主人现有意八十万日元脱手，请你买下它，保证两个月内可赚一成！超出一成利润时，超出部分由我得，如赚不到一成时，我赠你一成利润。”等买好后，他便代其销售。他往往能以相当于买价两倍左右的价格脱手。对买主来说，两个月就有一成利润，比银行存款利息高得多，而且安全可靠。田式美做这项不要本钱的生意，确实有一套。他本来一无所有，经过十年奋斗，竟成为日本有名的建筑企业家了。

这真是天才的创意！不过这种生意，却是需要非凡的商业眼光和智慧才能做得了的。

资料来源：http：//www. cnnmp. net/2013/pinpai_ zhanlue_ 1031/23105. html（有删改）。

**2. 对中间商的推广模式** 针对消费者营业推广的形式，有些也适用于中间商。但是对中间商的营业推广还有一些针对性的策略。企业为取得批发商和零售商的合作，通常采用购买折让、促销资金、免费赠品等营业推广策略。

（1）购买折让 购买折让通常有两种形式：一种是现金折让；另一种是数量折让。两种购买折让都是企业为吸引中间商所采取的变相降价形式。现金折让是企业为了鼓励中间商现金购买而给予中间商的一种优惠。这种折让一般会规定具体的时间，如客户必须在30天内付款，若在20天内付款，则可优惠2%。这样做有利于企业迅速收回资金，加速资金周转，扩大商品经营。数量折让则是企业为刺激中间商大量购买而给予一定的优惠折扣。一方面企业可根据中间商的一次性购买数量进行折扣，另一方面也可以根据中间商在一定时间内的销货量进行返利。

（2）促销资金 企业向中间商提供资金供其在销售区域内开展广告宣传活动。目的在于促进中间商增购本企业的产品，鼓励其对最终消费者开展促销活动，扩大企业产品的影响力。

（3）免费赠品　中间商在购货时，企业提供一些额外的赠品，给予一定的销售支持。

**3. 对企业销售人员的营业推广模式**　为了调动企业推销人员的积极性，企业一般也会采取一定的激励措施，鼓励自己的销售人员积极开展销售活动，开拓潜在市场。常用的营业推广模式如红利提成、销售竞赛、特别推销金等方式。

## 10.5　公共关系

### 10.5.1　公共关系的概念

公共关系，就是组织以公众利益为出发点，通过有效的信息传播及沟通，在内、外部公众中树立良好的形象和信誉，以赢得其理解、信任、支持和合作，为组织的发展创造一个良好的环境，实现组织的既定目标。当我们着眼于公共关系在企业促进销售方面的影响时，公共关系就成了促销的一种形式。因此，在企业的经营活动的范畴里，公共关系是旨在塑造企业形象、沟通企业内外关系的企业营销活动。公共关系的促销效果应该说不是直接的，它把企业良好形象的塑造和企业信誉的提高作为无形的推销方式来实现企业销售额的提高。

### 10.5.2　公共关系在营销活动中的作用

作为促销的主要手段之一，公共关系的短期促销效果往往并不十分显著，但它仍然具有其他促销手段无法替代的作用，主要表现在以下几个方面。

**1. 收集信息，提供决策支持**　借助公共关系，企业可采集到大量相关信息，这不仅可以帮助企业密切关注环境变化，而且能够引导企业有针对性地调整各项营销决策，改善营销工作。

**2. 对外宣传，塑造良好形象**　作为企业的宣传手段，公共关系通过将有关信息向公众传递，加深公众对企业的理解和认识，为企业赢得舆论支持，塑造良好形象。成功的公共关系，不仅可以提高企业的美誉度和知名度，还可消除公众的误解，化害为利。

**3. 协调关系，加强情感交流**　交际、沟通是理解和信赖的基础，而公共关系正是企业与公众沟通的桥梁，由于公共关系强调与公众的平等对话，给予公众充分的尊重，使得公众可以与企业进行深入的情感交流，企业可由此获得公众的深度支持。

**4. 服务社会，追求社会效益**　公共关系活动更多地是通过服务于社会，造福于公众，实现企业的社会价值，从而提升企业的无形资产。

### 10.5.3　公共关系的主要方式

公共关系是一种长期的促销方式，它的工作核心是树立企业形象。在促销活动中，公共关系通常采用的方法有以下几种。

**1. 策划新闻事件，进行公共关系报道**　这是营销公关最重要的活动方式。它主要是通过制造“热点新闻”事件，由新闻工作者撰写或报道有关企业的公共关系材料，吸引新闻媒介和社会公众的注意与兴趣，以达到提高社会知名度和塑造企业良好形象的目的。例如，

邀请某些新闻人士参加企业的活动；以某些新奇的方式开展企业的活动；在社会公众普遍关心的问题上采取某些姿态或行为等。这一做法不仅可以节约广告费用，而且由于新闻媒介的权威性和广泛性，使得它比广告更为有效。

**2. 举办主题活动** 企业可围绕某一主题，通过一些特殊事件来吸引公众对企业的注意。这些主题活动与事件包括各种记者招待会、讨论会、开幕式、庆典、比赛、论证会、郊游、展览会、运动会、文化赞助、演讲等。由于在进行上述活动的过程中，公众能够亲身感受到企业的状况与形象，所以影响力较强。比如美国克莱斯勒公司曾举行大规模的演讲会，促进了该公司汽车的销售，并刺激了投资者购买该公司的股票。

**3. 编辑出版物，建设企业文化** 这里的出版物是指企业编辑出版的视听材料，如各种印刷品、音像资料等。企业通过大量的沟通材料去接近和影响其目标市场，这些材料包括企业报刊、情况简报、内部通讯、新品介绍、年度报告、专题文章、企业介绍、生产过程的展现、环境说明等。企业根据不同的公众对象，有选择地赠送上述材料，促进公众对企业的了解。

**4. 宴请与参观游览，加强企业内部员工与外部公众的联系** 在企业某个会议、纪念活动、主题活动之后，在庆祝、答谢协作者，接待来访客人等情况下，宴请对于关系营销导向的企业来讲尤其重要。它既能联络感情，又能开发各种业务工作。而参观游览对于树立企业形象十分有利。无论是内部人员到外面企业参观游览，还是邀请外部人员到本企业参观、进行调查研究，都能产生较好的口碑效应。

**5. 参与公益活动，树立企业形象** 企业可以通过赞助、向公益事业捐赠的方式，来提高其公众信誉。例如，支持企业所在地的一些社区活动，向希望工程、孤寡老人、残疾人员、受灾地区的灾民、失业人员、无力救治的危重病患者、见义勇为者捐赠；为改善生活环境、提高生活质量向社会有关团体、部门的捐献等。通过这些活动的开展，赢得公众的好评和称赞，建立良好的企业形象。

**强生携手创行关爱农民工子女健康**

至2014年底，强生（中国）有限公司已连续3年资助创行中国开展“健康生活，美好未来”农民工子女健康教育公益项目，支持了93所大学和学院的1700余名大学生把健康知识带给超过5万余名的农民工子女，4月3日，强生与创行共同发起了项目分享会，同大学生团队、农民工子女小学的老师一起分享了项目管理经验。

“健康生活，美好未来”项目旨在鼓励和支持大学生为农民工子女提供自我防护、健康教育和卫生保健等方面知识，鼓励他们创造更加健康的生活。课程内容包括：学会洗手、口腔卫生、创伤护理、用眼卫生、远离香烟、健康脊柱和青春期皮肤护理等。

自2011年起，强生每年支持全国范围内45支大学生创行团队开展该项目，经统计，3年来已成功培训33座城市的54 000余位农民工子女、1 800余位小学老师和3 600余位学生家长。为了解孩子们对知识的掌握程度，每年大学生团队会比较孩子们在上课前后所填知识问卷的正确率，每年小学生对相关健康知识的知晓率均提升50%以上。

强生希望能够运用自己所长帮助需要帮助的人们。该项目在为更多社区群体做公益项目的同时，让企业员工参与其中，履行他们的社会责任。强生青年科学家协会是强生消费品研发中心员工内部发起的一个学习分享型组织，贡献公益是他们共有的情结。2013 年，该团队自愿为该项目开发了青春期皮肤护理常识课程，帮助孩子们身心健康成长。

资料来源：http：//www. chinacsr. cn/showInfo. asp？ id =4958（有删改）。

## 营销方法

### 1. 促销组合工具

促销组合工具及其常用要素见表 10-2。

**表 10-2 促销组合工具及其常用要素**

| 广告 | 营业推广 | 公共关系 | 人员推销 |
|---|---|---|---|
| 电视广告 | 比赛、游戏 | 媒体报道 | 销售展示 |
| 印刷广告 | 抽奖、奖券 | 演讲 | 销售会议 |
| 广播广告 | 免费样品 | 出版物 | 奖励 |
| 翻牌广告 | 演示 | 研讨会 | 样品 |
| 广告牌 | 展示 | 公益活动 | 拜访顾客 |
| 招牌 | 折价券 | 慈善捐款 | 展览会 |
| 外包装 | 低息贷款 | 游说 | |
| 随包装广告 | 招待会 | 年度报告 | |
| 宣传手册 | 以旧换新 | 企业刊物 | |
| 招贴和传单 | 搭配商品 | 标志宣传 | |
| 企业名录 | 奖励、赠品 | 关系 | |
| 视听材料 | | 捐赠 | |
| 标志图形 | 交易会 | | |

### 2. 广告决策工具

广告决策工具见表 10-3。

**表 10-3 广告决策工具**

| 消费者对产品使用体验 | 消费者对使用产品的不同期望 | | | |
|---|---|---|---|---|
| | 理性期望 | 感受期望 | 社会期望 | 自我期望 |
| 对产品使用结果的体验 | | | | |
| 对产品使用过程的体验 | | | | |
| 伴随使用的附带体验 | | | | |

**1. 促销** 促销是企业通过人员或非人员的方式，向目标顾客传递商品或劳务的有关信息，影响和帮助消费者认识商品或劳务带给他们的利益或价值，或者是使顾客对企业及其产品产生信任与好感，从而引起消费者的兴趣，激发其购买欲望，促使其采取购买行为的相关活动的总称。促销的基本方式可分为人员促销和非人员促销，非人员促销包括广告、营业推广和公共关系。

**2. 人员推销** 人员推销是指企业通过派出销售人员与一个或一个以上可能成为购买者的人交谈，作口头陈述或书面介绍以推销产品，促进和扩大产品销售。人员推销是销售人员帮助和说服购买者购买某种商品或服务的过程。

**3. 广告** 广义广告就是泛指一切盈利性的和非盈利性的广告。狭义广告是指盈利性的经济广告，即商业广告，它是在付款方式下，由特定的广告主（企业）通过大众传播媒体进行的商品或服务信息的非人员展示和传播活动。

**4. 营业推广** 营业推广也称为销售促进，是指企业在短期内为了提升销量或销售收入而采取的各种促销措施。营业推广的目标对象主要有3类，最终消费者、中间商以及企业销售人员。

**5. 公共关系** 公共关系就是组织以公众利益为出发点，通过有效的信息传播及沟通，在内、外部公众中树立良好的形象和信誉，以赢得其理解、信任、支持和合作，为组织的发展创造一个良好的环境，实现组织的既定目标。

**重要概念**

促销组合　人员推销　广告　营业推广　公共关系

**微营销实践**

微营销是指企业或非盈利组织利用微博、微信这种新兴社会化媒体影响其受众，通过在微介质上进行信息的快速传播、分享、反馈、互动，从而实现市场调研、产品推广、客户关系管理、品牌传播、危机公关等功能的营销行为。

**1. 微博营销，打开市场**

提起煎饼果子，大多数人的第一反应便是好吃又便宜的街边小吃，一定认为它难登大雅之堂，更不会和星巴克的咖啡相提并论。但是在北京国贸建外SOHO西区，一个只有13个座位，营业面积仅$20m^2$的煎饼店，煎饼果子从早卖到晚，开业半年多就获得第一轮天使投资370万元，估值2 000万元人民币，年销售额达600万元人民币，把吃煎饼果子、喝豆腐脑等变成一件非常“洋”的体验，引得北京卫视、首都经济、新华社、《经济观察报》、《商业价值》、《华盛顿邮报》等各种各样的媒体争相报道，这家煎饼果子铺就是黄太吉。

2014年4月一篇题为《我硕士毕业为什么卖米粉》的文章在微博、微信等各大社交媒体疯转。2014年4月21日，关于“伏牛堂”的搜索在PC端和移动端整体搜索指数达到2 273。从伏牛堂2014年4月4日开店营业，到2014年8月19日，以“伏牛堂”“伏牛堂大众点评”“伏牛堂地址”“张天一”等为关键词的检索分别上升了241%、100%、56%、49%。2014年6月25日，伏牛堂第二家米粉店朝外SOHO店开业，营业总额达30万左右。一时间关于“餐饮业的互联网思维”又被火速炒热，网络上针对这一话题的讨论也分外激烈。

2013年圣诞节前夕，黄太吉出了一本关于他们开张500天的书，叫做《第一个500天》，定价298元/本，书的内容主要是黄太吉的新浪官方微博@黄太吉传统美食精选的1 000条原创微博，按时间线记录了黄太吉500天的故事历程，从一定程度上反映了黄太吉微博营销的实操过程。其创始人赫畅更是作为特邀演讲嘉宾出席了2013年在厦门召开举办的新浪微博营销分享大会，根据黄太吉官方微博发布的《黄太吉两周年——730天的平凡之路》显示，截至2014年1月18日，上架50天的《第一个500天》发售销量已超过100万。

**2. 为什么选择微博营销**

卖煎饼实际上是赫畅的第三次创业。赫畅今年33岁，先后在百度、谷歌、去哪儿等互联网公司任职，可以说对于“互联网思维”驾轻就熟，后又自行创立广告公司和数字营销公司且均营业良好，对于营销的把握更是很有一套。为何赫畅会在黄太吉成立之初选择新浪微博这个网络社交平台进行企业营销而不是其他方式，原因如下：

首先，作为一个新开业且启动资金只有100万元的快餐店，显然其财力无法支撑电视广告、明星代言等高投入推广方式；其次，在黄太吉这个品牌还未在大众视野中建立起来前，消费者对于“煎饼”的印象还只是停留在路边摊的范畴，黄太吉需要不断地对消费者做新的价值观输出，即吃煎饼果子也是很洋气、很时尚的事情，所以在黄太吉成立初期对于品牌和产品的推广不可能是一劳永逸的事情，必须是细水长流，持续付出；再者，随着移动互联网的普及，大众获取信息的方式发生了巨大变化。根据CNNIC关于《中国互联网络发展状况统计》的第34次报告，截至2014年6月，我国网民规模达6.32亿，其中手机网民规模达5.27亿，在上网设备中，手机使用率达83.4%，首次超越传统PC整体使用率(80.9%)。而作为首家门店即选址在国贸CBD区域，将目标市场定位在商圈优质白领以及其他时尚、追新、猎奇注重格调和品位的年轻人的黄太吉，其创始人赫畅凭借在互联网行业十来年的经验清楚地明白移动互联以及社交媒体对于黄太吉在品牌推广方面具有至关重大的意义。于是，他毫不犹豫地将眼光投向传播速度快、投入成本低、互动性强的网络社交化媒体营销。

根据CNNIC《2014年中国社交类应用用户行为研究报告》，针对社交网站、即时通信和微博三大类社交媒体的用户结构来看存在如表10-4所示的特点，微博用户呈现年轻化、高收入、高学历的趋势，即时通信用户年龄相对较大，社交网站用户学历、收入相对较低。

**表10-4 三大类社交媒体用户结构对比**

| 所占比例<br>用户分类 | 年龄结构<br>(30岁以下) | 收入水平<br>(月收入3 000元以上) | 学历情况<br>(大专及以上) |
| --- | --- | --- | --- |
| 社交网站 | 67.2% | 39.9% | 45.6% |
| 即时通信 | 60.7% | 42.6% | 49.9% |
| 微博 | 68.2% | 42.5% | 46.7% |

数据来源：2014年中国社交类应用用户行为研究报告［R］. 北京：中国互联网络信息中心（CNNIC），2014.

**3. 小微企业的微营销模式思考**

根据2013年新浪微博“i调研平台调研数据”发布的微博用户发展报告显示，从线下消费行为来看，新浪微博用户中有63%的人会选择与亲朋好友聚餐。51.1%的用户在线下进行产品/服务消费过程中或过程后都会进行晒单行为，细化晒单行为的发生，并且有35.83%的用户会将产品/服务的质量进行评价，而81.77%的用户在线下消费过程中会参考线上好友给出的评价。从线下消费意愿倾向性来看，有58.56%的用户对于品牌影响力最为看重。以上数据表明在移动互联网背景下，以餐饮行业为代表的小微企业在微博营销上大有文章可做，其中尤以企业品牌的成功塑造和推广值得特别关注。接下来，将结合上述黄太吉微博营销实践，对小微企业的微博营销模式予以总结。

（1）构建企业品牌文化，丰富微博营销内涵。

（2）搭建企业微博矩阵，发挥规模集聚效应。

（3）延伸微博营销链条，加强与顾客的情感建立。

（4）关注用户浏览习惯，提高信息推送效率。

资料来源：编者整理。

**思考与分析**

1. 本案例中提到的小微企业在品牌的推广方面各做了哪些努力？存在哪些发展问题？

2. 检索资料，结合本案例，看看一些创业型餐饮行业在网络宣传促销方面面临什么样的最新态势？分析其原因。

3. 以学习小组讨论的方式，为利用互联网和移动互联网发展的企业提出促销策略。

**商品推销演练**

【训练目的】掌握商品推销技巧

【训练方案】

①2个同学组成一组，互换角色扮演推销员和顾客，进行商品推销的模拟演示和训练。

②自定义所要推销的商品。建议推销同学们熟悉的、经常使用的产品，也可虚拟一种新产品进行推销。

③结合推销商品和推销情境，自己设计推销技巧和方案。

④请同学观看后相互进行公开分析讨论，并进一步归纳、提炼推销技巧。

**复习与思考**

1. 什么是促销？促销组合包括哪几个方面？各有什么特点？

2. 为什么说促销的核心是沟通？谈谈你的看法。

3. 试比较“推式”与“拉式”策略的联系与区别。

4. 你认为“推销产品本身”与“推销产品所带来的利益”有何不同？

5. 广告有哪些种类？广告媒体的选择需考虑哪些因素？

6. 营业推广的步骤与策略是什么？

7. 企业的社会责任是出于营销目的，还是企业发展至一定阶段要做的？包括广告、活动、支持等形式的生活中的企业公益营销有哪些？

## 延伸阅读

**1.《社会化媒体营销》特蕾西·塔腾（Tracy L. Tuten），迈克尔·索罗门（Michael R. Solomon）. 李季，宋尚哲，译. 中国人民大学出版社，2014.**

**作者简介：**特蕾西·塔腾是东卡罗来纳大学市场营销学副教授，主讲社会化媒体营销与广告课程。迈克尔·索罗门是美国圣约瑟夫大学Haub商学院市场营销学教授、消费者研究中心主任，英国曼彻斯特大学消费者行为学教授，主要研究领域包括营销在虚拟世界与其他新媒体中的应用等。

**内容提要：**本书透过各种纷繁复杂的营销现象厘清了社会化媒体营销的本质，从而构建出社会化媒体营销的理论体系。全书通过丰富的最新案例说明了社会化媒体如何以及为什么会在企业的市场营销活动中发挥巨大作用。

**2.《折扣：你不知道的打折促销心理秘密》马克·埃尔伍德（Mark Ellwood）. 苏西，译. 广东人民出版社，2014.**

**作者简介：**马克·埃尔伍德是一位新闻工作者，通读世界零售业的发展历史，深入研究了塞尔福里奇等国际知名企业的兴衰。通过调查，他已深谙苹果、LV等大牌的营销策略。折扣狂热的布道者，一位名副其实的促销教父。

**内容提要：**全面揭秘零售巨头成功秘诀，最有效的促销培训课。当可口可乐公司首次推出优惠券的时候，消费者都兴奋不已，为如此新颖的促销活动而疯狂。但是在今天，几乎所有零售商都以折扣价出售商品，促销策略如何在当今供应过剩、折扣泛滥的市场中脱颖而出。为何一说起打折，爱马仕和亚历山大·王等超级大牌就遮遮掩掩，仿佛这是不可告人的秘密？市场的天平已经偏向了消费者，他们正通过各种各样的技术手段和战略分析变得无比强势，成为了买卖博弈中的主导力量。

## 网站推荐

1. 新华网 http：//www. news. cn/
2. 企业社会责任网 http：//www. chinacsr. cn/index. asp
3. 中国广告网 http：//www. cnad. com/

# 附录
# 《营销师国家职业标准》及本教材对应情况

为方便读者备考营销师国家职业资格，特提供《营销师国家职业标准（2006年版）》[⊖]及本教材对应情况说明（下文中有下划线的部分）。

## 1. 职业概况

### 1.1 职业名称

营销师。

### 1.2 职业定义

从事市场调研、市场分析、营销策划、市场开拓、直接营销、客户管理等营销活动的人员。

### 1.3 职业等级

本职业共设五个等级，分别为：营销员（国家职业资格五级）、高级营销员（国家职业资格四级）、助理营销师（国家职业资格三级）、营销师（国家职业资格二级）、高级营销师（国家职业资格一级）。

### 1.4 职业环境

室内、室外。

### 1.5 职业能力特征

思维敏捷，口齿清晰，具有一定的观察、判断、表达、应变及人际交往能力。

### 1.6 基本文化程度

高中毕业（或同等学力）。

### 1.7 培训要求

1.7.1 培训期限

全日制职业学校教育，根据其培养目标和教学计划确定。各级别晋级培训期限均不少于

⊖ 参见人力资源和社会保障部职业能力建设司：《国家职业标准汇编（第四分册·上册）》，481～494页，北京，中国劳动社会保障出版社，2009。

160 标准学时。

1.7.2 培训教师

培训教师应熟练掌握系统的市场营销知识，具有一定的实际管理经验和丰富的教学经验，同时具有良好的语言表达能力和知识传授能力。

培训营销员、高级营销员的教师应具有营销师及以上职业资格证书或相关专业中级及以上专业技术职务任职资格；培训助理营销师、营销师的教师应具有高级营销师职业资格证书或相关专业高级专业技术职务任职资格；培训高级营销师的教师应具有本职业高级营销师职业资格证书3年以上或相关专业高级专业技术职务任职资格。

1.7.3 培训场地设备

配备必要的教学设备、设施，室内光线充足、通风、卫生条件良好的标准教室；能够满足教学要求的模拟或实际培训场地。

**1.8 鉴定要求**

1.8.1 适用对象

从事或准备从事本职业的人员。

1.8.2 申报条件

——营销员（具备以下条件之一者）：

（1）连续从事本职业工作1年以上。

（2）具有中等职业学校本专业（职业）或相关专业毕业证书。

（3）经营销员正规培训达规定标准学时数，并取得结业证书。

——高级营销员（具备以下条件之一者）：

（1）连续从事本职业工作3年以上。

（2）连续从事本职业工作2年以上，经高级营销员正规培训达规定标准学时数，并取得结业证书。

（3）取得营销员职业资格证书后，连续从事本职业工作2年以上。

（4）取得营销员职业资格证书后，连续从事本职业工作1年以上，经高级营销员正规培训达规定标准学时数，并取得结业证书。

——助理营销师（具备以下条件之一者）：

（1）连续从事本职业工作6年以上。

（2）具有以高级技能为培养目标的技工学校、技师学校和职业技术学院本专业或相关专业毕业证书。㊀

（3）取得高级营销员职业资格证书后，连续从事本职业工作4年以上。

（4）取得高级营销员职业资格证书后，连续从事本职业工作3年以上。经助理营销师正规培训达规定标准学时数，并取得结业证书。

（5）具有本专业或相关专业大学专科及以上学历。

（6）取得其他专业大学专科及以上学历证书后，连续从事本职业工作1年以上。

（7）取得其他专业大学专科及以上学历证书后，经助理营销师正规培训达规定标准学时数，并取得结业证书。

---

㊀ 本标准中相关专业是指经济类、管理类专业。

——营销师（具备以下条件之一者）：

（1）连续从事本职业工作13年以上。

（2）取得助理营销师职业资格证书后，连续从事本职业工作5年以上。

（3）取得助理营销师职业资格证书后，连续从事本职业工作4年以上。经本职业营销师正规培训达规定标准学时数，并取得结业证书。

（4）取得本专业或相关专业大学本科学历证书后，连续从事本职业工作5年以上。

（5）具有本专业或相关专业大学本科学历，取得助理营销师职业资格证书后，连续从事本职业工作4年以上。

（6）具有本专业或相关专业大学本科学历，取得助理营销师职业资格证书后，连续从事本职业工作3年以上，经营销师正规培训达规定标准学时数，并取得结业证书。

（7）取得硕士研究生及以上学历证书后，连续从事本职业工作2年以上。

——高级营销师（具备以下条件之一者）：

（1）连续从事本职业工作19年以上。

（2）取得营销师职业资格证书后，连续从事本职业工作4年以上。

（3）取得营销师职业资格证书后，连续从事本职业工作3年以上，经高级营销师正规培训达规定标准学时数，并取得结业证书。

1.8.3 鉴定方式

分为理论知识考试和专业能力考核。理论知识考试和专业能力考核均采用闭卷笔试或者上机考试等方式。理论知识考试和专业能力考核均实行百分制，成绩皆达60分及以上者为合格。营销师、高级营销师还须进行综合评审。

1.8.4 考评人员与考生配比

理论知识考试和专业能力考核的考评人员与考生比均为1:20，每个考场不少于2名考评人员；综合评审委员不少于3人。

1.8.5 鉴定时间

理论知识考试时间为90min；专业能力考核时间为120min；综合评审时间不少于30min。

1.8.6 鉴定场所设备

理论知识考试和专业能力考核均在标准教室进行，应配备必要的计算机及投影设备等。

## 2. 基本要求

### 2.1 职业道德

2.1.1 职业道德基本知识

2.1.2 职业守则

（1）热爱岗位，遵纪守法。

（2）讲求信誉，公平竞争。

（3）善待顾客，热情服务。

（4）注重调研，善于创新。

### 2.2 市场营销基础知识

2.2.1 市场营销基本理念（第1章）

（1）市场与市场营销的含义。

（2）市场营销管理的实质与任务。

（3）市场营销管理哲学。

2.2.2　市场营销组合

（1）市场营销组合的内容。（第7章）

（2）产品决策。（第7章）

（3）定价决策。（第8章）

（4）渠道决策。（第9章）

（5）促销决策。（第10章）

2.2.3　商务谈判基本知识

（1）商务谈判的成功模式。

（2）商务谈判心理。

（3）商务谈判思维。

（4）不同的谈判风格。

2.2.4　商务礼仪与营销道德

（1）社交的基本原则。

（2）基本社交礼仪。

（3）商务谈判礼仪。

（4）国际商务礼俗。

（5）营销道德的基本原则。

（6）市场营销道德与实践。

2.2.5　市场营销理论的新发展（第1章）

（1）顾客让渡价值与顾客满意。

（2）关系营销。

（3）文化营销。

（4）服务营销。

（5）绿色营销。

（6）全球营销。

（7）电子商务。

（8）客户关系管理。

（9）交叉销售。

（10）数字化整合营销。

2.2.6　相关法律、法规知识

（1）《中华人民共和国合同法》相关知识。

（2）《中华人民共和国消费者权益保护法》相关知识。

（3）《中华人民共和国产品质量法》相关知识。

（4）《中华人民共和国票据法》相关知识。

（5）《中华人民共和国反不正当竞争法》相关知识。

（6）《中华人民共和国广告法》相关知识。

（7）《中华人民共和国价格法》相关知识。

（8）《中华人民共和国担保法》相关知识。
（9）《中华人民共和国商标法》相关知识。
（10）《中华人民共和国劳动法》相关知识。
（11）《直销管理条例》相关知识。
（12）《禁止传销条例》相关知识。

## 3. 工作要求

本标准对营销员、高级营销员、助理营销师、营销师和高级营销师各级别的能力要求依次递进，高级别涵盖低级别的要求。

### 3.1 营销员

附表-1 营销员的能力要求

| 职业功能 | 工作内容 | 能力要求 | 相关知识 | 本教材对应情况说明 |
|---|---|---|---|---|
| 市场分析 | （一）市场调研 | 1. 能够采集商品、市场价格信息<br>2. 能够发放和回收调查问卷<br>3. 能够识读调研计划 | 1. 市场调查的种类<br>2. 市场调查的内容<br>3. 市场调查的步骤<br>4. 直接调查的方法 | （第5章） |
| | （二）市场购买行为分析 | 1. 能够识别不同的购买者<br>2. 能够分析消费者购买行为的特征<br>3. 能够分析组织购买行为的特征 | 1. 购买者的类别<br>2. 消费者购买行为的特征<br>3. 组织购买行为的特征 | （第3章） |
| | （三）销售机会与威胁分析 | 1. 能够识别销售机会与销售威胁<br>2. 能够分析销售机会的种类 | 1. 销售机会与销售威胁的种类<br>2. 捕捉销售机会的技巧 | （第2章） |
| 营销策划 | （一）制订销售计划 | 1. 能够确定自己的销售目标<br>2. 能够进行简单的销售预测<br>3. 能够进行市场细分 | 1. 销售计划的内涵<br>2. 简单的销售预测方法<br>3. 确定销售目标的主要方法<br>4. 市场细分知识 | （第6章） |
| | （二）产品策划 | 1. 能够分析和评价产品组合<br>2. 能够进行企业产品的展示策划 | 1. 分析和评价产品组合的方法<br>2. 企业产品的展示策划知识 | （第7章） |
| | （三）渠道策划 | 1. 能够选择经销商<br>2. 能够管理批发商和零售商 | 1. 如何选择经销商<br>2. 批发商和零售商管理 | （第9章） |
| | （四）市场推广策划 | 1. 能够实施销售促进方案<br>2. 能够利用优待券、折价优待、集点优待、赠送样品和POP广告促销<br>3. 能够确定人际关系策略<br>4. 能够协助组织公关活动 | 1. 销售促进知识<br>2. 优待券促销知识<br>3. 折价优待促销知识<br>4. 集点优待促销知识<br>5. 赠送样品促销知识<br>6. POP广告促销知识<br>7. 人际交往策略知识<br>8. 组织公关活动知识 | （第10章） |

（续）

| 职业功能 | 工作内容 | 能力要求 | 相关知识 | 本教材对应情况说明 |
|---|---|---|---|---|
| 产品销售 | （一）寻找与访问客户 | 1. 能够寻找潜在顾客名单<br>2. 能够合适地拜访客户<br>3. 能够恰当地介绍产品 | 1. 寻找潜在顾客的方法<br>2. 约见顾客的方法<br>3. 介绍产品的方法 | （第10章） |
| | （二）商务洽谈 | 1. 能够选择报价的时机<br>2. 能够正确报价<br>3. 能够与顾客友好沟通<br>4. 能够正确运用常见谈判技巧 | 1. 报价的原则<br>2. 报价的技巧与方法<br>3. 常见谈判技巧 | |
| | （三）试行订约 | 1. 能够识别客户异议<br>2. 能够正确处理常见客户异议<br>3. 能够识别购买信号 | 1. 客户异议的类型<br>2. 处理异议的方法<br>3. 购买信号类型 | （第10章） |
| | （四）货品管理 | 1. 能够进行商品分类<br>2. 能够做好订货管理、发货管理与退货管理<br>3. 能够正确选择运输方式与工具<br>4. 能够进行销售终端陈列管理 | 1. 商品分类知识<br>2. 订货管理知识<br>3. 发货管理知识<br>4. 退货管理知识<br>5. 商品运输管理知识<br>6. 销售终端陈列管理知识 | （第12章） |
| 客户管理 | （一）客户服务管理 | 1. 能够对客户服务进行分类<br>2. 能够提供周到的客户服务 | 1. 客户服务的种类<br>2. 售前、售中、售后服务知识 | （第9章） |
| | （二）客户信用管理 | 1. 能够计算应收账款<br>2. 能够催收应收账款<br>3. 能够运用讨债策略进行讨债 | 1. 信用管理的相关概念<br>2. 应收账款统计知识<br>3. 应收账款管理知识<br>4. 讨债策略 | （第1章） |
| | （三）客户关系管理 | 1. 能够建立客户档案<br>2. 能够进行客户筛选<br>3. 能够运用ABC法管理客户 | 1. 客户档案知识<br>2. 客户筛选知识<br>3. ABC分析法 | |

## 3.2 高级营销员

附表-2 高级营销员的能力要求

| 职业功能 | 工作内容 | 能力要求 | 相关知识 | 本教材对应情况说明 |
|---|---|---|---|---|
| 市场分析 | （一）市场调研 | 1. 能够进行实地调查<br>2. 能够汇总市场调查资料<br>3. 能够对调查资料进行简单的分类 | 1. 实地调查的基本方法<br>2. 资料的简单归类<br>3. 资料的简单分析 | （第5章） |
| | （二）市场购买行为分析 | 1. 能够归纳不同类购买者的购买行为类型<br>2. 能够针对不同类购买者的购买行为类型提出不同的营销对策 | 1. 消费者购买行为类型<br>2. 产业购买行为类型<br>3. 中间商购买行为类型 | （第3章） |

（续）

| 职业功能 | 工作内容 | 能力要求 | 相关知识 | 本教材对应情况说明 |
| --- | --- | --- | --- | --- |
| 营销策划 | （一）制订区域市场计划 | 1. 能够选择目标市场<br>2. 能够划分销售区域<br>3. 能够设计销售组织结构<br>4. 能够拟订销售区域作战方略<br>5. 能够进行销售区域的时间管理 | 1. 目标市场选择知识<br>2. 划分销售区域的步骤<br>3. 销售组织结构类型<br>4. 销售区域作战方略<br>5. 销售区域的时间管理 | （第6章） |
| | （二）产品策划 | 1. 能够判断产品所处的生命周期阶段<br>2. 能够提出相应的营销对策 | 1. 产品生命周期的知识<br>2. 产品生命周期各阶段的营销对策 | （第7章） |
| | （三）渠道策划 | 1. 能够选择渠道模式<br>2. 能够管理渠道流程 | 1. 渠道模式知识<br>2. 渠道流程知识 | （第9章） |
| | （四）市场推广策划 | 1. 能够协助制订销售促进策略<br>2. 能够实施销售促进策略<br>3. 能够协助制订公共关系策略<br>4. 能够选择公共关系活动模式<br>5. 能够确定公关的对象 | 1. 销售促进策略<br>2. 公共关系策略<br>3. 公共关系活动模式<br>4. 公关对象选择的知识 | （第9章） |
| 产品销售 | （一）拜访与接近顾客 | 1. 能够拟订拜访计划<br>2. 能够接近潜在顾客<br>3. 能够认定顾客资格 | 1. 拜访计划的内容<br>2. 接近顾客的方法<br>3. MHN 法则 | （第9章） |
| | （二）商务洽谈 | 1. 能够对报价做出解释<br>2. 能够判断对方的报价意图<br>3. 能够运用让步策略进行讨价还价<br>4. 能够分析谈判僵局的原因<br>5. 能够制定突破谈判僵局的策略<br>6. 能够正确运用常见谈判策略 | 1. 报价解释的原则<br>2. 对待对方报价的策略<br>3. 常见的理想让步策略<br>4. 僵局的成因分析知识<br>5. 突破僵局的策略与技巧<br>6. 常见谈判策略 | （第10章） |
| | （三）试行订约 | 1. 能够分析客户异议的原因<br>2. 能够正确把握与创造成交机会<br>3. 能够建议客户签订购买合同 | 1. 客户异议的原因<br>2. 建议成交的策略 | （第10章） |
| | （四）货品管理 | 1. 能够正确运用订单的报价方式<br>2. 能够进行订单的流程管理<br>3. 能够选择与确定商品包装种类<br>4. 能够管理销售终端业务 | 1. 订单的报价方式<br>2. 订单的管理流程<br>3. 商品包装知识<br>4. 销售终端业务管理知识 | （第7章） |

（续）

| 职业功能 | 工作内容 | 能力要求 | 相关知识 | 本教材对应情况说明 |
| --- | --- | --- | --- | --- |
| 客户管理 | （一）客户服务管理 | 1. 能够做好售前、售中、售后服务<br>2. 能够评价服务质量<br>3. 能够采取提高服务质量的措施 | 1. 客户服务的内容<br>2. 影响服务质量的差距分析<br>3. 提高服务质量的方法 | （第1章） |
| | （二）客户信用管理 | 1. 能够调查客户信用情况<br>2. 能够制定讨债策略 | 1. 客户信用调查分析的方法<br>2. 讨债策略与技巧 | |
| | （三）客户关系管理 | 1. 能够进行客户分析与组合<br>2. 能够区分不同的客户投诉<br>3. 能够提出处理客户投诉的建议 | 1. 客户分析与组合策略<br>2. 客户投诉的内容<br>3. 处理客户投诉的方法 | |

## 3.3　助理营销师

**附表-3　助理营销师的能力要求**

| 职业功能 | 工作内容 | 能力要求 | 相关知识 | 本教材对应情况说明 |
| --- | --- | --- | --- | --- |
| 市场分析 | （一）市场调研 | 1. 能够收集二手资料<br>2. 能够设计市场调查问卷<br>3. 能够进行抽样调查 | 1. 间接资料调查方法<br>2. 市场调查问卷设计方法<br>3. 抽样调查知识 | （第5章） |
| | （二）市场购买行为分析 | 1. 能够分析消费者与产业购买决策过程<br>2. 能够针对不同购买决策过程阶段提出不同的营销对策 | 1. 消费者购买决策过程<br>2. 产业购买决策过程<br>3. 中间商和政府购买决策 | （第3章） |
| 营销策划 | （一）制订销售计划 | 1. 能够编制销售计划<br>2. 能够确定与分配销售配额<br>3. 能够编制销售预算<br>4. 能够进行销售活动分析 | 1. 销售计划体系的内容<br>2. 销售配额知识<br>3. 销售预算知识<br>4. 销售活动分析的方法 | |
| | （二）产品策划 | 1. 能够提出新产品开发建议<br>2. 能够分析新产品采用者类型<br>3. 能够提出调整产品价格的建议 | 1. 新产品的类型<br>2. 新产品采用者类型<br>3. 新产品扩散知识<br>4. 定价策略与技巧的知识 | （第7章、第8章） |
| | （三）渠道策划 | 1. 能够选择不同的销售代理方式<br>2. 能够根据要求选择、管理代理商<br>3. 能够设计和运作连锁经营体系 | 1. 销售代理的选择知识<br>2. 销售代理商的管理<br>3. 连锁经营管理知识 | （第9章） |

（续）

| 职业功能 | 工作内容 | 能力要求 | 相关知识 | 本教材对应情况说明 |
|---|---|---|---|---|
| 营销策划 | （四）市场推广策划 | 1. 能够策划销售促进活动<br>2. 能够制订广告策略<br>3. 能够策划公关宣传活动<br>4. 能够建立与媒体的联系 | 1. 销售促进策划知识<br>2. 广告策略<br>3. 公关宣传活动策划知识<br>4. 与媒体保持联系的原则 | （第10章） |
| | （五）网络营销策划 | 1. 能够在互联网上与客户进行交流<br>2. 能够利用电子邮件进行营销<br>3. 能够利用互联网收集信息 | 1. 网络客户监控知识<br>2. 电子邮件营销知识<br>3. 互联网络调研知识 | |
| 产品销售 | （一）访问顾客 | 1. 能够分析顾客购买心理<br>2. 能够根据顾客心态进行推销<br>3. 能够接近潜在顾客<br>4. 能够引起顾客兴趣<br>5. 能够激发顾客购买欲望 | 1. 顾客心理类型<br>2. 销售方格与顾客方格<br>3. 拜访顾客的方法<br>4. 产品介绍知识<br>5. 激发购买欲望知识 | （第10章） |
| | （二）商务洽谈 | 1. 能够制订让步策略<br>2. 能够分析各种商务风险<br>3. 能够控制谈判进程<br>4. 能够分析合同纠纷产生的原因<br>5. 能够进行合同纠纷的谈判<br>6. 能够正确运用常见谈判策略与技巧 | 1. 让步策略<br>2. 阻止对方进攻的策略<br>3. 商务风险的预测与控制知识<br>4. 回避商务风险的措施<br>5. 驾驭谈判进程的知识<br>6. 合同纠纷谈判的知识<br>7. 常见谈判策略与技巧 | （第10章） |
| | （三）试行订约 | 1. 能够处理客户异议<br>2. 能够寻找合适的时机提出成交建议<br>3. 能够增减或修改合同条款 | 1. 处理客户异议的程序<br>2. 提出成交建议的方法<br>3. 签订合同的知识 | （第10章） |
| | （四）货品管理 | 1. 能够制订订购决策<br>2. 能够选择商品检验的方法<br>3. 能够做好销售终端管理 | 1. 订购决策知识<br>2. 商品检验的方法<br>3. 销售终端管理知识 | |
| 客户管理 | （一）客户服务管理 | 1. 能够评价服务质量<br>2. 能够采取措施提高服务质量 | 1. 服务质量的评价标准<br>2. 提高服务质量的方法 | （第1章） |
| | （二）客户信用管理 | 1. 能够确定信用管理的目标<br>2. 能够制订信用政策<br>3. 能够选择追账策略 | 1. 信用管理目标<br>2. 信用政策的主要内容<br>3. 追账策略 | |
| | （三）客户关系管理 | 1. 能够选择分销商<br>2. 能够激励中间商客户<br>3. 能够处理窜货问题 | 1. 选择分销商的知识<br>2. 激励中间商客户知识<br>3. 窜货管理知识 | （第9章） |

（续）

| 职业功能 | 工作内容 | 能力要求 | 相关知识 | 本教材对应情况说明 |
| --- | --- | --- | --- | --- |
| 团队建设 | （一）界定销售人员 | 1. 能够明确销售人员的职责<br>2. 能够制定人员销售决策 | 1. 销售人员的职责<br>2. 人员销售决策的内容 | （第9章） |
| | （二）招聘销售人员 | 1. 能够选择企业招聘的途径<br>2. 能够进行网络招聘<br>3. 能够利用报纸进行招聘 | 1. 企业招聘的途径<br>2. 网络招聘知识<br>3. 报纸招聘知识<br>4. 招聘工作要点 | （第9章） |
| | （三）销售人员培训 | 1. 能够分析培训需求<br>2. 能够制订与实施培训计划<br>3. 能够评估培训效果<br>4. 能够组织销售会议 | 1. 分析培训需求知识<br>2. 制订与实施培训计划知识<br>3. 评估培训效果知识<br>4. 组织销售会议知识 | （第9章） |
| | （四）建立销售制度 | 1. 能够推行销售制度管理<br>2. 能够建立营销管理基本制度 | 1. 销售制度管理知识<br>2. 营销管理基本制度 | （第9章） |

## 3.4 营销师

**附表-4 营销师的能力要求**

| 职业功能 | 工作内容 | 能力要求 | 相关知识 | 本教材对应情况说明 |
| --- | --- | --- | --- | --- |
| 市场分析 | （一）市场调研 | 1. 能够拟订市场调研计划<br>2. 能够组织实施市场调研活动<br>3. 能够撰写市场调研报告<br>4. 能够测算总市场潜量和区域市场潜量 | 1. 制订调研计划的知识<br>2. 组织市场调研活动的知识<br>3. 总市场潜量与区域市场潜量的含义 | （第5章） |
| | （二）市场营销环境分析 | 1. 能够综合分析国内市场行情<br>2. 能够分析市场营销宏观环境、微观环境给企业带来的机会与威胁<br>3. 能够根据机会与威胁提出相应的对策 | 1. 市场营销环境分析的知识<br>2. 国内市场行情分析的知识 | （第5章） |
| 营销策划 | （一）制订营销计划 | 1. 能够制订市场营销计划<br>2. 能够对产品进行市场定位 | 1. 市场营销计划的内容<br>2. 市场定位的知识 | （第6章） |
| | （二）产品策划 | 1. 能够提出新产品创意<br>2. 能够设计包装策略<br>3. 能够计算与分析需求弹性<br>4. 能够制订产品价格 | 1. 新产品开发知识<br>2. 包装策略知识<br>3. 需求弹性与定价方法的知识 | （第7章） |

（续）

| 职业功能 | 工作内容 | 能力要求 | 相关知识 | 本教材对应情况说明 |
|---|---|---|---|---|
| 营销策划 | （三）渠道策划 | 1. 能够设计分销渠道的长度、宽度与广度<br>2. 能够制订基本渠道政策<br>3. 能够制订物流计划 | 1. 设计分销渠道的知识<br>2. 渠道政策的内容<br>3. 物流计划的内容 | （第9章） |
| | （四）市场推广策划 | 1. 能够进行广告促销策划<br>2. 能够寻找广告代理<br>3. 能够策划公共宣传活动<br>4. 能够进行危机公关<br>5. 能够撰写公共宣传新闻稿 | 1. 广告促销策划的内容<br>2. 广告代理的知识<br>3. 公共宣传活动策划的知识<br>4. 危机公关的知识<br>5. 公共宣传新闻稿的知识 | （第10章） |
| | （五）网络营销策划 | 1. 能够对营销网页设计提出要求<br>2. 能够利用互联网进行市场推广<br>3. 能够确定网络营销组合策略 | 1. 企业站点知识<br>2. 网页设计知识<br>3. 网站推广知识<br>4. 网络营销组合知识 | |
| 客户管理 | （一）客户服务管理 | 1. 能够进行服务质量的测评<br>2. 能够制订服务营销策略 | 1. 服务质量测评的知识<br>2. 服务营销组合的知识 | （第1章） |
| | （二）客户信用管理 | 1. 能够规划信用销售业务流程<br>2. 能够进行应收账款管理<br>3. 能够合理应用信用政策 | 1. 信用销售业务流程规划知识<br>2. 应收账款管理知识<br>3. 信用政策知识 | |
| | （三）渠道成员管理 | 1. 能够设计中间商客户的绩效评估指标体系<br>2. 能够提出渠道改进策略<br>3. 能够协调渠道成员之间的冲突 | 1. 中间商客户的绩效评估知识<br>2. 渠道改进策略<br>3. 渠道冲突管理的知识 | （第9章） |
| 团队建设 | （一）激励销售人员 | 1. 能够制订竞赛激励计划<br>2. 能够激励不同类型的销售人员 | 1. 竞赛激励的方式<br>2. 激励不同类型销售人员的方法<br>3. 成功销售代表的特质<br>4. 成功销售主管的特质 | （第10章） |
| | （二）销售人员的绩效考核 | 1. 能够收集考核材料、建立绩效标准、选择考核方法<br>2. 能够计算与分析销售效率 | 1. 绩效评估知识<br>2. 销售效率计算方法<br>3. 销售效率图 | （第10章） |

## 3.5 高级营销师

附表-5 高级营销师的能力要求

| 职业功能 | 工作内容 | 能力要求 | 相关知识 | 本教材对应情况说明 |
| --- | --- | --- | --- | --- |
| 市场分析 | （一）市场调研 | 1. 能够做出何时、何地对何种产品进行市场调查的决策<br>2. 能够进行市场行情预测 | 1. 市场预测决策知识<br>2. 市场预测的步骤与方法 | （第5章） |
| | （二）国际市场分析 | 1. 能够对国际经济形势、行业状况和商品供求进行综合分析<br>2. 能够对生产发展趋势进行预测 | 1. 宏观经济与产业政策知识<br>2. 国际营销环境知识 | （第1章、第2章） |
| 营销策划 | （一）制定营销规划 | 1. 能够分析现有业务<br>2. 能够编制现有业务组合计划<br>3. 能够编制新业务发展计划<br>4. 能够设计市场营销组织<br>5. 能够提出市场营销活动的控制方案 | 1. 现有业务的分析方法<br>2. 新业务计划的编制方法<br>3. 市场营销组织的设计知识<br>4. 市场营销控制的方法 | （第7章） |
| | （二）产品策划 | 1. 能够进行品牌形象设计<br>2. 能够制订并实施品牌策略<br>3. 能够根据市场情况调整产品价格 | 1. 品牌与商标知识<br>2. 品牌设计的原则与方法<br>3. 品牌策略知识<br>4. 主动与应对变价知识 | （第7章） |
| | （三）渠道策划 | 1. 能够制订分销渠道战略<br>2. 能够设计与管理特许经营体系<br>3. 能够设计国际分销渠道模式<br>4. 能够进行渠道整合 | 1. 分销渠道战略知识<br>2. 特许经营体系知识<br>3. 国际分销渠道知识<br>4. 渠道整合知识 | （第9章） |
| | （四）市场推广策划 | 1. 能够制订市场推广计划<br>2. 能够制订广告促销决策<br>3. 能够制订公共宣传决策<br>4. 能够制订直复营销决策 | 1. 市场推广计划知识<br>2. 广告促销决策知识<br>3. 公共宣传决策知识<br>4. 直复营销决策知识 | （第10章） |
| | （五）网络营销策划 | 1. 能够制订企业站点规划<br>2. 能够进行域名注册<br>3. 能够制订在线价格策略<br>4. 能够制定网际销售促进策略 | 1. 企业站点规划知识<br>2. 域名注册知识<br>3. 在线价格策略知识<br>4. 网际销售促进策略知识<br>5. 网络安全知识 | |

（续）

| 职业功能 | 工作内容 | 能力要求 | 相关知识 | 本教材对应情况说明 |
| --- | --- | --- | --- | --- |
| 客户管理 | （一）客户服务管理 | 1. 能够评价与监控服务质量<br>2. 能够设计顾客满意度调查表<br>3. 能够确定顾客忠诚度的衡量指标 | 1. 评价与监控服务质量的知识<br>2. 衡量顾客满意度的知识<br>3. 顾客忠诚度管理知识 | （第1章） |
| | （二）客户信用管理 | 1. 能够全面调查客户资信<br>2. 能够确定客户信用等级评估指标<br>3. 能够审定客户信用限度 | 1. 客户资信调查与分析的知识<br>2. 客户风险分类方法 | |
| | （三）客户关系管理 | 1. 能够设计客户关系管理系统<br>2. 能够建立与管理战略联盟 | 1. 客户关系管理系统知识<br>2. 产销战略联盟知识<br>3. 战略联盟管理知识 | （第1章、第4章） |
| | （四）商务谈判的组织与管理 | 1. 能够制订切实可行的谈判方案<br>2. 能够组织谈判活动 | 1. 谈判人员组合的知识<br>2. 谈判现场布置的知识<br>3. 谈判活动管理的知识 | |
| 团队建设 | （一）制定销售人员战略规划 | 能够制订销售人员战略规划 | 销售人员战略规划的方法 | |
| | （二）甄选销售人员 | 1. 能够提出招聘销售人员的要求<br>2. 能够面试、选拔销售人员 | 1. 招聘程序<br>2. 面试与选拔销售人员知识 | （第10章） |
| | （三）激励销售人员 | 能够选择激励销售人员方式 | 1. 激励原理<br>2. 激励销售人员方式 | （第10章） |
| | （四）建立销售人员薪酬制度 | 能够制订合理的薪酬销售人员制度 | 1. 薪酬知识<br>2. 销售人员薪酬制度的制定方法 | （第10章） |

## 4. 比重表

### 4.1 理论知识

| 项目 | | 营销员(%) | 高级营销员(%) | 助理营销师(%) | 营销师(%) | 高级营销师(%) |
| --- | --- | --- | --- | --- | --- | --- |
| 基本要求 | 职业道德 | 10 | 10 | 10 | 10 | 10 |
| | 基础知识 | 25 | 25 | 20 | 20 | 20 |
| 相关知识 | 市场分析 | 10 | 10 | 10 | 15 | 10 |
| | 营销策划 | 20 | 20 | 25 | 25 | 30 |
| | 产品销售 | 25 | 25 | 20 | — | — |
| | 客户管理 | 10 | 10 | 10 | 20 | 15 |
| | 团队建设 | — | — | 5 | 10 | 15 |
| 合计 | | 100 | 100 | 100 | 100 | 100 |

### 4.2 专业能力

| 项目 | | 营销员(%) | 高级营销员(%) | 助理营销师(%) | 营销师(%) | 高级营销师(%) |
|---|---|---|---|---|---|---|
| 能力要求 | 市场分析 | 20 | 20 | 20 | 25 | 25 |
| | 营销策划 | 25 | 25 | 30 | 35 | 40 |
| | 产品销售 | 35 | 35 | 20 | — | — |
| | 客户管理 | 20 | 20 | 20 | 25 | 20 |
| | 团队建设 | — | — | 10 | 15 | 15 |
| 合计 | | 100 | 100 | 100 | 100 | 100 |

# 参考文献


［1］ 菲利普·科特勒. 营销管理［M］. 王永贵，等译. 14 版. 上海：上海格致出版社，2012.
［2］ 杨勇. 市场营销：理论、案例与实训［M］. 3 版. 北京：中国人民大学出版社，2006.
［3］ 钱丽娜. 宜家设计 牛在转变视角［J］. 商学院，2014.
［4］ 郑洁. 暴雪网游音乐会：瞄准小众市场中的商机［N］. 中国文化报，2013.
［5］ 李杰. 品牌审美与管理［M］. 北京：机械工业出版社，2014.
［6］ 高云燕. 宝洁公司的市场细分策略［J］. 科技情报开发与经济，2007.
［7］ 王磊，司虎克. 以技术创新引领行业未来［N］. 北京体育大学学报，2014.
［8］ 袁远. 为拓产品线汇源进军运动饮料市场［N］. 中国贸易报，2014.
［9］ 王瑞丽. 基于顾客认知价值的苹果公司定价策略研究［D］. 临汾：山西师范大学，2014.
［10］ 周宇燕. 从一杯咖啡的价格看星巴克的文化营销策略［J］. 现代经济信息，2013.
［11］ 赵伟卿，扈星辰，陈令军. 美国超市价格策略的启示［J］. 品牌，2014.
［12］ 张帆. 快时尚服装品牌的营销策略研究-以 ZARA 为例［D］. 广州：广东外语外贸大学，2014.
［13］ 张晋光，黄国辉. 市场营销［M］. 北京：机械工业出版社，2010.
［14］ 杨勇. 市场营销：理论、案例与实训［M］. 北京：中国人民大学出版社，2006.
［15］ 冯丽云，李宇红. 现代营销管理［M］. 北京：经济管理出版社，2006.
［16］ 许进，张鹤. 营销管理工具箱［M］. 北京：机械工业出版社，2009.
［17］ 周仁钺，龚嫱. 客服管理工具箱［M］. 北京：机械工业出版社，2009.
［18］ 菲利普 ·科特勒. 营销管理［M］. 梅清豪，译. 上海：上海人民出版社，2003.
［19］ 吴健安. 市场营销学［M］. 北京：高等教育出版社，2004.
［20］ 郭国庆. 市场营销学通论［M］. 北京：人民邮电出版社，2000.
［21］ 屈冠银. 市场营销理论与实训教程［M］. 北京：机械工业出版社，2009.
［22］ 付丽，欧亚. 市场营销［M］. 北京：机械工业出版社，2009.
［23］ 符国群. 消费者行为学［M］. 北京：高等教育出版社，2000.
［24］ 臧良运. 消费心理学［M］. 北京：北京大学出版社，中国农业大学出版社，2009.
［25］ 鲁蓉，孙顺根. 消费心理学［M］. 北京：科学出版社，2007.
［26］ 路长全. 切割营销［M］. 北京：机械工业出版社，2008.
［27］ 甘碧群. 国际市场营销学［M］. 北京：高等教育出版社，2006.
［28］ 汤姆·海斯，迈克尔·马隆. 湿营销［M］. 曹蔓，译. 北京：机械工业出版社，2010.
［29］ 王生辉. 消费行为分析与实务［M］. 北京：中国人民大学出版社，2006.
［30］ 何立居. 市场营销理论与实务［M］. 北京：机械工业出版社，2004.
［31］ 李胜，冯瑞. 现代市场营销学［M］. 北京：机械工业出版社，2008.
［32］ 闫国庆. 国际市场营销学［M］. 北京：清华大学出版社，2005.
［33］ 李先国. 营销师［M］. 北京：中央广播电视大学出版社，2006.
［34］ 王晟，唐细语. 市场营销理论与实务［M］. 北京：北京理工大学出版社，2009.
［35］ 丑文亚. 服务营销［M］. 北京：北京理工大学出版社，2009.
［36］ 胡继承. 市场营销与策划［M］. 北京：科学出版社，2006.
［37］ 胡德华. 市场营销经典案例与解读［M］. 北京：电子工业出版社，2005.
［38］ 侯贵生. 市场营销综合实训教程［M］. 重庆：重庆大学出版社，2005.
［39］ 曾晓洋，胡维平. 市场营销学案例集（第二辑）［M］. 上海：上海财经大学出版社，2005.

[40] 迈克尔 R 索罗门，戈雷格 W 马歇尔，爱诺拉 W 斯图尔特. 市场营销学原理 [M]. 何伟祥，熊荣生，译. 4 版. 北京：经济科学出版社，2005.

[41] 吴健安. 市场营销学 [M]. 3 版. 合肥：安徽人民出版社，2004.

[42] 纪宝成. 市场营销学教程 [M]. 3 版. 北京：中国人民大学出版社，2002.

[43] 科塔比，赫尔森，刘宝成. 全球营销管理 [M]. 3 版. 北京：中国人民大学出版社，2005.

[44] 李文国，王秀娥. 市场营销 [M]. 上海：上海交通大学出版社，2005.

[45] 王培志. 市场营销学教程 [M]. 北京：经济科学出版社，2001.

[46] 苗月新. 市场营销学 [M]. 北京：清华大学出版社，2007.

[47] 李世宗. 市场营销学 [M]. 北京：中国财政经济出版社，2007.

[48] 王方华. 市场营销学 [M]. 上海：复旦大学出版社，2007.

[49] 亚瑟·梅丹. 金融服务营销学 [M]. 王讼奇，译. 北京：中国金融出版社，2006.

[50] 阚功俭，张冬梅. 市场营销学原理 [M]. 青岛：青岛海洋大学出版社，2005.

[51] 樊而峻，颜锦森. 市场营销学 [M]. 北京：中国商业出版社，2004.

[52] 张卓奇. 市场营销基础知识 [M]. 大连：东北财经大学出版社，2000.

[53] Sally Dibb Lyndon Simkin. 市场营销案例和概念 [M]. 赵平，孙燕军，译. 北京：清华大学出版社，2004.

[54] 吴健安. 市场营销学 [M]. 北京：高等教育出版社，2007.

[55] 万晓. 市场营销 [M]. 北京：清华大学出版社，北京交通大学出版社，2007.

[56] 万晓. 营销管理 [M]. 北京：清华大学出版社，北京交通大学出版社，2005.

[57] 李怀斌. 市场营销学 [M]. 北京：清华大学出版社，2007.

[58] 方光罗. 市场营销学 [M]. 2 版. 大连：东北财经大学出版社，2004.

[59] 许以洪，李双玫. 市场营销学 [M]. 北京：机械工业出版社，2008.

[60] 陈信康. 市场营销学案例集 [M]. 上海：上海财经大学出版社，2003.

[61] Thomas T-Nagle，Reed K-Holden. 定价策略与技巧：赢利性决策与指南 [M]. 应斌，吴英娜，译. 3 版. 北京：清华大学出版社，2003.

[62] 吴涛，王建军. 市场营销管理 [M]. 北京：中国发展出版社，2005.

[63] 马绝尘. 实例化市场营销学 [M]. 北京：企业管理出版社，2001.

[64] 马绝尘. 本土市场营销 [M]. 北京：企业管理出版社，2003.

[65] 翁智刚. 营销工程 [M]. 北京：机械工业出版社，2010.

[66] 吴晓云，庄贵军. 市场营销管理 [M]. 北京：高等教育出版社，2009.

[67] 彭石普. 市场营销原理与实训教程 [M]. 北京：高等教育出版社，2006.

[68] 吴亚红，屈寰昕. 市场营销实务 [M]. 南京：南京大学出版社，2007.

[69] 覃常员，杨金宏，等. 市场营销理论与实践 [M]. 北京：北京交通大学出版社，2009.

[70] 李建峰. 市场营销基础实务 [M]. 北京：电子工业出版社，2007.

[71] 黄彪虎，王宏宝，等. 市场营销原理与操作 [M]. 北京：北京交通大学出版社，2009.